말씀 디톡스

2023

말씀 디톡스

초판 1쇄 2023년 12월 23일
지 은 이 이동만
펴 낸 곳 예배와설교아카데미
주   소 서울시 광진구 아차산로73길 25
전   화 02) 457-9756
팩   스 02) 457-1957
홈-페이지 wpa.imweb.me
등 록 번 호 제18-90호(1982. 12. 3)
I S B N 979-11-976075-9-2

디 자 인 김성우
총 판 처 비전북
전 화 번 호 031) 907-3927
팩 스 번 호 031) 905-3927

가   격 25.500원

말씀 디톡스

이동만 지음

삶을 향한 질문

WPA

목 차

• •

프롤로그

세상이 팬데믹으로 힘겨운 고갯길을 마주하기 시작할 때, 전북 극동방송의 프로듀서로부터 한 통의 전화를 받았습니다. 모두가 힘든 시기를 맞아 월요일 저녁에 짧은 묵상 말씀을 방송하여 퇴근길에 있는 영혼의 목마름을 해갈하는 시간으로 만들어 보려고 한다는 내용이었습니다. 그렇게 '말씀 디톡스' 방송이 시작되었습니다. 처음에는 12주를 계획하고 방송을 시작하였는데 계속 이어져서, 시간이 흘러 2년 6개월이라는 적지 않은 시간 동안 방송이 진행되었고 방송 원고도 꽤 모였습니다.

코로나 기간 내내 예배 제한, 교제 제한으로 교인들과의 소통이 아쉬웠던 시간에 하나님께서는 생각지 못했던 방송을 통해서 소통하게 하셨고, 그 시간은 즐거움과 은혜의 시간이기도 하였습니다.

그러던 중에 섬기고 있는 군산동부교회가 창립 90주년을 맞이하였습니다. 90주년 기념 사업으로 필리핀 민다나오 디고스에

90주년 기념교회를 건축하고, 신앙 도서를 발간하기로 하였습니다. 하여 부족하고 부끄럽지만 감사하는 마음으로 용기를 내어 출간하게 되었습니다.

생각해 보면 지날날들이 모두 은혜였습니다. 그동안 분에 넘치는 사랑과 은혜를 많이 받았습니다. 늘 격려해 주고 기도해 주신 분들을 잊을 수가 없습니다. 무엇보다 섬기는 군산동부교회 장로님들은 저의 목회를 힘 있게 해주셨고 기쁨이 넘치게 해주셨습니다. 저는 이런 말을 자주합니다.

> "군산동부교회 20년 목회 중에 요즘이 가장 행복하고 즐겁습니다."

이런 고백을 가능하게 해주신 분들은 동역하시는 장로님들입니다. 또한 힘든 삶의 자리에서도 매일 새벽기도 후에 저와 함께 제자의 길을 걸어오신 많은 제자훈련반, 사역훈련반, 성경파노라마반, 별미성경여행반, 성지연구반 여러분들의 동행도 잊을 수가 없습니다.

이 책을 만나기까지 많은 분들의 수고와 섬김이 있었습니다. 처음 교정을 성실하고 꼼꼼하게 해주신 문용묵 피택장로님, 전문적 식견을 가지고 줄곧 도움을 주신 이화정 집사님, 그리고 함께 동역하는 여러 목사님들과 군산동부교회 성도님들께도 감사를 드립니다.

무엇보다 이 책이 하나님께 영광 올려 드리기를 원합니다.

"하나님의 말씀은 살아 있고 활력이 있어 좌우에 날 선 어떤 검보다도 예리하여 혼과 영과 및 관절과 골수를 찔러 쪼개기까지 하며 또 마음의 생각과 뜻을 판단하나니"(히 4:12).

2023년 12월 25일 성탄절 아침에,
저자 이 동 만

염려가 찾아올 때

빌립보서 4:1-9

•   •   •

"주 안에서 항상 기뻐하라 내가 다시 말하노니 기뻐하라 너희 관용을 모든 사람에게 알게 하라 주께서 가까우시니라 아무것도 염려하지 말고 다만 모든 일에 기도와 간구로, 너희 구할 것을 감사함으로 하나님께 아뢰라 그리하면 모든 지각에 뛰어난 하나님의 평강이 그리스도 예수 안에서 너희 마음과 생각을 지키시리라"(4-7절).

주님은 우리에게 항상 기뻐하라고 말씀합니다. 그러면 예수 안에서 평강을 준다고 하십니다. 그런데 성경에서 '기뻐하라'라는 말은 홀로 쓰이지 않습니다. '항상'이나 '늘' 등의 수식어가 따라다닙니다. 이 세상은 고난이 많은 곳이므로 항상 기뻐하며 살 수 없다는 것을 역설적으로 표현하는 말씀입니다.

러시아의 대문호 톨스토이가 쓴 우화 중 하나입니다. 어떤 사람이 들에 나갔다가 사자를 만났습니다. 그는 사자에게 쫓겨 도

망치다가 낭떠러지로 떨어졌습니다. 떨어지는 순간 절벽에 달린 넝쿨을 붙잡아 다행히 추락하지는 않았습니다. 그런데 절벽 밑은 뱀 소굴로 뱀이 우글거립니다. 손에 힘은 점점 빠지는데, 사자는 벼랑 끝에서 여전히 그를 쳐다보고 있습니다. 그 와중에 달콤한 냄새가 나서 고개를 들어 보니 절벽에 달린 벌집에서 꿀이 흘러내리는 것입니다. 손을 뻗어 꿀을 찍어 먹고 힘을 좀 얻었다 싶은 순간, 사각거리는 소리가 들려 쳐다보니 검은 쥐와 흰 쥐가 돌아가며 덩굴을 갉아 먹고 있었습니다. 톨스토이는 이 이야기를 하고는 "이것이 인생이다"라고 말했습니다. 어떻게 생각하십니까?

그렇습니다. 이 세상은 고난 많은 세상입니다. 그런데 어떻게 우리가 항상 기뻐할 수가 있겠습니까?

염려 말고 기도와 간구로

그럼에도 불구하고 하나님은 분명하게 말씀합니다.

> "아무것도 염려하지 말고 다만 모든 일에 기도와 간구로,
> 너희 구할 것을 감사함으로 하나님께 아뢰라"(6절).

현대의 질병들 가운데 정신 작용과 밀접한 관계가 있는 것이 많다고 여러 의학자가 말합니다. 특히 그중에서 70퍼센트 정도는 염려와 관계가 있다고 합니다. 염려하지 않는다면 그리고 기

쁨으로 살아간다면 질병의 70퍼센트는 자연히 치유될 수 있다는 것입니다.

재미 의학자 이상구 박사는 엔도르핀 이론을 말했습니다. 엔도르핀은, 동물의 뇌 등에서 추출되며 모르핀과 같이 진통 효과를 가지는 물질의 총칭입니다. 1973년에 우리 뇌에는 모르핀이 결합되는 특별한 단백질이 존재한다는 것을 발견했습니다. 이 말은 곧 뇌 속에 이 수용체 단백질과 결합할 수 있는 내인성 물질이 있다는 뜻입니다. 많은 학자가 뇌 속에서 내인성 마약 물질을 찾기 위한 연구에 집중하였고, 그 결과 1975년 우리 뇌에는 모르핀보다 100배 정도 강력한 마약이 존재한다는 것을 찾아냈습니다. 뇌 속에 존재하는 내인성 모르핀(endogenous morphine)이라는 의미로 '엔도르핀'이라는 이름을 붙였습니다. 엔도르핀은 스트레스를 받으면 그에 대항하기 위해 방출되는 호르몬으로 통증, 불안 등을 경감시켜 즐거움을 주고 진통을 줄여 주는 효과가 있습니다.

그런데 엔도르핀을 능가하는 물질이 새로 발견되었습니다. 엔도르핀의 4,000배 이상의 효과를 가진 호르몬으로 '다이도르핀'이라고 부르는데, 주로 인간이 감동할 때 발생합니다. 그래서 '감동 호르몬'이라고도 부릅니다. 다이도르핀은 다이너마이트와 엔도르핀을 합한 이름입니다. 다이도르핀이 충분하면 어떤 병에도 걸리지 않습니다. 그렇다고 돈으로 살 수도 없습니다. 오직 감동으로만 생성되는 호르몬이기 때문입니다.

이런 것을 알지만, 그럼에도 불구하고 사실 인간이 살아가는

데 있어서 염려를 안 할 수는 없습니다. 오늘날 많은 사람이 염려를 안고 살아갑니다. 염려가 없는 사람이 없을지도 모릅니다. 이렇게 염려가 넘치는 세상이다 보니 염려가 없는 사람까지도 염려 없음을 염려하기도 합니다. 염려에는 참으로 이상한 전염성이 있기 때문입니다. 염려가 없던 사람도 염려하는 사람과 한참 이야기를 나누다 보면 자신도 모르는 사이에 깊은 염려에 빠져들게 됩니다.

그런데 우리 믿는 사람들이 반드시 기억해야 할 것이 있습니다. 염려하는 마음을 가지고는 하나님이 주시는 평강을 누릴 수 없다는 사실입니다. 염려를 버리고 하나님의 평강을 누리든지, 하나님의 평강을 버리고 염려만 하든지 해야 합니다.

김제의 금산교회 예배당을 가보면 예배당이 'ㄱ'자로 만들어져 있었습니다. 한국 교회의 초기에는 이런 모양의 예배당이 많았습니다. 남녀 7세 부동석이던 시대라서 남녀가 함께 예배를 드릴 수 없었기 때문에 목사님을 가운데 두고 한편에는 남자가, 또 한편에는 여자가 앉아서 예배를 드렸습니다. 그래서 목사님은 양쪽을 다 보면서 설교해야 했습니다. 양쪽을 한꺼번에 볼 수는 없으니 여자 쪽을 보거나 혹은 남자 쪽을 보면서 설교했습니다. 둘을 한꺼번에 보는 것이 불가능하기도 하지만, 만약 그런다면 목사님의 눈은 사팔뜨기가 되고 말겠지요. 우리의 신앙생활도 마찬가지입니다. 하나님의 평강을 얻으려면 염려를 버리고 하나님을 바라보아야 합니다. 그렇지 않으면 신앙의 사팔뜨기가 되고 맙니다.

'염려'는 헬라어로 '메림나오'인데, 본문 말씀에서는 2인칭 복수 현재 부정 명령형으로 '염려하지 말라'라고 쓰여 있습니다. 이 말은 '잘라 버린다'라는 뜻을 가진 '메르조'와 '마음'이라는 뜻을 가진 '누스'의 합성어입니다. 염려는 우리의 마음을 갈라놓는 것을 의미합니다. 마음이 갈라져 있으면 마음의 기쁨을 누릴 수 없습니다. 평강도 없습니다. 염려하기 때문에 수많은 사람이 질병에 걸려 죽어갑니다. 염려하기 때문에 서로가 불신합니다. 결국 염려는 우리를 하나님으로부터 멀어지게 하려는 사탄의 계략입니다. 한마디로 염려는 죄라고 말할 수 있습니다. 염려는 하나님의 돌보심을 인정하지 않는 것이기 때문입니다. 주님은 분명하게 말씀하십니다.

"아무것도 염려하지 말고 다만 모든 일에 기도와 간구로…"(6절).

오래전 이야기입니다. 당시 초등학교에 다니던 조카가 하루는 저한테 물었습니다. "삼촌, 달리기 잘해요?" 그 질문에 시원하게 대답하지는 못하고 이렇게 되물었습니다. "너는 잘하니?" 그랬더니 의기양양하게 자기는 반에서 2등을 했다는 것입니다. 그리고 머지않아 1등도 할 수 있을 것이라고 자신 있게 대답하면서 말을 덧붙였습니다. 아마 이 말이 하고 싶어서 나한테 달리기를 잘하느냐고 물은 것 같았습니다. "사실 나는 반에서 다섯 번째 정도였어요. 그런데 달리기에서 꼭 1등을 하고 싶어서 열심히 연습하고 기도도 많이 했어요. '하나님, 제가 1등 하게 해주세요!' 그랬더니 기도가 이루어졌어요. 저보다 잘 달리던 세 명이 갑자기 전학을 갔거든요. 이제 남은 한 명만 전학하면 제가 1등이에요!" 어처구니없는 이야기를 들으면서, 하나님께서는 참으로 기발하게도 응답해 주시는구나 하는 생각에 아이의 순진한 믿음이 대견했습니다.

여러분, 염려가 있으면 기도하고 간구하시기를 바랍니다. 사실 염려한다고 해결되는 일은 아무것도 없습니다. 염려는 하나님의 말씀을 믿지 못해서 생기므로 마귀가 기뻐하는 일입니다. 고린도 전서 6장 1절에 '너희 몸이 성령의 전인 줄을 알지 못하느냐? 너희는 너희 자신의 것이 아니라 값으로 산 것이니 그런즉 너희 몸으로 하나님께 영광을 돌리라'라고 했습니다. 그렇습니다. 우리의 몸은 우리의 것이 아닙니다. 성령이 거하시는 곳입니다. 그러니 염려하는 것은 하나님의 전을 파괴하는 사탄의 시험임을 깨달아야 합니다. 이 시험을 잘 이겨내는 사람은 하나님께 큰 칭찬을 받으실 줄로 믿습니다.

이제는 오래전 일이 되었지만, 1994년 10월 21일 오전 7시에 성수대교 붕괴 사건이 일어난 후, 당시 서울 시민의 상당수가 불안 신경증에 걸렸다고 합니다. 다리를 건너다 정체 현상이 일어나면 이유를 알고자 안전벨트 풀고 유리창 내리는 등 트라우마에 시달렸습니다. 사건 당시 다리 위에 있던 어느 교회 직원은 일주일 동안 몸살을 앓았다고도 합니다. 그러나 살고 죽는 것까지도 하나님께 맡겨야 평강이 옵니다.

그러면 어떻게 해야 염려를 이겨낼 수가 있을까요? 하나님을 나의 아버지로 모셔야 합니다. 그저 우리가 하나님을 아는 것만으로는 부족합니다. 하나님을 나의 아버지로 섬기는 것이 중요합니다. 믿음이란 단순히 '아, 그럴 거야. 그래 맞아'라고 생각하는 것이 아닙니다. 하나님께 운명을 맡기는 자세입니다. 결단이 있어야 한다는 말입니다.

어떤 사람이 절벽 길로 가다가 굴러떨어졌습니다. 가까스로 나뭇가지를 붙잡아 살았습니다. 도움을 구하기 위해 "거기 위에 누구 없어요?" 하고 외쳤습니다. 이때 하나님께서 "그 손을 놔라" 말씀하셨습니다. 그러자 그 사람은 위를 보며 "다른 분 안 계세요?"라고 했답니다. 하나님 말씀을 전적으로 믿지 않은 것입니다. 베델 성경공부 시리즈에서 믿음을 '벼랑 끝에서 한 발 더 내딛는 것'이라고 합니다. 신앙이란 분명한 결단입니다. 어떻게 그런 일이 가능할까요? 많은 지식으로 가능할까요? 많은 노력으로 가능할까요? 그것은 바로 하나님을 나의 아버지로 모실 때 비로소 가능해집니다.

구할 것을 감사함으로 아뢰라

"…너희 구할 것을 감사함으로 하나님께 아뢰라"(6절).

염려 많은 세상에서 잘 사는 방법으로 '너희 구할 것을 감사함으로 하나님께 아뢰는 것'이라고 말씀합니다. '아뢰는 것'은 하나님께 내 삶의 주권을 맡기는 것입니다. 어찌 되든지 하나님께 맡기고 하나님의 방법대로 살겠다는 고백입니다.

오늘날 그리스도인들이 가지고 있는 위험은 하나님을 시종으로 전락시킨다는 점입니다. 마치 요구하면 뚝딱 들어주는 도깨비 방망이 정도로 하나님을 오해하고 있습니다. 《하찮아진 하나님》을 쓴 도널드 맥컬로우가 말했습니다. "하나님을 자신들의 기대에 맞게 욕구를 충족시키기 위해 다시 만들었습니다. 구원의 하나님을 하찮은 신으로."

여러분, 기억하시기 바랍니다. 하나님께 아뢴다는 것은 우리가 처한 상황과 어려움을 하나님께 아뢰고 하나님의 방법대로 해결해 주시기를 바라며 순복하는 자세를 표현하는 것입니다. 하나님은 나의 인도자며 주권자십니다. 하나님은 우리의 아버지십니다. 그러므로 하나님이 원하시는 대로 나의 삶을 이끌어 주실 줄로 믿어야 합니다. 그러면 감사하게 됩니다. 우리 그리스도인들이 그렇게 감사함으로 하나님께 아뢸 때 진정한 기쁨이 있고 평강이 있습니다.

유명한 설교가 스펄전의 전기 가운데 이런 이야기가 있습니다. 스펄전이 산속을 헤매다가 더 깊은 산 속에 이르렀는데 눈앞에 커다란 사자가 서 있었습니다. 몹시 시장한 모습이었습니다. 이젠 죽었구나 생각하고는 눈을 감고 하나님께 마지막 기도를 했습니다. 그런데 한참 기도하는데도 사자가 덤비는 기색이 없어 한쪽 눈을 살짝 떠 보니 사자도 열심히 기도하고 있었습니다. '예수 믿는 사자인가 보다' 생각하면서 사자의 기도에 귀를 기울여

보았습니다. 사자는 "주님, 오늘도 일용할 양식을 주시니 감사합니다. 맛있게 먹고 오늘 하루도 열심히 살겠습니다" 하고 기도하고 있었습니다. 스펄전이 깜짝 놀라 눈을 떴더니, 모두가 꿈이었습니다. 모든 것에 감사할 줄 아는 그리스도인의 모습을 우화적으로 표현한 이야기입니다.

우리가 성경을 읽노라면, 성경에는 어느 책보다도 감사라는 단어가 많음을 발견하게 됩니다. 시편 136편은 감사함으로 하나님을 찬양하고 있습니다. 1절에서 "여호와께 감사하라 그는 선하시며 그 인자하심이 영원함이로다"라고 찬양합니다. 그래서 기독교를 감사의 종교라고 말하기도 합니다. 그런데 이 감사는 꼭 감사해야 할 때만 하는 것이 아니라, 어려움 속에서도 하나님의 보호하심을 믿고 하는 믿음의 감사입니다. 기독교 신앙은 믿는 사람을 감사의 사람이 되게 합니다. 어려움을 겪을 때든 기쁨이 넘칠 때든 하나님이 우리와 함께하심에 감사하는 것입니다.

여수에 가면 공항 옆에 애양원교회와 손양원 목사 순교 기념관이 있습니다. 애양원은 한센병 환자를 격리하던 곳인데, 관리인도 한센병을 앓았던 분입니다. 청년들을 데리고 이곳에 탐방한 적이 있습니다. 그때 모두가 은혜를 받고 가슴이 저미는 기분을 느꼈습니다. 우리가 잘 아는 사랑의 원자탄 손양원 목사님은, 아들을 하나만 잃어도 기막힌 일인데 아들 둘(동인, 동신)을 한꺼번에 잃고도 오히려 하나님께 감사했습니다. "미국보다 더 좋은 천국 가게 하시니 감사합니다. 순교 아들 하나도 감사한 데 둘씩이나 주시니 더더욱 감사합니다." 누가 봐도 감사를 외칠 조건이 아닙니다. 그런데 충만한 감사를 외칩니다. 주님이 계시니 감사할 수가 있는 것입니다. 그러므로 참 감사는 어려움을 겪을 때 비로소 깨닫게 됩니다.

신학교에 다닐 때, 같은 반 전도사님 한 분이 간암에 걸려서 시한부 선고를 받았습니다. 의학적으로 두 달이 넘기기 어려울 것이라고 했습니다. 모두 기도하며 하나님의 이적이 임하기를 바랐습니다. 모두들 그가 죽기에는 이르다고 생각했기 때문입니다. 그 전도사님은 1년 동안 대만에서 중국 선교를 위한 훈련을 받고 귀국하자마자 이런 일을 당하였습니다. 이제 학교를 졸업하면 선교사로 파송되기로 정해져 있었고, 세 살배기 아이와 사모 뱃속에 자라가는 아이도 있었습니다. 그 전도사님의 암은 너무도 안타깝고 고통스러운 일이었습니다.

모두가 기도했지만, 하나님은 채 두 달이 되지 않아 그 생명을 거두어 가셨습니다. 하나님의 사역을 위해 헌신하던 젊은이의 생명을, 하나님의 일을 시작하기도 전에 거두어 가신 것이 이상했습니다. 그 일이 있고 난 뒤 사모님이 둘째 아이를 출산했다는 이야기를 들었습니다. 제 아내가 위로하러 갔다가 오히려 은혜를 많이 받았습니다. 그 사모님의 말은 한마디로 감사였습니다.

"하나님께서 선교를 위해 남편을 순교하게 하시니 감사합니다. 이렇게 선교를 위해 살던 멋진 남편과 3년 2개월 동안이나 함께 살게 해주시니 감사합니다. 아이가 하나뿐이었다면 나도 아이도 더 견디기 힘들었을 텐데 두 아이를 주셔서 서로 힘이 되게 하시니 감사합니다. 아이를 낳은 지 20일이 되었는데, 그래도 죽기 전에 아이 이름을 지을 수 있게 하셨으니 감사합니다. 중국에서 죽었으면 낯선 땅에서 더 큰 어려움을 당했을 텐데, 기도원에서 기도하면서 하나님의 부르심을 받게 하시니 감사합니다."

그 이야기를 들으면서 '감사는 정말 이런 것이구나' 생각하였습니다. 세상의 시각에서는 조금도 감사할 수 없는 환경에서도 신앙인인 우리는 감사할 수 있습니다.

지금 나의 형편은 어떻습니까? 감사할 일보다 원망할 일이, 남보다 더 괴로운 일이 더 많습니까? 모든 게 답답하기만 합니까? 그러나 세상 사람은 몰라도 주님은 다 아십니다. 요셉은 억울하게 옥살이했습니다. 그 인생이 그렇게 끝나 버리는 것 같았습니다. 그래도 계속해서 감사하는 생활을 했을 때, 하나님께서 그를 높이 들어 쓰셨습니다.

염려 많은 세상을 향하여, 우리를 향하여 주님께서 말씀하십니다.

"주 안에서 항상 기뻐하라 내가 다시 말하노니 기뻐하라…아무것도 염려하지 말고 다만 모든 일에 기도와 간구로, 너희 구할 것을 감사함으로 하나님께 아뢰라 그리하면 모든 지각에 뛰어난 하나님의 평강이 그리스도 예수 안에서 너희 마음과 생각을 지키시리라"(4, 6-7절).

명품 인생

골로새서 3:15-17

. . .

언젠가 중국에서 커다란 스위스 밀리터리 브랜드의 캐리어를 단돈 2만 원에 샀습니다. 가짜인 줄은 알았지만 너무 잘 만들어 진품이라고 해도 손색이 없어 보였습니다. 그러나 미국 여행에서 버스에 가방이 신다가 손잡이 부분이 떨어져 나가는 바람에 여행 내내 짐을 싣고 내릴 때마다 얼마나 민망하고 힘들었는지 모릅니다. 그때 가방이 내게 말을 하는 것 같았습니다. '그러니까 짝퉁이지.'

상품마다 질이 다릅니다. 상품에 질이 있는 것처럼 인생에도 질이 있습니다. 평소에는 잘 모르지만 어려울 때 보면 인생의 질이 어떤지 알 수 있습니다.

우리는 탁월한 인생을 만나면 그 인격의 고상함을 느끼며 감동을 받습니다. 그러나 질이 나쁜 인생을 만나면 나쁜 만큼 좋지 못한 영향을 받습니다. 주변 사람들이 괴롭고 손해를 봅니다.

원래 인생은 하나님의 최고 작품이었습니다. 그런데 죄 때문에 인간에게 문제가 생겼습니다. 죄는 인간을 하나님한테서 멀어지게 했습니다. 이것이 죄의 문제입니다. 인간은 죄로 말미암아 하나님과 멀어지면서 짝퉁 인생이 되고 말았습니다.

그러면 어떤 인생이 되어야 할까요? 고든 맥도날드는 《하나님이 축복하시는 삶》에서 영혼 가운데 가장 탁월한 질의 영혼은 감사할 줄 아는 영혼이라고 했습니다. 그렇습니다. 명품 인생은 언제나 감사할 줄 아는 인생입니다.

어떤 교회에서 있었던 일입니다. 설 명절에 상을 당한 구역 식구를 위해 교구 담당 목사님은 심방 대원 세 명을 함께 안산에서 청주까지 직접 운전했습니다. 국도를 달리던 중 언덕 내리막길에서 운전 미숙으로 그만 올라오던 버스와 정면충돌하고 말았습니다. 목사님은 허리뼈가 부러지고, 집사님은 손가락이 부러지고 머리뼈가 함몰돼 피투성이가 됐습니다. 권사님은 갈비뼈가 다섯 대나 부러지고 장 파열로 대수술을 했습니다. 그럼에도 감사한 것은, 만일 버스가 언덕을 내려오다가 사고가 났다면 심방대원 모두 죽었을 상황이었고, 하나님께서 버스로 막아 주지 않았다면 길옆 낭떠러지로 자동차가 굴러떨어져 모두 사망할 가능성이 컸다는 것입니다. 그들은 '피할 길을 내사 감당할 시험을 허락하신'(고전 10:13) 하나님께 감사했습니다.

유대인들은 자녀들에게 "우리가 빵을 먹기까지는 15단계를 거쳐야 한다. 씨를 뿌린 사람, 잡초를 뽑아 준 사람, 도구를 만든 사람 등 많은 사람의 도움을 얻어 마침내 빵 한 조각을 먹게 되는 것이니, 하나님은 물론 그 모든 사람에게 감사해야 한다. 만일 너의 발 하나가 부러지면 두 다리가 동시에 부러지지 않은 것에 감사하라. 만일 네 두 다리가 동시에 부러지면 네 목이 부러지지 않은 것에 대해 감사하라"라고 가르친다고 합니다. 하나님은 감사하는 자에게 더욱 감사할 일이 넘치게 하십니다. 윌리엄 제임스는 "우리는 행복하기 때문에 웃는 것이 아니라 웃기 때문에 행복하다"라고 했습니다.

환경 때문에 감사하고 행복하다고 하면, 요즘 행복할 사람 찾기란 쉽지 않을 것입니다. 여기저기에서 우울한 소리만 들려오는 시대이기기 때문입니다. 안양성결교회 강대일 목사님은 "행복해지고 싶으면 먼저 웃어라. 감사할 일이 있기를 바란다면 먼저 감사하라. 감사는 또 다른 감사를 낳는 법, 기적을 바라지만 말고 먼저 감사부터 시작하라"라고 했습니다. 하나님은 감사하는 사람에게 복 주십니다.

"종은 울릴 때까지 종이 아니며, 사랑은 사랑할 때까지 사랑이 아니다. 그리고 감사할 때까지 축복은 아직 그의 것이 아니다"라는 말이 있습니다. 어거스틴은 기도하기를 "주님은 나에게 많은 은혜를 주셨습니다. 그런데 한 가지 은혜만 더 소망합니다. 감사하는 마음을 주소서"라고 했습니다. 그렇습니다. 우리가 받아야 할 은혜, 중에 가장 큰 것이 감사하는 마음입니다.

그러나 인간의 마음이란 얼마나 간사한지, 많은 은혜 가운데 살면서도 은혜는 곧 잊어버리고 불평과 불만에 매여 살아갑니다. 그래서 우리는 주변에서 감사하는 사람들은 잘 보이지 않고 불평하는 사람을 자주 만날 수 있습니다. 무더운 날에 무더울까 봐 에어컨을 틀어 주면 곧 냉방병이 어떻네, 자연풍이 더 좋네 하면서 고마움을 잊어버립니다. 배고프다고 해서 밥을 실컷 먹여 놓으면 과식했네, 체했네, 괜히 먹었네, 살쪘네 하며 불평합니다. 아내가 열심히 식사를 준비해 놓으면 먹으면서 짜네, 싱겁네, 맵네, 시네 하며 평가합니다. 참으로 어리석은 일입니다.

감사할 줄 아는 사람은 비가 오면 산천초목이 자라고 먼지가 안 나서 감사하다고 하는데, 불평에 능한 사람은 길이 질어져서 나쁘다고 합니다. 감사하는 사람은 포도를 먹으면서 맛있고 비타민이 많아서 좋다고 하는데, 불평에 능한 사람은 포도는 씨가 많아서 먹을 때 불편하고 귀찮다고 합니다. 감사하는 사람은 장미꽃이 화려하다고 하는데, 불평에 능한 사람은 장미는 가시가 많아서 틀렸다고 합니다.

미국 미주리주에서 목회하는 윌 보웬(Will Bowen) 목사는, 인간이 겪는 모든 불행의 뿌리에는 불평이 있다는 사실을 발견하고는 불평을 없앨 수 있다면 인간관계가 좋아질 뿐만 아니라 마음의 평안을 누리고 건강하게 살 수 있다고 했습니다. 그러나 불평하는 습관은 하루아침에 고쳐지지 않습니다. 그가 시무하는 한 작은 교회에서 시작된 '불평 없는 세상 만들기' 운동은 지금 세계 80개국 600만 명 이상이 참여하고 있습니다. '불평 제로 운동'으로도 불리는 이 운동은 보라색 고무밴드를 손목에 끼고 21일 동안 불평하지 않는 것입니다. 부지불식간에 불평하면 밴드를 다른 쪽 손목으로 옮기고 처음부터 다시 시작합니다. 이 과정을 거치면 불평하는 자신을 쉽게 인식할 수 있어서 불평을 억제하거나 불만을 긍정적인 방법으로 표현하거나 침묵하는 법을 배울 수 있습니다. 그러다가 마지막에는 의식하지 않고도 불평하지 않는 단계에 도달합니다. 이제는 불평(complain) 대신 칭찬(compliment)을, 불만 대신 감사하는 운동을 일으켜야 합니다. 새로운 습관이 새로운 인생을 만듭니다.

두 친구가 길에서 만났습니다. 그런데 한 친구가 심하게 불평했습니다. "3주 전에 할머니가 돌아가셨는데 내게 2억 원을 유산으로 남겨주셨어." 그러자 다른 친구가 말했습니다. "너 수지맞았다. 2억 원이면 어디냐" 친구가 다시 말했습니다. "2주 전에는 외삼촌이 갑자기 돌아가셨는데 내게 3억 원을 유산으로 남겨주셨어." 친구가 부러워서 말했습니다. "아이고 5억 원을 벌었구나. 얼마나 좋으냐" 친구가 계속 말합니다. "지난주에는 고모님이 돌아가셔서 10억 원을 남겨주셨지." "그럼 15억 원이 됐네. 부럽다." 그런데 이 친구는 15억 원을 받고도 불만이 가득했습니다. 그래서 다른 친구가 물었습니다. "그런데 너는 왜 불만이 가득하냐?" 그러자 15억 원 유산을 받은 친구가 대답했습니다. "이번 주에는 아무도 안 돌아가셨잖아." 이것이 인간의 모습입니다.

하나님께서 우리에게 천하보다 귀한 생명을 주셨는데도 감사하지 못하며 살고 있지는 않습니까? 하나님은 감사하는 자에게는 점점 감사의 조건이 늘어나게 하시지만, 은혜를 주어도 불평만 하는 사람에게는 그 감사할 일이 사라지게 하십니다.

골로새서 3장 15절 말씀을 새번역으로 보면 이렇습니다.

"그리스도의 평화가 여러분의 마음을 지배하게 하십시오. 이 평화를 누리도록 여러분은 부르심을 받아 한 몸이 되었습니다. 또 여러분은 감사하는 사람이 되십시오."

성경에서 감사를 가장 많이 고백한 사람은 다윗과 사도 바울입니다. 다윗은 수많은 환난과 역경 가운데 살았음에도 불구하고 언제나 하나님의 은혜를 기억하면서 감사를 고백했습니다. 시편은 하나님께 대한 다윗의 감사 고백입니다. 사도 바울도 복음 전도자의 사명을 선택한 후의 삶은 굶주림과 고통으로 점철되어 있으며, 일생을 나그네이자 감옥에 갇힌 죄수로 보냈습니다. 그러나 그는 언제나 가슴으로부터 샘물처럼 흘러나오는 감사를 하나님께 고백했습니다.

"그리스도의 평강이 너희 마음을 주장하게 하라 너희는 평강을 위하여 한 몸으로 부르심을 받았나니 너희는 또한 감사하는 자가 되라 그리스도의 말씀이 너희 속에 풍성히 거하여 모든 지혜로 피차 가르치며 권면하고 시와 찬송과 신령한 노래를 부르며 감사하는 마음으로 하나님을 찬양하고 또 무엇을 하든지 말에나 일에나 다 주 예수의 이름으로 하고 그를 힘입어 하나님 아버지께 감사하라"(15-17절).

사도 바울이 이 편지를 기록한 곳은 안락한 장소가 아니라 로마의 감옥입니다. 사도 바울은 감옥에 갇힌 죄수의 몸으로 골로새 교인들에게 감사하며 살도록 권면하고 있습니다. 어떻게 그럴수 있을까요? 그는 감사의 진정한 조건을 발견했기 때문입니다. 진정한 감사는 조건이 아니라 깨달음에서 옵니다. 은혜를 많이받았다고 많이 감사하는 것이 아닙니다. 깨닫는 부분만큼만 감사할 수 있습니다. 그래서 감사는 환경에 있는 것이 아니라 깨달음에 있습니다. 얼마나 깨닫느냐에 달려 있습니다.

초코파이를 가장 맛있게 먹는 방법이 무엇인지 아십니까? 그해답은 '군대 가는 것'입니다. 군대에서 초코파이는 최고로 인기가 있습니다. 고된 훈련을 받고 난 후의 초코파이는 얼마나 맛있는지 모릅니다. 저는 군대에서 끓여 먹었던 라면 맛을 지금도 잊을 수 없습니다. 지금 아무리 이런저런 방법으로 끓여봐도 그 맛이 안 납니다. 배고픔을 아는 사람은 적은 것에도 만족할 줄 압니다. 여러분, 감사는 결국 깨달음입니다.

어느 목사님이 주일 감사헌금 내용을 읽다가 당황했습니다. 어느 집사님의 감사 내용에 '하나님, 방귀가 나오게 해주셔서 감사합니다'라고 적혀 있었기 때문입니다. 권사님은 '하나님, 우리며느리 방귀 나오게 해주셔서 감사합니다'라고 적었습니다. 성도들이 웃기 시작했습니다. 계속되는 학생의 감사 내용도 '하나님, 우리 엄마 방귀 나오게 해주셔서 감사합니다'였습니다. 예배당 안은 성도들의 웃음소리로 가득했습니다. 수술한 사람이 방귀가 나오지 않으면 음식을 먹을 수 없습니다. 그래서 초조하게기다리다 방귀가 나오면 '아, 살았다' 하고 기뻐합니다. 감사하면 더 큰 감사의 일들이 생기는 것을 체험합니다. 가장 행복한 사람은 지금 감사를 말하는 사람입니다. 감사합시다. 감사하면 더 행복해집니다.

생각해 보면 우리에게는 감사할 일이 너무나 많습니다. 감사를 생각할 때 은혜도 발견됩니다. 영어의 '감사'(Thank)는 '생각'(Think)에서부터 온 말입니다. 무슨 일이 일어나도, 어떤 상황에 처해도 깊이 생각하면 감사할 수밖에 없습니다.

'일본의 테레사 수녀'로 불리는 다마키라는 여인은 평생을 한센병 환자들을 돌보며 살았습니다. 요양원을 만들고 문드러지고 피 고름이 나는 환자들의 피부를 치료하다가 그만 자신도 한센병에 걸리고 말았습니다. 그녀는 병에 걸린 것을 알고 이렇게 기록했습니다.

'이제 육의 눈이 가려지고 영의 눈이 열리니 감사합니다. 눈썹이 빠지면서 눈썹의 고마움을 알았습니다. 먼지가 눈에 들어가는 것이 이렇게 고통스러울 줄은 미처 몰랐습니다. 하나님은 내게 병을 주어 여러 가지 감사의 마음을 알게 하셨으니 얼마나 고마운 일입니까!'

놀라운 신앙고백입니다. 깨달음의 자리가 때로는 고난의 자리이기도 합니다. 고난받을 때 더 많이 깨닫게 된다는 말입니다. 사람은 평안할 때는 둔해집니다. 배부른 사람은 코가 둔하지만 배고픈 사람이 코가 예민합니다. 환난과 핍박과 고난, 남다른 어려움을 당할 때 은혜에 대해서 민감해지는 것을 깊이 깨닫게 됩니다.

인도에서 한센병 환자들을 치료하기 위해 봉사했던 폴 브랜드

(Paul Brand) 박사는 '고통 없는 지옥'이란 말을 했습니다. 쥐들이 병실로 들어와서 한센병 환자들의 손가락과 발가락을 뜯어먹는데도 환자들은 아무것도 모르고 쿨쿨 잠을 잡니다. 어제저녁까지만 해도 멀쩡하던 손가락이 아침에 일어나 보니 없어졌습니다. 이런 장면을 본 브랜드 박사는 '고통이 없는 것, 고통이 있는데도 못 느끼는 것이 지옥이구나' 하는 생각을 했습니다. 그리고 고통을 주셔서 감사하다고 하나님께 고백했습니다.

빌립보서 1장 12절에서 사도 바울은 이렇게 말씀합니다.

> "형제들아 내가 당한 일이 도리어 복음 전파에 진전이 된 줄을 너희가 알기를 원하노라."

바울은 로마 감옥에 있었으며, 2년 동안 재판도 없이 감옥에서 억울하게 고생했습니다. 그뿐만 아니라 로마로 가는 동안에는 배가 파손되었습니다. 3년이나 죽을 고생을 했지만, 로마 감옥에 갇혀서 생각해 보니 이 모든 과정이 우연한 일이 아니었습니다. 이것을 통해 큰 역사가 이루어졌습니다. 위대한 하나님의 역사가 이루어지는 것을 알고 깨달았습니다. 그래서 감사할 수 있었습니다.

그러므로 감사는 발견되는 것입니다. 깨닫는 것입니다. 우리의 삶 속에서 감사의 조건을 발견하려고 해야 발견됩니다. 무엇이 우리로 하여금 모든 일에 감사하는 사람으로 살아가게 만드는 것일까요? 나를 둘러싸고 있는 삶의 조건과 환경이 아닙니다. 똑같은 일이 불평의 이유가 되기도 하고 감사의 이유가 되기도 합니다. 불평과 감사는 같은 그릇에 담겨 있다고 합니다. 우리는 그중에서 감사를 선택할 수 있어야 합니다.

발명왕 에디슨은 젊은 시절 청각장애인이 되었습니다. 그러나 그는 낙심하거나 원망하지 않았습니다. "참으로 감사한 것은, 내가 젊은 날에 귀머거리가 됨으로써 연구에 몰두할 때 잡음이 들리지 않았다는 것입니다. 청각장애는 나에게 많은 도움이 되었습니다." 에디슨은 말년에 이렇게 고백했습니다. 그는 상황에 따라 감사한 것이 아니라 고통 중에도 감사의 내용을 찾아 절대적으로 감사할 줄 아는 사람이었습니다.

> "범사에 감사하라 이것이 그리스도 예수 안에서 너희를 향하신 하나님의 뜻이니라"(살전 5:18).

일상적인 삶에서, 평범하게 보이는 일상의 자리에서 감사의 조건을 발견하는 것이야말로 오늘날 우리가 항상 감사하며 살아가게 만들어 줍니다.

그래도 살다 보면 가끔 불평할 일이 생깁니다. 사람이 사는 곳에는 불평할 일이 있게 마련입니다. 그럼에도 감사 거리를 찾아보면 감사할 것이 월등히 많습니다. 그러므로 한두 가지 불평 거리 때문에 감사를 잊어버려서는 안 됩니다. 환경이 힘들어도 감사하면 그 심령에는 천국이 펼쳐집니다. 그러나 불평하기 시작하면 그 심령은 불행에 휩싸입니다. 영혼이 어둠에 둘러싸여 하나님의 평강을 누리지 못하게 합니다. 결국 어떤 자세를 가지고 어떻게 보느냐에 따라 삶이 좌우됩니다. 본문은 말씀합니다.

> "그리스도의 평강이 너희 마음을 주장하게 하라…너희는 또한 감사하는 자가 되라"(15절).

감사하는 명품 인생이 되기 위해서는 그리스도를 주인으로 모셔야 합니다. 그리스도를 주인으로 모시면 그리스도의 평강이 그 마음을 주장합니다. 그러면 마음이 맑아지면서 하나님이 주신 은혜와 축복을 헤아릴 수 있게 됩니다. 진정한 행복은 감사에 있습니다. 그럴 때 진정한 행복이 있는 것입니다.

행복은 조건이 아닙니다. 어떤 환경에서도 만족하고 범사에 감사할 수 있는 사람이야말로 이 세상에서 가장 행복한 사람입니다. 사도 바울은 감옥에서도 "나는 너무 적게 가졌다 해도 전혀 불평하지 않았습니다. 내가 가진 것에 언제나 만족합니다"라고 하며 빌립보서 같은 기쁨의 편지를 쓸 수 있었습니다. 그런 마음 때문에 그는 세상적으로는 최악의 조건 속에 살면서도 항상 기쁨과 감사가 넘쳤던 것입니다.

여러분! 감사하는 사람에게 하나님은 더 많은 감사로 축복하십니다. 감사하는 사람에게는 하나님의 능력이 임합니다. 때로 걸림돌이 있어도 주님의 선하심을 믿고 감사하며 나아가면 걸림돌은 반드시 디딤돌이 됩니다. 눈에 보이는 환경이 아무리 참담해도 반드시 우리의 헌신이 열매 맺는 날이 올 것입니다.

스펄전 목사님은 이런 말을 했습니다. "별빛을 감사하라, 달빛을 주시리라. 달빛을 감사하라, 태양을 주시리라. 태양을 감사하라, 밤이 없는 천국을 주시리라."

여러분! 이제 더욱 감사하며 사시기를 바랍니다. 인간의 불행과 고통을 행복과 기쁨으로 바꿀 수 있는 단어는 바로 '감사'입니다. 감사하면 행복해지고 곧 축복도 따라옵니다. 감사는 신앙의 가장 본질적인 요소입니다. 감사하는 신앙으로 더욱 복 있는 명품 인생이 되시길 바랍니다.

잠깐 근심, 큰 기쁨

베드로전서 1:3-7

• • •

믿는 사람에게도 시련은 옵니다. 그런데 그 시련은 시련 이상의
의미가 있습니다.

성령의 인도함을 받으면 눈앞에 탄탄대로가 펼쳐질 것이라고
단정하는 분들이 많습니다. 그러나 꼭 그렇게 되지는 않습니다.
잘 믿는 사람도 어려움을 겪는 것을 봅니다. 성경을 봐도 그렇고
주변에 있는 사람들의 삶을 봐도 그렇습니다. 그럴 때면 우리는
하나님의 뜻이 어디에 있는지를 묻곤 합니다.

미국 남가주에 사는 한 부부의 이야기입니다. 이들은 매우 착
한 사람들이었는데 자녀가 없었습니다. 아기를 갖기 위해 열심히
기도하였습니다. 16년째 되던 해 마침내 임신하여 말로 다 할 수
없는 큰 기쁨을 맛보았습니다. 때가 되어 출산했는데, 태어난 아
기는 흉측한 외모를 가진 기형아였습니다. 그들 부부는 절망하여

통곡하였고, 친척과 이웃들도 안타까워하며 함께 울었습니다.

이튿날, 남편이 병실에 갔는데 어제와 달리 아내가 환하게 웃고 있었습니다. 아내는 남편의 손을 꼭 쥐고 이렇게 말했습니다. "어젯밤에 밤새도록 기도하며 하나님의 뜻을 물었어요. 그랬더니 저에게 말씀해 주셨어요. 그 아기를 어느 가정에 보내야 가장 사랑받을 수 있을까 하고 고민하다가 우리 가정에 보내셨대요. 그러니 잘 키워야겠어요."

우리는 고난에 앞서 먼저 하나님의 뜻을 알아야 합니다. 그러면 믿음의 시련이 와도 하나님의 뜻을 행하고 있다는 평안과 확신을 누릴 수가 있습니다. 하나님의 뜻을 행하면 우리의 삶에서 어려움이 완전히 사라지는 줄로 아는 그리스도인들이 많습니다. 이것은 성경적인 사고가 아닙니다. 큰 믿음을 경험한 뒤에도 시련이 있음을 각오해야 합니다.

이것을 알지만 우리는 여전히 시련 당하는 것을 싫어합니다. 저도 이 문제에 관한 한 그렇습니다. 그런데 성경은 시련을 통과한 믿음의 조상들을 많이 언급합니다. 시편 34편 19절에 "의인은 고난이 많으나…"라고 말씀합니다. 오히려 고난이 많다는 것입니다.

영락교회에서 함께 사역하던 목사님은 신학 공부를 하기 전에 직장인이었습니다. 나라의 기름을 관리하는 곳에서 기름을 비축하는 커다란 오일탱크를 관리했습니다. 탱크가 매우 크기 때문에 탱크 안 기름 눈금이 조금만 올라가거나 내려가도 그 양은 어마어마했습니다. 그런데 어떤 직원들은 유조선 기사들과 짜고 밤에 몰래 가서 기름을 몇 센티미터씩 빼냈습니다. 옛날에는 이런 일이 가능했고, 일종의 관행처럼 여겨지기도 했다고 합니다. 그러나 이 목사님은 신앙인으로서 도저히 그럴 수 없었고, 그런 일이 없도록 근무를 철저하게 했습니다.

그러자 유조선 기사부터 불만이 나오기 시작하더니 슬슬 압력이 들어왔습니다. "너만 잘났냐? 가만두지 않겠다. 너 얼마나 오래가나 보자" 하며 이런저런 방법으로 괴롭혔다고 합니다. 여러분은 옳은 일을 하다가 오히려 더 큰 어려움을 만난 적이 없습니까?

분명한 것은 예수를 믿는 사람도 시련이 있다는 사실입니다. 잘 믿을수록 더 그럴 수 있습니다. 그렇다면 하나님은 왜 그의 백성들에게 이러한 시련을 주실까요?

사도행전 14장 22절에서 전도하며 어려움을 겪던 제자들을 향하여 주님께서 "우리가 하나님의 나라에 들어가려면 많은 환난을 겪어야 할 것이라"라고 말씀하셨습니다. 환난을 받는 것이 하나님 나라에 들어가는 조건이라는 말은 아닙니다. 그러나 그리스도인들이 겪는 시련에는 중요한 의미가 있음을 말해 줍니다. 그 시련이 재정적인 어려움이든 건강의 문제든 혹은 집안의 문제든 개인적인 갈등이든, 믿음의 시련은 우리를 훈련하고 연단하며 그리스도를 닮아가도록 성숙으로 이끌어 줍니다.

베드로는 하나님께서 왜 그리스도인에게 시련을 주시는지를 설명하고 있습니다.

"…잠깐 고난을 당한 너희를 친히 온전하게 하시며 굳건하게 하시며 강하게 하시며 터를 견고하게 하시리라"(벧전

5:10).

　온전하게 한다는 말은 곧 성숙하게 한다는 말씀입니다. 성숙해지기 위해서 때로는 시련이 필요합니다.

　뉴질랜드의 어떤 섬에는 날지 못하는 새가 다섯 종류나 있습니다. 그 섬에는 새를 해치는 다른 동물들이 없기 때문입니다. 심지어 섬에 있는 뱀들도 독이 없다고 합니다. 그래서 새들은 굳이 공중으로 날아오를 필요가 없다 보니 날개가 있어도 날지 못하는 새가 되었습니다. 조류학자들은 모든 새가 미풍이 불 때보다 바람에 맞설 때 더 날쌔게 날 수 있다고 합니다. 강한 바람이 새의 날개 근육을 자극하기 때문에 더 잘 날아가게 한다는 것입니다. 안일은 삶을 무기력하게 하지만 시련은 높이 날아오르도록 합니다.

　이처럼 시련은 우리의 삶을 높이 끌어올리는 필수 요소입니다. 광야에서 하나님을 예배하는 백성으로 훈련시키셨듯이 우리를 단련하는 광야학교입니다. 쇠가 더욱 단단해지기 위해서는 더 강한 열을 받아야 하는 것처럼 그리스도인도 성숙해지기 위해서 더욱 힘든 시련을 겪어야 할 때가 있습니다. 그렇습니다. 하나님께서 주시는 시련에는 분명한 뜻이 있습니다.

잠깐 근심하게 되지 않을 수 없으나

　"그러므로 너희가 이제 여러 가지 시험으로 말미암아 잠

간 근심하게 되지 않을 수 없으나 오히려 크게 기뻐하는
도다"(6절).

바꿔 말하면 '어쩔 수 없이' '부득이' 근심할 수밖에 없었다는
것입니다. 이 말은 '필요에 따라서 잠깐'이라는 의미입니다. 하나
님께서 주시는 시련에는 목적이 있으므로 부득이 어쩔 수 없이
행하신다는 말씀입니다. 이것이 시련의 원칙입니다.

시련이 있습니까? 거기에는 분명히 하나님의 목적이 있습니다.
이 시련은 결코 우연히 일어나는 일이 아닙니다. 삶의 구조 때문
에 일어나는 것도 아니고 사회적 환경 때문에 일어나는 것도 아
닙니다. 하나님의 분명하신 계획에 의한 일입니다. 쉽게 말하자
면, 하나님께서 그것을 작정하셨기 때문입니다.

주변을 한번 돌아보십시오. 얼마나 많은 이들이 시련 때문에
하나님께로 돌아왔습니까? 이것이 바로 주님의 말씀입니다. 하
나님은 믿음 안에 사는 분들을 이렇게 인도하시는 줄로 믿습니
다. 그러므로 나에게 환난이 있다면 하나님께 나의 전 생애를 위
한 아주 분명한 목적과 계획이 있음을 깨달아야 합니다. 나를 향
하신 하나님의 계획은 한 치의 오차도 없으며 매우 치밀합니다.

중국내지선교회(CIM, China Inland Missions)를 설립한 허드
슨 테일러 선교사는 1975년 봄 몇 군데 회의에 참석하고 런던으
로 가기 위해 기차를 탔습니다. 옆자리에는 기차를 기다리며 인
사를 했던 러시아 바브린스키 공작이 앉았습니다. 그런데 그가
지갑을 꺼내 무엇인가를 쓰더니 테일러 선교사에게 건네주었습

니다. "적은 돈이지만 중국 선교에 보탬이 되었으면 좋겠습니다."
테일러 선교사는 수표의 금액을 보고는 깜짝 놀랐습니다. 당시
5,000파운드는 지금 원화로 900만 원가량의 큰 금액이기 때문
입니다. "혹시 500파운드를 주려고 하신 것은 아닙니까? 이건
5,000파운드군요." "아닙니다. 사실 저는 500파운드를 드리려
고 했는데 실수로 5,000파운드로 적었군요. 그러나 이것도 하나
님의 뜻이겠지요. 받아 주십시오."

그 후 테일러 선교사가 선교본부에 갔을 때 마침 기도회를 하
고 있었습니다. 중국내지선교회에 송금해야 하는데 4,900파운
드가 부족했고, 부족한 금액을 채우는 것은 기도뿐이었습니다.
테일러 선교사는 호주머니에서 5,000파운드 수표를 꺼내 사무
실 책상 위에다 가만히 올려놓았습니다. 하나님의 놀라운 섭리
입니다. 한 치의 오차도 없는 하나님께서 언제나 저와 여러분을
인도하시는 줄로 믿습니다.

우리가 시련을 만나면 당장은 견디기 힘듭니다. 그러나 시련을
거치는 동안 자신도 모르는 사이에 이만큼 성장해 있는 자신을
발견하게 됩니다. 고대인들은 '트리뷸럼'이라는 소도구로 곡식의
낱알을 때려 껍질을 벗겼습니다. 영어의 tribulation, 고난이라
는 단어가 여기에서 유래했습니다. 벼를 까부르면 껍질은 날리고
알곡만 남습니다. 인생의 고난도 우리를 인격적인 사람으로 만
들어 줍니다.

믿음의 조상 아브라함은 수많은 시련을 만났습니다. 100세에
얻은 아들 이삭을 바치라는 시련은 말처럼 단순한 것이 아닙니

다. 자기 목숨을 바치는 것 이상의 시련이었습니다. 그런데 그 시련을 겪고 난 뒤에 아브라함은 더 큰 믿음의 사람으로 성장하였고, 믿음의 조상이 되었습니다.

아브라함에게 시련을 주신 하나님께서 우리에게도 시련을 주십니다. 그러므로 우리가 시련을 겪을 때 이상한 일 당하는 것처럼 생각할 필요가 없습니다. 거기에는 우리를 쓰시려는 하나님의 위대하신 계획이 내포되어 있습니다. 지금 여러분이 시련 가운데 있습니까? 그렇다면 하나님께서 여러분을 사랑하시는 것입니다. 때로는 설명할 수 없고 이해할 수 없어도 분명하신 하나님의 뜻이 있습니다.

지금까지 목회하는 동안 기억에 남는 분이 여럿 계신데, 그중에 조연호 권사님이란 분이 있습니다. 그는 아무리 바빠도 교회일을 부탁하면 거절하지 않았습니다. 정말 바쁠 때는 조금 미루기는 하지만 결코 놓치지 않습니다. 늘 기쁨 속에 삽니다. 하루는 심방을 가서 "권사님은 정말 복 받은 분 같습니다. 딸 둘을 유학 보내고 교회 일도 열심히 하시니 얼마나 복됩니까?"라고 했더니 "예, 아들 덕에 복 많이 받았지요"라고 답했습니다. 그 집에는 아들이 없는 것으로 아는데 아들 이야기를 해서 물었더니 이렇게 답했습니다. "아들이 있었어요. 내가 제일 사랑했지요. 그런데 하나님이 그 아이를 더 사랑하여 대학 2학년 때 먼저 데려가셨습니다."

권사님은 그 아들을 덕분에 하나님을 만나 구원을 받았다고 간증했습니다. 아들을 가슴에 묻고 하루도 편할 날 없었으나, 지금은 망극한 하나님 은혜에 감사하며 잘 믿다가 천국에서 아들 만나기를 기대한다고 했습니다. 아들을 잃는 시련 뒤에는 하나님의 새 생명이 준비되어 있었습니다.

그뿐이 아니라 하나님께서는 가끔 어떤 특별한 일을 준비시키기 위하여 우리에게 시련을 주시기도 합니다. 시련을 극복하고 목적을 이루기 위한 훈련입니다. 하나님께서는 어떤 사람에게 어떤 특별한 과업을 수행하도록 하실 때, 일반적으로 그를 꼭 단련시킨다는 것이 성경이 말하는 일반적인 법칙입니다. 교회의 역사 가운데 많은 믿음의 선배들이 이것을 증명해 줍니다. 하나님께서 쓰신 사람들의 경험 속에 가혹한 시험과 시련이 있었다는 것을 발견하게 됩니다.

여러분에게 지금 견디기 힘든 시련이 있습니까? 그 시련은 하나님께서 여러분의 앞날에 무언가를 계획하고 계신다는 증거가 합니다.

어느 중국 가정 교회에서 있었던 일입니다. 한 가정에 30여 명이 모여 숨어서 예배를 드렸습니다. 한 모자도 예배에 열심히 참석했습니다. 그런데 부인이 집을 자주 비우자 속이 상한 남편이, 아들에게 "내 며느리는 반드시 믿지 않는 여자로 내가 고를 것이다"라고 아들에게 말했습니다. 그러자 믿음이 분명한 아들은 "반드시 예수 믿는 여자를 고르셔야 합니다"라고 대답했습니다.

속이 더욱 상한 아버지는 그만 가정 교회를 경찰에 고발해 버렸습니다. 경찰에 붙잡혀간 30여 명 모두 벌금형을 선고받았습니다. 그러나 벌금을 낼 돈이 없으니 몸으로 때우겠다며 유치장에 갇혔는데, 자리에 앉아 기도하고 찬송을 불렀습니다. 그리고 이전에 유치장에 들어와 있던 사람들에게까지 전도했습니다. 매우 시끄럽고 세끼 밥까지 꼬박꼬박 먹여야 하니 경찰도 낭패였습니다. 그래서 오히려 남편을 불러 그까짓 일로 고발했느냐고 호통을 치고 성도들을 내보냈습니다.

하나님께서는 작은 시련으로 우리를 강하게 하십니다. 여러분이 지금 시련과 연단 가운데 있다면, 여러분이 더 강해져야 한다는 하나님의 의지가 있다 것입니다. 또 삶에서 만날 커다란 시련을 준비시키기 위해 작은 시련을 주시기도 합니다. 그러나 그 모든 것이 '어쩔 수 없이 부득이' 하시는 것입니다. 하나님께서는 우리를 다 아십니다. 바로 이 순간 우리에게 무엇이 가장 필요한 것인지를 아시기 때문에 어쩔 수 없이 시련을 주시는 것입니다.

칭찬과 영광과 존귀를 얻게

> "너희 믿음의 확실함은 불로 연단하여도 없어질 금보다 더 귀하여 예수 그리스도께서 나타나실 때에 칭찬과 영광과 존귀를 얻게 할 것이니라"(7절).

베드로는 시련을 금과 비교하고 있습니다. 금은 뜨거운 열로 불순물을 제거합니다. 도가니 속에 금을 넣고 높은 열을 가하면 불순물이 제거되고 금만 남습니다. 그 과정을 여러 번 반복하여 단련할수록 순도 높은 금이 됩니다. 마찬가지로 우리도 믿음의 시련을 통해서 더욱 든든하고 순결한 믿음을 가질 수가 있습니다.

우리가 평안할 때, 안전할 때는 우리의 믿음이 완전하여 그 어떤 일에도 견딜 수 있다고 생각합니다. 그러다 갑자기 큰 시련이 오면 우리 믿음이 연약하다는 것을 발견합니다. 왜 그럴까요? 우리의 믿음이 더 다져지고 연단되어야 하기 때문입니다. 하나님께선 우리에게 시련을 주어 우리를 더욱 발전시키십니다. 우리는 시련을 경험하며 하나님을 더욱 신뢰하게 됩니다. 그래서 시련은 순금같은 믿음으로 단련하는 제련소입니다. 신뢰라는 보석을 만들어 냅니다.

우리는 인생이 우리에게 미소를 지을 때는 하나님을 신뢰합니다. 그러다 검은 구름이 하늘을 덮고 우리의 인생을 조여 올 때는 하나님께서 아직도 우리를 사랑하는가, 우리가 생각했던 신앙생활이 이런 것인가 의심하기 시작합니다. 하나님께서는 이처럼 우리가 아무런 빛도 없는 어두움 가운데서도 하나님을 신뢰하도록 훈련하려고 시련을 주시는 것입니다. 그러므로 우리는 이렇게 고백할 수 있어야 합니다. "하늘에 별이 안 보인다 할지라도 하늘 높이 별이 있는 것을 압니다. 인생의 먹구름이 나를 뒤덮어도 하나님이 나를 인도하심을 믿습니다."

잠깐 동안

그러면 우리는 언제까지 시련을 견뎌야 할까요? 베드로는 우리를 격려하며 말씀하고 있습니다. 본문 6절에 "이제 여러 가지 시

힘으로 말미암아 잠깐 근심하게 되지 않을 수 없으나 오히려 크게 기뻐하는도다"라고 했습니다. 우리에게 오는 시련은 잠깐만 일어나는 것이며, 잠깐 근심 뒤에 기쁨은 더 크다는 말씀입니다.

저는 콩국수를 먹을 때 설탕과 소금을 둘 다 넣습니다. 둘은 전혀 다른 성질의 맛을 냅니다. 그런데도 둘 다 넣으면 더 맛있습니다. 소금이 설탕의 단맛을 더 맛있게 하기 때문입니다. 달콤하기 위해서는 짠 소금이 필요합니다.

여러분! 우리에게 오는 시련은 영원한 것이 아닙니다. 시련들은 왔다가 하나님께서 정하신 때에 물러가게 마련입니다. 지금 눈앞에 닥친 시련이 여러분의 앞날을 더욱 빛나고 아름답게 해줄 줄로 믿습니다.

> "사람이 감당할 시험밖에는 너희가 당한 것이 없나니 오직 하나님은 미쁘사 너희가 감당하지 못할 시험 당함을 허락하지 아니하시고 시험 당할 즈음에 또한 피할 길을 내사 너희로 능히 감당하게 하시느니라"(고전 10:13).

시련을 주시는 하나님은 능히 감당할 힘도 준다 하셨습니다. 힘들고 어려울 때 이 말씀을 기억하시기 바랍니다.

오늘날 모든 것이 어둡고 캄캄합니까? 기도를 드려도 답답합니까? 염려하지 마십시오. 하나님께서 하실 것입니다. 하나님은 우리를 위하여 전에는 경험하지 못했던 어떤 특별한 복을 준비하고 계십니다. 지금 어쩔 수 없이 잠깐 동안 여러 가지 시험을 당하고 있다고 할지라도 금보다도 더 귀한 믿음의 시련이 주는 칭찬과 영광과 존귀를 바라보십시오.

지금 고난의 시간을 지나면서 눈물 흘리는 사람이 있습니까? 마음이 무거울지라도 우리에게는 하나님이 계십니다. 그리고 모든 것을 알고 계십니다. 그 하나님께서는 우리의 눈에서 눈물을 씻어 주시고 우리를 영원토록 인도해 주실 것입니다. 잠깐 근심하게 하는 믿음의 시련 속에서 더욱 큰 기쁨을 쏟아부어 주실 주님을 사모하고 의지하는 여러분이 되시길 바랍니다.

역설의 원리

출애굽기 2:11-15

• • •

스티브 맥베이가 쓴 《내게 찾아오시는 하나님의 은혜》라는 책에 나온 글입니다.

예전에 양로원에서 일한 적이 있습니다. 내가 할 일은 몸이 불편한 사람들을 휠체어에서 침대로 옮기는 일이었습니다.

어느 날 저녁 어떤 사람의 집에 가서 그를 침대에 옮기려 했습니다. 나는 마른 편이었지만 환자를 들어 올리는 요령이 있었습니다. 휠체어 앞에 서서 양다리를 상대의 무릎에 대고 두 손으로 그의 겨드랑이 밑을 잡고 들어 올려서 침대 위에 휙 돌려 앉히기만 하면 되었습니다. 그런데 이번 환자는 여의치 않았습니다. 그를 들어 올려 의자와 침대 중간쯤 옮겼을 때, 그가 나를 '도우려고' 했습니다.

나름대로 날 돕는다고 스스로 일어서 보려 했던 것인데 그 뜻대로 되지 않았습니다. 오히려 온몸이 나무판자처럼 뻣뻣해져서는 두 팔이 양옆으로 미끄러지자, 그는 넘어지지 않으려 안간힘을 썼습니다. "힘 빼세요! 제가 안아 옮길 테니까, 가만히 좀 계세요!"라고 내가 고함을 질렀으나 소용이 없었습니다. 자기 스스로 일어나려고 버둥거린 결과, 나는 그를 더 버티지 못하고 마루에 쓰러졌습니다.

몸을 움직일 수 없는 환자가 다른 사람의 도움을 받으려면 어떻게 해야 할까요? 힘을 빼고 가만히 있으면 됩니다. 자신이 뭔가를 해 보려고 할수록 도움 받기가 어려워집니다. 이것은 하나님 앞에서도 마찬가지입니다. 우리가 하나님의 도우심을 받으려면 내 힘을 빼고 하나님의 손길을 기다리려야 합니다.

결혼 초기에 아내는 내가 총각김치를 좋아하니까 정성을 다해 무를 씻고 절여 김치를 담갔습니다. 맛을 보라면서 하는 말이, 알타리무가 너무 역동적이라서 모두 살아서 아우성을 치더라는 것입니다. 무를 절인 후 너무 깨끗이 씻었더니 도로 살아났다고 했습니다. 그때 깨달았습니다. 잘 죽어야 잘 익는다는 진리를. 여러분, 힘을 빼십시오. 하나님이 하십니다.

아프리카에서 선교하는 한 선교사님이, 선교부의 시스템이 마비되어 석 달 동안 아무런 지원도 받지 못했습니다. 끼니를 이어가기 힘든 데다 건강에도 이상이 생겼습니다. 너무 힘겨워 죽을 것 같았습니다. 하나님도 원망스럽고 본국에 있는 지원 단체도 원망스러웠습니다. 그러다 드디어 선교부의 지원을 받아 끼니를 해결하고 병원에도 가 보았습니다. 그런데 의사가 놀라운 말을 했습니다. "석 달 동안 식사를 제한하지 않았으면 큰일 날 뻔했습니다. 식사를 잘했다면 그만큼 병의 진행도 빨랐을 것입니다." 그때 선교사님은 알았습니다. 지원이 지체된 것도 은혜였다는 사실을.

우리는 때때로 우리 계획이 실패로 돌아가는 것을 경험합니다. 애쓰고 열심히 일해 일구어 놓은 이 땅의 보금자리를 하나님께서 왜 부수시는지 이해할 수 없습니다. 그러나 하나님은 우주 만물을 한눈에 감찰하시는 분입니다. 우리를 위한 더 크고 높은 뜻이 있으며, 안전하고 우리의 필요를 충족할 수 있는 곳을 찾아 주고자 하십니다.

하나님께서 이스라엘 백성들을 애굽에서 광야를 거쳐 약속하신 땅으로 인도하실 때도 이렇게 하셨습니다. 하나님께서는 위험한 곳과 안전한 곳을 알고 계십니다. 우리의 거처가 불안하고 인생의 캄캄한 항로를 지날 때도 하나님의 지혜와 선하심을 의심하지 말고 하나님만을 신뢰해야 합니다.

하나님께서 일하시는 방법은 사람의 방법과 다릅니다. 하나님은 우리가 약해졌을 때 더 크게 역사하십니다. 우리에게 힘이 남아 있지 않았을 때 오히려 하나님께서는 우리를 통해 더 위대한 일을 행하십니다. 이것을 '역설' 즉 '패러독스'라고 합니다. 이는 하나님의 신비를 드러내는 하나님의 방법입니다.

모세를 다루시는 하나님

본문에서도 역설의 원리가 드러납니다. 모세도 힘이 있을 때는 하나님께 쓰임 받지 못하다가, 힘을 뺀 후에야 하나님께 쓰임 받았습니다.

모세는 애굽으로 이주해 간 히브리 가정에서 태어났습니다. 당시 바로가 히브리 가정에서 태어난 사내아이는 다 죽이라는 명령을 내렸습니다. 그의 부모는 그를 더 이상 키우지 못하고 갈대 상자에 넣어 나일강에 떠내려 보냈습니다. 나일강에 목욕하러 왔던 바로의 공주가 그를 구조하여 모세를 양자로 삼았습니다. 혈통으로는 히브리 사람이었지만 어느 날 갑자기 애굽의 왕자 신분으로 바뀌었고, 바로의 궁궐에 가서 살게 되었습니다.

모세의 궁궐 생활은 화려하기 그지없었습니다. 그는 애굽의 유명한 학자들로부터 천문, 지리, 수학, 군사, 법률, 정치 등 모든 학문을 배웠습니다. 사도행전 7장 22절에 "모세가 애굽 사람의 모든 지혜를 배워 그의 말과 하는 일들이 능하더라"라고 말씀합니다. 그는 완벽하게 준비된 것처럼 보였습니다. 앞으로 나라의 국방을 책임지거나, 잘하면 바로의 뒤를 이어 애굽의 왕위에 오를 수도 있을 만큼 장래가 매우 기대되는 사람이었습니다.

그런데 하나님은 힘이 잔뜩 들어가 있는 모세를 쓰지 않으셨습니다. 40세가 된 그가 어느 날 궁궐 밖에 나갔다가, 애굽 사람이 동족인 히브리 사람을 괴롭히는 것을 보았습니다. 주위에 아무도 없는 것을 확인하고는 애굽 사람을 죽인 후 모래 속에 감추었습니다. 모세는 자기가 완전 범죄를 하였다고 생각했으나, 다음

날 히브리인들끼리 싸우는 것을 말리는 중 한 사람이 모세의 살인을 폭로하였습니다. 결국 모세는 바로의 궁궐에서 나와 미디안 광야로 도망을 쳤습니다.

자기 동족을 돕다가 밑바닥까지 떨어지고 말았습니다. 어제까지만 해도 왕자였는데, 이제는 수배자요 도망자 신세가 되었습니다. 궁궐에서 잠자는 것과 먹는 것, 입는 것을 걱정하지 않고 살다가 하루아침에 먹고사는 것이 문제가 되어 버렸습니다. 모세는 미디안 광야로 도망을 친 후, 그곳에서 목축업을 하는 이드로의 집에서 더부살이하다가 그의 딸과 결혼하여 양 떼를 돌보며 살았습니다. 모세는 잘나가던 바로의 왕자의 신분에서 들판에서 양을 치는 목동 신세가 되었습니다.

모세는 가족과 친구가 있는 애굽으로 돌아가고 싶었으나 그럴 수 없었습니다. 미디안 광야에서 양들을 기르면서 40년 동안 고독하게 살았습니다. 인간적으로 보면, 미디안 광야에서의 40년은 고독과 좌절로 가득한 고난의 시기입니다. 그러나 영적으로 보면, 힘이 잔뜩 들어가 있는 그의 힘을 빼는 은혜의 시기였습니다. 하나님은 모세를 쓰시기 위하여 미디안 광야에서 그의 힘을 다 빼셨습니다.

직장과 재산과 가정과 아내마저 잃어버린 친구가 있었습니다. 그에게 남은 것은 하나님뿐이었습니다. 어느 날 그는 길을 가다가 큰 교회에서 석조 공사를 하는 것을 보았습니다. 석공이 돌을 삼각형으로 깎고 있었습니다. 친구가 "어디에 쓰실 건가요?" 하고 묻자 석공은 대답했습니다. "저 뾰족탑 옆에 작은 구멍이 보입니까? 그 구멍에 맞게 깎고 있는 겁니다." 친구는 그 자리를 떠나면서 눈물을 흘렸습니다. 하나님이 석공을 통해 마치 자신이 겪고 있는 시련을 설명해 주시는 것 같았습니다. '그래. 나도 지금 하나님이 쓰시기에 꼭 맞도록 나를 깎는 중일지도 몰라.' 요셉도 종살이, 옥살이의 고난을 당했지만 그 모든 것은 결국 요셉을 하나님의 일꾼으로 쓰시기 위함이었습니다. 지금 나에게 고난이 있습니까? 그것은 어쩌면 나를 도구로 쓰시기 위한 하나님의 섭리인지도 모릅니다.

여러분, 기억하십시오! 하나님은 모세가 자신의 힘을 내세울 때는 그를 쓰지 않다가, 그에게 힘이 빠진 후에 쓰기 시작하셨습니다. 하나님 없이 스스로 뭔가를 해 보려고 할 때는 외면하시다가, 그가 '나는 부족합니다. 나 혼자서는 할 수 없습니다'라고 할 때 움직이기 시작하셨습니다. 나의 연약함의 고백은 하나님께서 일하실 공간을 만들어 드리는 신앙의 아름다운 여백입니다.

내 힘을 빼고 하나님의 힘으로

실로암안과병원의 벽에 붙어 있는 기도문입니다.

큰일을 이루기 위해 힘을 주십사 하나님께 기도했더니, 겸손을 배우라고 연약함을 주셨습니다. 많은 일을 하려고 건강을 구했더니, 보다 가치 있는 일을 하라고 병을 주셨습니다. 행복해지고 싶어 부유함을 구했더니, 지혜로워지라고 가난을 주셨습니다. 세상 사람들의 칭찬을 받고자 성공을 구했더니, 뽐내지 말라고 실패를 주셨습니다. 풍요로운 삶을 누릴 수 있도록 모든 것을 달라고 기도했더니, 모든 것 누릴 수 있는 삶 그 자체를 선물로 주셨습니다.

구한 것 하나도 주어지지 않은 줄 알았는데, 내 소원 모두 들어주셨습니다. 하나님의 뜻을 따르지 못한 삶이었지만, 미처 표현 못 한 기도까지 모두 들어주셨습니다. 나는 가장 많은 축복을 받은 사람입니다.

감사는 받는 것에서 시작되지 않습니다. 현재의 은혜를 깨닫는 것이 감사의 출발점입니다. 하나님은 크게 쓰시기 위해 우리를 때로는 연단의 자리로, 낮아짐의 자리로 인도하십니다.

성경은 '높아지려고 하는 자는 낮아진다', '살고자 하면 죽는다', '나중 된 자가 먼저 된다', '약할 때 강하게 된다' 말씀합니다. 역설의 원리입니다. 따라서 우리가 어떠한 관점으로 보느냐, 앞에 놓여 있는 상황을 어떻게 보고 어떻게 해석하느냐가 매우 중요합니다.

어떤 아버지가 어린아이와 같이 사막을 가다가 길을 잃었습니다. 사막은 매우 뜨거웠고 준비해 간 물은 점점 줄어들었습니다. 아들은 지쳐서 금방이라도 쓰러질 것 같았습니다. 아버지는 그런 아들에게 "조금만 참자. 곧 마을이 나올 거야" 하고 격려했습니다. 얼마 후 무덤이 보였습니다. 무덤을 보자마자 아들은 주저

앉아 버렸습니다. "아빠, 틀림없이 저 무덤은 우리처럼 목말라 죽은 사람들의 무덤일 거야." 그러자 아버지는 아들을 일으키며 말했습니다. "아들아, 염려하지 마라. 무덤이 보인다는 것은 사람이 산다는 증거야."

저는 여러분이 하나님 앞에 자신을 내려놓고 주님께 의탁하기를 바랍니다. 모세도 자기 힘을 믿고 살았을 때는 하나님께 쓰임받지 못하다가, 미디안 광야에서 40년이라는 연단의 세월을 거치면서 그가 힘을 빼자 비로소 하나님께 쓰임 받았습니다.

그러므로 내 힘으로 하는 것이 아닙니다. 야구 경기에서 타자가 어깨에 힘이 들어가면 삼진 아웃 당하기 쉽고, 축구 선수가 발에 힘이 들어가면 골문 앞에서 헛발질하든지 골문 밖으로 공을 차기 쉽습니다. 수영할 때도 몸에 힘을 주면 가라앉습니다. 힘을 빼야 물에 뜹니다. 운동만 그럴까요? 아닙니다. 성악을 전공한 친구의 말에 의하면, 고음을 낼 때도 힘을 빼야 한다는 것입니다. 힘을 빼지 않으면 절대 고음을 낼 수 없다고 합니다.

정기 여객선을 타고 가던 한 여인이 발을 헛디뎌 물속에 빠지고 말았습니다. 사람들은 고함을 지르며 발을 동동 굴렀지만 선원들은 그 여인을 그저 보기만 했습니다. 사람들은 선원들에게 무책임하다며 거세게 비난하기 시작했습니다. 여인이 발버둥 치면서 두 번이나 물 위로 떠오르더니 축 늘어져 버렸습니다. 그 순간 선원이 비호같이 물속에 뛰어들어 축 늘어진 여인을 구해서 올라왔습니다. 사람들은 왜 이제야 구해 주었느냐면서 나무랐습니다. 그러자 그 선원이 가쁜 숨을 몰아 쉬며 말했습니다. "모르는 말씀입니다. 사람이 물에 빠져 자기 힘으로 살아 보겠다고 안간힘을 쓸 때는 그 누구도 이기지 못합니다. 섣불리 다가갔다가 그 손에 붙잡혀 같이 빠져 죽고 맙니다. 힘이 다 빠져야 다가가서 구할 수 있습니다."

빌리 그레이엄의 《행복》이라는 책에 나오는 이야기 하나를 소개합니다.

교회학교 선생님이 아이들을 가르치고 있었습니다. 그날 공과 공부 제목은 '하늘나라에 가는 길'이었습니다. 선생님이 아이들에게 "여러분, 내가 만일 집을 팔아 몽땅 교회에 헌금한다면 천당에 갈 수 있겠죠?"라고 묻자 아이들은 일제히 "아뇨"라고 대답했습니다. 선생님이 다시 "그러면 내가 매일 교회 청소를 하고 유리창을 닦는다면 천당에 갈 수 있겠죠?"라고 하자 이번에도 아이들은 일제히 "아뇨"라고 대답했습니다. 선생님은 "그러면 내가 어떻게 해야 천당에 갈 수 있죠?" 하고 물었습니다. 그러자 누나를 따라 주일학교에 온 다섯 살 먹은 사내 녀석이 자다가 벌떡 일어나 큰 소리로 대답했습니다. "선생님이, 죽어야 해요!" 본질에서 어긋난 대답이지만, 순간 깨달음이 왔습니다. 정말 육신의 사람, 정욕의 사람, 혈기의 사람이 죽고 거듭나야 천국에 갈 수 있는 법입니다.

내 힘으로 무언가를 한다고 생각합니까? 아닙니다. 하나님의 은혜에 나를 던져야 합니다. 우리가 힘을 빼면 뺄수록 하나님께서 더 크게 역사한다는 사실을 기억하시기 바랍니다. 내 힘을 잔뜩 의지하며 살아간다면 주님께서 이렇게 말씀하실 것입니다.

"힘을 빼라. 내가 할 테니 너는 믿고 순종하기만 해."

그렇습니다. 진정한 힘은 하나님께 있습니다. 우리의 힘으로 발버둥을 치기보다 주님을 더욱더 의지하시기를 바랍니다. 힘을 빼고 진정한 힘이 되시는 주님의 손길이 다가오기를 기다려 하나님의 능력을 경험하는 여러분이 다 되시기 바랍니다.

성공 같은 실패

역대하 26:16-23

• • •

어떤 아버지와 아들이 짚신 장사를 했습니다. 아버지와 아들이 똑같은 재료를 가지고 똑같이 짚신을 만들어 팔았는데, 아버지가 만든 짚신은 불티나게 팔리는 반면 아들이 만든 짚신은 잘 팔리지 않았습니다. 아들은 그 이유가 궁금했습니다. 그러나 아버지는 그 비법을 아들에게도 가르쳐 주지 않았습니다.

그러다 아버지는 나이가 들어 세상을 떠날 때가 되었습니다. 아들이 물었습니다. "아버지, 짚신 만드는 비법 좀 가르쳐 주세요!" 아버지는 숨이 넘어가기 직전에 단 한 마디를 남겼습니다. "털!" 아들은 아버지가 남긴 그 말을 이해하지 못했습니다. 그러다가 나중에 깨달았습니다. 아버지는 짚신을 시장에 내다 팔기 전에 마지막으로 삐져나온 털을 예쁘게 다듬었습니다. 마무리를 잘한 아버지의 짚신은 늘 잘 팔렸던 것입니다.

우리 인생도 마찬가지입니다. 출발도 중요하지만 정말로 중요한 것은 마무리입니다. 어떤 사람은 마무리를 잘해서 성공한 인생으로 기억되지만 반대로 마무리를 잘하지 못해서 실패한 인생으로 기억되는 사람도 있습니다.

2차 대전의 영웅이며 미국의 34대 대통령인 아이젠하워의 임종이 임박했다는 소식을 들은 지인들은 그를 찾아갔습니다. 빌리 그레이엄 목사님도 병원으로 갔는데, 좋은 믿음의 사람으로 알았기에 교제만 나누고 헤어지려고 했습니다. 그때 아이젠하워가 힘겹게 부탁했습니다. "목사님! 나는 솔직히 하나님을 만날 자신이 없습니다. 도와주세요." 그 말을 듣고 빌리 그레이엄 목사님은 복음을 제시했습니다. "당신의 업적은 아무것도 필요 없습니다. 회개하고 예수님을 구주로 영접하십시오." 그 말을 듣고 결단한 아이젠하워가 응답했습니다. "목사님, 이젠 준비됐습니다." 얼마 후 아이젠하워는 평안한 모습으로 세상을 떠났습니다. 삶을 잘 마무리한 것입니다.

사람들은 각자 인생의 출발을 중요하게 여깁니다. 그래서 생일을 귀하게 여기고 해마다 기념하지 않습니까? 그러나 더 중요한 것은 내 인생의 마무리입니다. 젊은 시절을 얼마나 화려하게 보냈느냐, 얼마나 멋있게 보냈느냐 하는 것도 중요하겠지만, 더 중요한 것은 인생을 어떻게 마무리하는가입니다.

인생의 진정한 평가는 마지막에 드러나는 법입니다. 신앙생활도 마찬가지입니다. 신앙생활을 참으로 멋있게 시작했고 그 과정이 아무리 훌륭했다 하더라도 마무리가 형편없다면, 그 사람의 영적인 삶은 성공이 아니라 오히려 실패한 것입니다. 그런 삶은 마치 부실 공사를 한 건물과 같습니다. 허울 좋고 번듯해 보였지만 어느 날 갑자기 무너진 성수대교, 삼풍백화점처럼 실패한 인생이 허다합니다.

역대하 26장에 등장하는 웃시야 왕의 인생이 그랬습니다. 크게 성공한 것 같았습니다. 한참 잘 나가고 성공한 줄 알았는데 사실은 실패한 인생이었습니다. 얼마나 안타까운 일입니까? 그렇다면 지금 여러분의 인생은 어떻습니까? 지금 어렵고 힘들다는 이유만으로 실패했다고 예단하거나 실망하지 마십시오. 하나님 앞에서 남은 삶은 얼마든지 성공할 수 있습니다. 아니, 어쩌면 겉보기에는 실패한 것 같지만 하나님이 성공으로 인정하고 계신지도 모릅니다.

오래전 선교지에서 사역하는 선교사님의 이야기를 들었습니다. 선교지에서 사역하다가 후줄근한 차림으로 집에 돌아오니 부모님이 너무 안쓰러워하시더랍니다. 그때 한편으로는 자식으로서 매우 미안하고 제대로 효도하지 못하는 모습에 마음이 잠시 울컥했습니다. 그는 세상의 관점으로 학력도 높고 많은 것을 누릴 수 있는 사람이지만 모두를 내려놓고 선교 사역을 감당하고 있습니다. 세상이 볼 때는 어떨지 모르지만, 하나님이 보실 때는 그런 사람이 진정한 부자요 성공자입니다.

정말 문제는, 어쭙잖게 성공했다고 예단하는 것입니다. 세상의 기준으로 조금 더 공부했다고, 돈 좀 벌었다고, 조금 유명해졌다고, 조금 높은 자리에 있다고해서 성공했다고 생각하면 오산입니다. 중요한 것은 하나님의 평가입니다. 최종 심판자는 오직 하나님 한 분이시기 때문입니다. 나 자신도 세상 사람들도 심판자가 될 수 없습니다. 부디 여러분은 하나님 앞에서, 하나님 보시기에 성공한 인생 되시기를 바랍니다.

그런데 본문 말씀을 보면 웃시야 왕은 인생의 대단한 성공을 거두고 오히려 인생의 마지막을 실패로 마무리하였습니다. 대단히 안타까운 일입니다. 그렇다면 왜 이렇게 되었을까요?

하나님의 은혜를 망각하고 교만한 자리로

"그가 강성하여지매 그의 마음이 교만하여 악을 행하여…"(16절).

웃시야 왕은 통치자로서 막강한 권력을 구축하였고 그 세력을 국내외에 펼쳐 나가며 승승장구하였습니다. 그러다 보니 어느 순간부터 그의 마음에 교만이 들어오기 시작했습니다. 16절을 현대어 성경으로 보면 좀 더 쉽게 이해할 수 있습니다.

"웃시야는 날로 세력이 강해지고 하는 일마다 성공을 거두자 교만에 빠져 자기의 하나님 여호와께 죄를 저지르기에 이르렀습니다. 그는 제사장이나 들어갈 수 있는 여호와의 성전에 직접 들어가 분향하려고까지 함으로써 하나님 말씀의 권위를 왕권에 예속시키려는 교만의 죄를 저질렀습니다."

즉, 모든 일이 잘될 때 하나님을 잊어버리고 목에 힘을 주기 시작했다는 말입니다. 그에게 교만이 들어오기 시작했습니다. 지금까지 거대하게 구축해 놓은 모든 것들이 다 자신의 힘과 능력 때문이라고 생각했습니다.

하나님과의 관계에서의 '교만'이란 자기의 위치를 떠나는 것을 말합니다. 우리는 타락한 천사를 마귀라고 합니다. 자신의 위치를 떠날 때 마귀의 종이 되는 것입니다. 그렇습니다. 잘 믿던 믿음의 성도들이 삶의 현장에서 실패하고 넘어지는 원인이 어디에 있을까요? 대부분이 영적 교만에 빠졌거나 하나님을 신뢰하지 않기 때문입니다. 힘들고 어려울 때는 하나님을 간절하게 찾다가도 조금 살 만해지면 그때부터 하나님을 저버립니다.

교만이 들어오면 우리가 실패하는 것도 성취한 모든 것이 하나님의 도우심과 인도하심보다는 자기 자신에 의해서 이루어진 것처럼 생각합니다. 이스라엘의 초대 왕 사울은 처음에는 대단히 겸손한 사람이었습니다. 그런데 왕이 되어 권력을 가지고 나면서부터 점점 교만해져서 왕의 자리를 이탈하여 제사장의 자리까지 침범하였습니다. 사울 왕의 교만이 자신의 위치를 망각하고 고유의 직분을 이탈하게 하여, 끝내는 그의 아들들과 함께 비참한 최후를 맞이하고 말았습니다.

그래서 주님은 우리에게 말씀하셨습니다.

"…하나님은 교만한 자를 대적하시되 겸손한 자들에게는 은혜를 주시느니라"(벧전 5:5).

"교만은 패망의 선봉이요 거만한 마음은 넘어짐의 앞잡이니라"(잠 16:18).

하나님을 찾지 않고

그뿐만 아니라 웃시야는 하나님을 찾지 않았습니다. 역대하 26장 5절에서 "하나님의 묵시를 밝히 아는 스가랴가 사는 날에 하나님을 찾았고 그가 여호와를 찾을 동안에는 하나님이 형통하게 하셨더라"라고 했습니다. 스가랴는 웃시야 왕에게 하나님의 말씀으로 영적 은혜를 주던, 웃시야 왕에게 선지자요 교사요 고문 역할을 하는 사람이었습니다. 그때만 해도 웃시야가 하나님의 말씀을 들으며 기도하였고, 하나님께서도 웃시야의 기도를 통해 형통함을 허락하셨습니다.

이처럼 웃시야 왕이 하나님의 사람 스가랴가 살아 있을 동안은 하나님의 뜻을 거스르거나 말씀에서 이탈하지 않았습니다. 주의 종으로부터 말씀 지도를 잘 받았기 때문입니다. 그러나 스가랴가 떠난 후부터 말씀 생활에 균열이 생기면서 마지막엔 기도의 생활, 말씀의 생활, 은혜의 생활을 다 잃어버렸습니다.

유다 왕국의 7대 왕 여호사밧 때의 한 사건을 기억합니까? 모압, 암몬, 마온이 힘을 합해 유다 왕국을 쳐들어왔을 때의 일입니다.

"그 후에 모압 자손과 암몬 자손들이 마온 사람들과 함께

와서 여호사밧을 치고자 한지라 어떤 사람이 와서 여호
사밧에게 전하여 이르되 큰 무리가 바다 저쪽 아람에서
왕을 치러 오는데 이제 하사손다말 곧 엔게디에 있나이다
하니 여호사밧이 두려워하여 여호와께로 낯을 향하여 간
구하고 온 유다 백성에게 금식하라 공포하매 유다 사람
이 여호와께 도우심을 구하려 하여 유다 모든 성읍에서
모여와서 여호와께 간구하더라…우리 하나님이여 그들을
징벌하지 아니하시나이까 우리를 치러 오는 이 큰 무리를
우리가 대적할 능력이 없고 어떻게 할 줄도 알지 못하옵
고 오직 주만 바라보나이다 하고"(대하 20:1-4, 12).

이처럼 암담한 현실 앞에서 여호사밧은 '오직 주만 바라봅니
다' 하고 기도하면서 하나님께 매달리므로 하나님께서 그 문제
를 풀어 주시는 응답을 체험했습니다.

신앙생활이란 전적으로 하나님을 신뢰하면서 기도하는 생활입
니다. 마치 아이들이 부모님과 함께 있으면 걱정과 두려움이 사
라지는 것처럼, 하나님께서 우리의 모든 걱정과 두려움을 해결해
주실 줄 믿고 철저히 하나님을 신뢰하는 것입니다.

미국의 제32대 대통령 프랭클린 루스벨트는 소아마비가 있어
몸의 불편함과 어려움을 겪었지만 매일 기도하는 독실한 기독
교인이었습니다. 그의 재임 중 제2차 세계대전이 일어나 많은 사
람이 희생되었는데, 마침 1944년 6월 6일 연합군은 아이젠하워
사령관의 총지휘 하에 대규모의 노르망디 상륙 작전을 전개하였

습니다. 프랑스의 북서쪽에 자리 잡은 노르망디 해안은 험한 절벽이었고 상륙 작전 전날 밤은 폭우와 안개 때문에 도저히 작전을 수행할 수 없었습니다.

이런 상황을 접한 지도자들은 이 중요한 작전의 성공을 위해 각각 하나님께 기도하기로 합의하고 기도 시간을 가졌습니다. 루스벨트 대통령도 영국의 처칠 수상도 아이젠하워 사령관도 모두 전쟁의 승리를 위하여 기도했는데, 특히 루스벨트 대통령은 집무실에서 17시간이나 꼼짝하지 않고 기도했습니다. 믿음의 기도를 들으신 하나님이 도와주셨고, 마침내 하나님의 은혜로 상륙 작전이 성공하였습니다.

> "환난 날에 나를 부르라 내가 너를 건지리니 네가 나를 영화롭게 하리로다"(시 50:15).
>
> "여호와의 말씀이니라 너희를 향한 나의 생각을 내가 아나니 평안이요 재앙이 아니니라 너희에게 미래와 희망을 주는 것이니라 너희가 내게 부르짖으며 내게 와서 기도하면 내가 너희들의 기도를 들을 것이요 너희가 온 마음으로 나를 구하면 나를 찾을 것이요 나를 만나리라"(렘 29:11-13).

하나님을 잊어버리면 하나님을 향한 경외함도 두려움도 없어집니다. 교만해지기 시작합니다. 그래서 사울도 감히 제사장의 직무까지 수행하려 한 것입니다.

"그가 강성하여지매 그의 마음이 교만하여 악을 행하여 그의 하나님 여호와께 범죄하되 곧 여호와의 성전에 들어가서 향단에 분향하려 한지라"(16절).

웃시야 왕의 마음이 교만해지고 기도의 생활이 끊어지자 자신은 행할 수 없는 제사장의 직분까지 행하려고 마음을 먹었습니다. 교만이 하늘을 찌르니 눈에 보이는 것이 없었고 두려운 게 없었습니다. 최고의 권력으로 마음대로 할 수 있다고 생각했습니다. 잘나가는 것이 그에게는 복이 아니라 저주였습니다. 눈에 보이는 성공이 사실은 그에게 실패였다는 말입니다.

본문 18절 말씀을 보면, 제사장 아사랴가 웃시야의 행각을 만류했습니다.

"웃시야 왕 곁에 서서 그에게 이르되 웃시야여 여호와께 분향하는 일은 왕이 할 바가 아니요 오직 분향하기 위하여 구별함을 받은 아론의 자손 제사장들이 할 바니 성소에서 나가소서 왕이 범죄하였으니 하나님 여호와에게서 영광을 얻지 못하리이다."

그런데 뭐라고 말했습니까? 19절에서 "웃시야가 손으로 향로를 잡고 분향하려 하다가 화를 내니…"라고 했습니다. 누가 바른 말을 해주면 그 말을 들어야 살 수 있습니다. 그 말을 듣고 돌이

키면 살 수 있습니다. 그러나 교만이 그를 완전히 사로잡아 하나님은 안중에도 없었습니다. 왜 그랬을까요? 아마 웃시야 왕은 평소에 '내가 이 나라에서 최고인데'라고 생각했고, 그런 의식 때문에 제사장까지도 무시하고 함부로 대하였던 것 같습니다.

그러나 그때 돌아서야 했습니다. 회개하고 돌아서야 했습니다. 하나님의 사람이 말씀을 전할 때 들어야 했습니다. 들으면 살 수 있었지만 듣지 않는다면 결국 망합니다. 돌아서지 못하고 계속해서 사망의 길도 갔던 한 사람, 한 나라의 왕이었던 웃시야는 물러서지 않고 계속 분향하려 하자 마침내 하나님께서 간섭하셨습니다.

> "…그가 제사장에게 화를 낼 때에 여호와의 전 안 향단 곁 제사장들 앞에서 그의 이마에 나병이 생긴지라"(19절).

제사장 아사랴가 율법의 규례를 상기시키면서 죄악을 지적하였음에도 웃시야 왕이 듣지 않아 결국 하나님의 심판을 받았습니다. 하나님이 쳤다는 말입니다. 하나님이 치셔서 웃시야 왕의 이마에 나병이 발생했다면 이제는 회복할 길과 되돌릴 길이 없습니다. 모든 것이 끝났다는 말입니다. 여러분! 사람은 잘될 때 겸손해야 합니다. 모든 것이 하나님의 은혜임을 알고 감사할 줄 알아야 합니다. 그래야 사람이 추해지지 않고 하나님이 주시는 은혜가 끊어지지 않습니다.

하루는 나비, 벌, 파리가 서로 잘났다며 다투기 시작했습니다.

나비가 "너희들 나처럼 우아한 날개 봤어? 나처럼 날 수 있어?"라고 하자, 듣고 있던 벌이 톡 쏘면서 대꾸했습니다. "그러면 너희는 나처럼 빨리 날면서 침을 쏠 수 있어?" 말리던 파리가 화가 나서 이렇게 말했습니다. "야, 그럼 너희들 나처럼 똥 먹을 수 있어?" 이것이 자랑거리일까요? 세상의 자랑은 이렇게 헛된 것이 많습니다.

겸손하지 못하므로 말미암아 실패한 사람들이 얼마나 많습니까? 그래서 성경은 교만은 패망의 지름길이라고 분명하게 선언하고 있습니다.

"교만은 패망의 선봉이요 거만한 마음은 넘어짐의 앞잡이니라"(잠 16:18).
"사람이 교만하면 낮아지게 되겠고 마음이 겸손하면 영예를 얻으리라"(잠 29:23).

실패한 인생으로

결국 화려한 인생, 승승장구하여 두려울 것 없던 인생을 살던 웃시야 왕의 마지막 모습이 어떠했습니까?

"대제사장 아사랴와 모든 제사장이 왕의 이마에 나병이 생겼음을 보고 성전에서 급히 쫓아내고 여호와께서 치시므로 왕도 속히 나가니라 웃시야 왕이 죽는 날까지 나병 환자가 되었고 나병 환자가 되매 여호와의 전에서 끊어져 별궁에 살았으므로…"(20-21절).

얼마나 비참한 인생이 되었습니까? 그는 다시는 성전에 들어갈 수 없었으며, 왕의 자리에서도 쫓겨나서 죽는 날까지 궁궐에 머물지 못하고 격리된 별궁에서 홀로 여생을 보냈습니다. 죽은 후에는 나병 환자라 하여 열조의 묘실에도 묻히지 못하는 처지가 되었습니다. 웃시야 왕은 16세에 왕위에 올라 52년간이나 나라를 잘 다스린 왕으로서 이스라엘 역사에 길이 남을 위대한 왕이 될 뻔했지만, 마지막에 교만의 길을 걸으므로 인생을 비극적으로 마무리하고 말았습니다.

오늘날 우리도 각자에게 주어진 인생과 축복을 잘 관리해야 합니다. 안일하게 소홀히 하다가는 웃시야처럼 잃어버리기 쉽습니다.

스코틀랜드 사람 하나가 배를 만들기로 결심하고 전 재산을 털어 5년 동안 큰 배를 만들었습니다. 완성된 후에 많은 사람을 초청해서 진수식을 하고, 드디어 사람들의 함성과 환호 속에 출항하였습니다. 그런데 항구를 떠나고 얼마 되지 않아 배가 점점 가라앉더니 완전히 침몰해 버렸습니다. 겉으로는 훌륭해 보였으니 실은 엉터리였기 때문입니다.

우리 인생이 이와 같을 수 있습니다. 세상적으로 성공한 것처럼 보여도 진수식에서 침몰해 버린 배의 신세가 될 수도 있습니다. 마가복음 8장 36절에서 우리 주님이 말씀하십니다.

"사람이 만일 온 천하를 얻고도 자기 목숨을 잃으면 무엇이 유익하리요."

제 영혼을 지옥에서 잃어버리면 세상에서 온 천하를 얻은들 무슨 소용이 있느냐는 말씀입니다. 여러분 모두 일시적인 성공, 세상의 성공보다 영원한 성공, 하나님 앞에 성공하는 인생이 되시기 바랍니다.

지금까지 어떤 인생을 살아왔습니까? 잠시 멈추어 점검하고 평가해 보기를 바랍니다. 혹시라도 웃시야처럼 '성공 같은 실패'의 인생은 아닌지, 세상 기준으로 성공했다고 혹시 교만한 삶을 은근히 즐기며 살고 있지는 않습니까? 만약 그렇다면 이대로 인생을 마쳐서는 안 됩니다. 단 한 번인 나의 인생이기에 결코 그럴 수 없습니다. 우리는 하나님 앞에 성공하는 인생을 살다가 천국에 들어가야 합니다.

여러분 모두 하나님의 은혜를 떠올리고 감사하실 수 있기를 바랍니다. 겸손하면 하나님으로부터 복을 받습니다. 이 세상의 모든 것은 하나님께서 허락하시는 복입니다. 그리하여 사도 바울의 고백이 우리의 고백이 되기를 바랍니다.

"그러나 내가 나 된 것은 하나님의 은혜로 된 것이니 내게 주신 그의 은혜가 헛되지 아니하여 내가 모든 사도보다 더 많이 수고하였으나 내가 한 것이 아니요 오직 나와 함께 하신 하나님의 은혜로라"(고전 15:10).

상황이 더 나빠질 때

출애굽기 5:22-6:1

• • •

살다 보면 때로 사면초가, 진퇴양난의 상황을 만나기도 합니다. 그러나 그때에도 길이 없는 것이 아닙니다.

드디어, 모세가 바로 앞에 섰습니다. 그렇게도 두렵고 만나기 싫었던, 하나님께 핑계를 댔으나 사명 때문에 만나야 했던 애굽 왕 바로를 대면하였습니다. 그리고 바로에게 서서 이스라엘 백성을 내보내라는 하나님의 말씀을 전했습니다. 비록 두려운 마음도 있었지만 하나님께서 맡기신 사명이었기에 바로 앞에 서서 하나님의 뜻을 똑바로 전했습니다. 그러나 그는 모세의 말을 전혀 받아들이지 않았습니다.

"바로가 이르되 여호와가 누구이기에 내가 그의 목소리를 듣고 이스라엘을 보내겠느냐 나는 여호와를 알지 못하니 이스라엘을 보내지 아니하리라"(출 5:2).

모세가 얼마나 난감했을까요? 하나님은 이스라엘 민족을 데리고 애굽을 떠나라고 하셨는데, 들어야 할 사람이 '난 모르겠다'라고 하니 말입니다. 4절에서는 바로가 "모세와 아론아 너희가 어찌하여 백성의 노역을 쉬게 하려느냐 가서 너희의 노역이나 하라"라고 하면서, 심지어 9절에서 "그 사람들의 노동을 무겁게 함으로 수고롭게 하여 그들로 거짓말을 듣지 않게 하라"라고 하면서 강제 노역을 강화하였습니다. 하나님 말씀대로 바로에게 가서 애굽을 떠나겠다고 말했는데 오히려 상황이 더 나빠졌습니다.

이스라엘 백성들에게 더 무거운 핍박이 가해졌습니다. 전에는 짚을 주면서 벽돌을 만들라고 했는데 이제는 짚도 주지 않고 벽돌을 만들라고 했습니다. 더 큰 핍박과 고난을 겪게 되었습니다. 바로에게 미움을 샀을 뿐 아니라 이스라엘 백성들마저 모세를 원망하기 시작했습니다. 그야말로 첩첩산중, 진퇴양난, 사면초가라는 단어가 떠오르는 상황이었습니다.

우리가 믿음으로 기도하는 것마다 응답 받고 믿음을 받아들이는 순간 만사형통한다면 얼마나 좋겠습니까? 그러나 실제로 믿음의 삶을 살아갈 동안 우리는 여전히 고통스럽고 어려운 일을 당합니다. 기도해도 응답이 없는 것 같고 예수 믿지 않았을 때보다 더 안 좋은 상황을 만날 수도 있습니다. 하나님의 말씀에 순종하려고 애를 쓸수록 상황이 점점 더 나빠질 때가 있습니다. 그래서 우리는 '어째서 세월이 갈수록 아픈 일이 더 생길까? 어찌해서 내 삶은 이렇게 첩첩산중일까?'라고 심각한 질문을 던질 때가 있습니다. 본문 출애굽기 5장 22절부터 6장 1절까지는 이런 문제를 다루고 있습니다.

이스라엘 백성들을 애굽에서 구원하도록 계획을 세운 분은 분명히 하나님입니다. 이 일을 위해 모세를 부른 분도 하나님입니다. 그리고 모세는 그 하나님의 명령을 받고 바로 앞에 섰습니다. 하나님이 하라는 말만 했습니다. 그러나 바로는 모세의 말을 들은 척도 하지 않고, 이스라엘 백성들을 더 학대하기 시작했습니다. 바로 앞에서 하나님의 말씀을 선포하기 전보다 상황이 더 나빠졌습니다.

혹시 여러분 중에 이런 상황을 만난 사람이 있습니까? 주님께 순종하려고 몸부림치는데, 그래도 잘 믿어 보려고 애를 쓰는데, 왜 상황이 좋아지기는 커녕 더 나빠지기만 할까요? 모세는 이런 상황에서 '어찌하여'라고 물었습니다. 그리고 "내가 하나님께 순종하였는데 어찌하여 더 상황이 나빠집니까?"라고 질문했습니다.

어느 책에서 이런 이야기를 읽은 적이 있습니다. 깊은 밤 문밖에서 부스럭거리는 소리가 들려오자, 아내가 떨리는 목소리로 말했습니다. "여보, 도둑인가 봐." 남편은 큰 소리로 이렇게 말했습니다. "자식, 들어오기만 해 봐라." 이윽고 도둑이 문을 열고 들어와서 사방을 두리번거립니다. 남편이 이불 속에서 조그만 목소리로 말했습니다. "자식, 뒤지기만 해 봐라." 도둑이 장롱을 뒤져 돈과 금품을 꺼내더니, 그것을 가지고 유유히 문을 나갔습니다. 남편이 이불 밖으로 얼굴을 빼꼼 내민 아내에게 말했습니다. "자식, 또 오기만 해 봐라." 이런 남편을 믿을 수 있겠습니까? 그런데 본문 말씀에서 하나님이 이렇게 보이지 않습니까? 그때 모세가 어떻게 했습니까?

기도하라

모세는 하나님께 부르짖기 시작했습니다.

> "모세가 여호와께 돌아와서 아뢰되 주여 어찌하여 이 백
> 성이 학대를 당하게 하셨나이까 어찌하여 나를 보내셨나
> 이까"(22절).

원망의 부르짖음입니다. 절망의 기도였습니다.

우리도 살다가 삶의 자리가 어려워지는 때가 있습니다. 상황이 점점 어려워집니다. 이 세상이 나를 내 뜻대로 살게 하지 않습니다. 주변의 사람들이 내 뜻대로 응답해 주지도 않습니다. 그럴 때 우리도 모세처럼 탄식의 기도를 할 수 있습니다. '어찌하여 나를 보내셨나이까!' 하나님은 왜 나를 예수 믿게 하셨는지, 왜 나를 이 교회에 보내셨는지, 왜 집사가 되게 했는지 탄식하며 물으며 기도합니다.

목적지를 알지 못하는 인생처럼 답답한 것은 없습니다. 그러나 우리가 분명히 기억해야 할 것은, 그러한 탄식과 기도는 절대로 올바른 기도가 아니라는 것입니다. 아무리 어려워도 그렇게 기도하면 안 됩니다. 이런 기도는 하나님이 제일 섭섭해하시는 기도입니다. 왜 그럴까요? 하나님께서 하시는 일은 절대로 목적 없이 이

루어지는 법이 없기 때문입니다.

살아가면서 목적지를 아는 것은 너무나 중요합니다. 하나님께서는 오늘 저와 여러분에게 분명한 뜻과 목적을 가지고 계십니다. 그러므로 원망과 불평은 부질없는 일입니다.

하나님께서는 원대한 목적과 의도를 가지고 모세를 보내셨는데 그의 입에서 불신앙의 기도가 터져 나왔습니다. 그것은 전혀 올바른 기도가 아닙니다. 어떠한 위기를 만나도 오히려 올바른 기도를 올릴 수 있어야 합니다.

'중언부언'이란 문자적으로는 말을 반복한다는 뜻이지만, 진정한 의미는 마음에 없는 말을 한다는 것입니다. 예수님은 이방인들의 중언부언하는 기도를 경계하셨습니다. 남에게 보이기 위한 동기에서 비롯된 유대인들의 외식적인 기도도 경계하셨습니다. 외식이든 중언부언이든 공통된 문제점은 마음으로부터 기도하지 않는다는 것입니다. 주님은 마음에서 우러나오는 간절한 기도를 말씀하셨습니다.

한동안 사용하지 않은 오래된 수동 펌프로 물을 길어 본 적이 있습니까? 처음에는 헛도는 것 같아도 계속해서 펌프질 하면 어느 순간 물길이 잡혀 깊은 곳에서 물이 올라와 쏟아집니다. 우리의 기도 생활도 마찬가지입니다. 마음 없이 형식적인 기도 생활이 계속되어 마음이 굳어 있을 때는 마음의 우물에 기도의 두레박을 집어넣어도 달그락거리기만 하고 물이 올라오지 않습니다. 고갈된 마음에서 다시 기도가 열납되기를 바란다면 하나님이 부어 주시는 은혜에 힘입어 기도의 펌프질을 멈춰서는 안 됩니다.

그렇게 포기하지 않고 계속하다 보면 더 깊은 곳에서 진실한 기도가 나오고, 그 기도는 여러분의 쇠약한 영혼에 놀랍도록 큰 힘을 줄 것입니다. 1년을 하나님 앞에서 형식적인 기도를 하는 것보다 무릎을 꿇고 마음 깊은 곳으로부터 10분간 기도하는 것이 하나님께 돌아가는 훨씬 빠른 방법입니다. 우리의 마음을 다 아시는 하나님 앞에 마음을 모아 기도하는 것, 그것이야말로 경건의 능력을 회복하는 지름길입니다. 그렇습니다. 간절한 믿음의 기도가 중요합니다. 어떤 상황에도 불신앙의 기도는 옳지 않습니다.

모세는 바로와 더 부딪쳐야 했습니다. 하나님께서 모든 장애물을 없앤 다음에 모세를 애굽에 보낸 게 아닙니다. 애굽에는 모세가 넘어서야 할 장애물이 가득했습니다. 바로는 오히려 마음이 강퍅해졌고, 백성들은 모세를 원망하였습니다. 그런 상황에서 하나님은 모세를 보내셨습니다.

우리도 살다가 '왜 이런 일을 당하게 하시는가?'라고 질문할 만한 상황을 만납니다. 원망과 불평이 쏟아져 나올 때가 있습니다. 하나님이 하신 일임이 분명한데도 앞길이 환하게 열리기는커녕 오히려 더 답답하고 곤고할 때가 있습니다. 하나님은 가라고 하셔서 가는데 그 길은 평탄하지도 않고 장애물이 더 많이 놓인 것처럼 보일 때도 있습니다. 그러나 부딪쳐야 합니다. 장애물을 만났을 때는 장애물을 부딪쳐야 합니다. 절망하지 말고 이겨내야 합니다.

신앙생활도 마찬가지입니다. 사탄은 달래면 안 됩니다. 도피하거나 위축되어서도 안 되고 물러서도 안 됩니다. 맞부딪쳐야

합니다. 주님은 말씀하셨습니다. '마귀를 대적하라, 그리하면 주께서 도우시리라.'

항상 믿으라

그러므로 우리는 어떠한 상황에서도 하나님의 선하심과 인도하심을 믿어야 합니다.

랍비 해롤드 쿠쉬너는 《왜 선한 사람에게 나쁜 일이 생기는가?》라는 책을 썼습니다. 그가 섬기는 회당 교인 가운데 어떤 사람이 결혼해서 아이를 낳았는데, 조로증 즉 빨리 늙는 병이 있었습니다. 아이가 크면서 머리카락이 나는 듯하다가 다 빠지고, 주름이 생기고, 열두 살 되던 해에 죽었습니다. 아이의 부모는 하나님 앞에 울부짖으며 기도했습니다. "하나님, 나는 좋은 사람이라고 생각했는데 왜 이런 나쁜 일이 생깁니까?" 이렇게 질문을 하면서 그는 자신의 신앙고백을 책에 썼습니다. 그 책의 결론은 '하나님은 선하시다'입니다.

욥의 고난을 보면서, 욥의 말이 옳으냐 욥 친구들의 말이 옳으냐 하며 논쟁하는 것은 크게 의미가 없습니다. 하나님은 선하신 분이기 때문입니다. 그러므로 이제는 '왜인가'를 묻지 말고 '무엇인가'를 질문하시기 바랍니다.

희망이 넘치는 뛰어난 연설가로 많은 사람에게 큰 감명을 주는 데이비드 링은 뇌성마비 장애인입니다. 그에게는 사랑스러운 아내와 건강한 네 명의 아이 그리고 재능 있는 직원들이 있습니다.

매주 수많은 청중이 뜨거운 환호와 격려, 사랑을 보내며 그의 희망 메시지를 들으려 귀를 기울입니다. 데이비드는 분명 성공한 사람입니다. 그러나 그의 삶이 항상 이와 같은 탄탄대로였던 것은 아니었습니다.

그는 1953년 사산아로 태어나 18분 동안 숨을 쉬지 않았지만 기적적으로 살아났습니다. 그러나 그동안 뇌에 산소 공급이 중단되어 뇌성마비 장애아로 자라났습니다. 형은 혈우병으로 죽었고, 11세에 아버지가 암으로 죽었습니다. 14세 때는 어머니마저 사망하여 남은 형제들은 모두 고아가 되었습니다. 큰 장애가 있는 데이비드는 고아원과 다를 바 없는 크리스천 공공기관에 맡겨졌습니다.

이 모든 일들로 데이비드는 화가 났고 자신은 형편없는 인간이라고 자책하며 깊은 절망에 빠졌습니다. 무엇보다도 자신이 장애인으로 태어나게 하고 부모님을 빼앗아 간 하나님이 너무도 미웠습니다. 그는 몇 차례나 자살을 시도하였지만 실패한 후 예수 그리스도를 만났습니다. 새로운 삶을 시작을 할 것인가, 아니면 지금처럼 모진 고통을 견디며 불행 속에서 불평하며 살아갈 것인가 선택하지 않으면 안 되었습니다. 그는 자신의 장애와 모든 고난에는 하나님의 계획이 있음을 인정하고 하나님을 믿기로 했습니다. 그가 얻은 가장 큰 선물은, 스스로를 용서하고 받아들이며 자신은 참으로 놀라운 하나님의 섭리로 창조되었다는 사실에 감사하는 법을 배운 것이었습니다. 그 후 그의 삶은 달라지기 시작했습니다. 그는 여전히 다리를 절고 언어장애로 연설도 어눌하지만 확신을 가지고 말합니다. "하나님께 '왜냐'라고 하지 말고 '무엇이냐'라고 질문하십시오. 살아가면서 겪는 많은 문제 속에서 하나님은 내가 무엇을 하기 원하시는지, 무엇으로 하나님을 영화롭게 할 수 있는지를 물으십시오." 하나님은 선하시므로 절대로 하나님의 백성을 망하지 않게 하실 줄로 믿으시기 바랍니다.

하나님께서 아브라함에게 아들 이삭을 바치라고 하신 말씀은 재앙일까요, 축복일까요? 놀라운 사실은 아브라함은 그것에 관해 한마디도 묻지 않고 그냥 순종했다는 것입니다. 왜 그랬을까요? 하나님은 선하시다는 것을 믿기 때문입니다. 이게 하나님의 뜻이냐 아니냐를 생각한 것이 아니라, 하나님은 선하시므로 그냥 순종하였습니다. 그랬더니 하나님께서 뭐라고 하셨습니까? "이제야 네가 나를 사랑하는 줄을 아노라." 그리고 아브라함에게 너희 민족을 창대하게 하고 자손 대대로 복을 주겠다고 약속하셨습니다.

다윗은 어떻습니까? 그는 하나님의 성전을 건축하고자 소망했으나 하나님이 거절하셨습니다. 하나님의 성전을 건축한다는 것이 얼마나 귀한 일입니까? 그런데 그는 거절당했습니다. 우리도 주님의 일을 하고자 할 적에 때론 거절당합니다. 날 몰라 주니 섭섭하고 교회를 떠나고 싶기도 합니다. 그때 다윗은 아무 말 안 하고 그저 순종했습니다. 묻지도 않았습니다. 왜요? 하나님은 선하시니까요. 하나님의 선하심은 이해하는 것이 아니라 믿는 것입니다.

중국 역사에서 한나라 때 재상을 지낸 장량이라는 사람이 있었습니다. 진시황에 의해 자신의 나라가 멸망 당하고 집안까지 몰락하자, 그는 진시황을 암살하려다가 실패하고 시골에서 숨어 지내는 신세가 되었습니다. 어느 날 그는 마을 밖의 다리를 지나다가 한 초라한 노인과 마주쳤습니다. 노인은 장량을 보더니 갑자기 자기 신발을 벗어 다리 아래로 던지고는 이렇게 말했습니다. "가서 집어 오너라." 장량은 기가 막혔습니다. '나를 언제 봤다고 다리 밑으로 던진 신발을 가져오라는 거야? 자기가 던졌으면 자기가 주워 와야지 왜 나에게 시키는 거지?' 하는 마음이 들면서 화가 치밀어 올랐습니다. 그러나 그는 꾹 참고 다리 밑으로 가서 노인이 던진 신발을 주워 왔습니다. 노인이 이번에는 "신발을 주워 왔으면 신겨야지. 자, 빨리 내 발에 신겨라"라고 하면서 자기의 발을 내밀었습니다. 장량은 속으로 화가 났지만 아무 말 없이 무릎을 꿇고 그 노인에게 신발을 신겨 주었습니다.

그러자 그 노인은 미소를 지으며 "너는 쓸 만한 데가 있구나"라고 말하면서 '태공망 여상'이라는 사람이 지은, 세상에 둘도 없는 병법서를 그에게 주고 사라졌습니다. 노인은 장량을 시험하였고, 장량은 그 시험애 통과하여 천하에 둘도 없는 책을 얻었습니다. 그는 그 책을 열심히 읽어, 10년 후에 유방 장군을 도와 한나라를 일으키는 데 큰 공을 세웠습니다.

그러니 여러분, 지금은 이해되지 않더라도 우리에게 가장 좋은 길로 인도하시는 하나님의 선하심을 믿으시기 바랍니다. 하나님을 믿는다는 것은 어떤 상황에도 믿음을 유지하는 것을 말합니다.

옛날 거울이 귀하던 시절에 한 농사꾼이 시장에서 거울을 보고 너무 신기해서 하나를 샀습니다. 그러고는 장롱 속에 두었다가 심심하면 꺼내 보고 혼자 웃곤 했습니다. 어느 날 부인이 남편의 행동을 수상히 여겨 장롱을 뒤지다가 남편이 숨겨 놓은 거울을 찾았습니다. 거울을 들여다보니 그 속에 웬 젊은 여자가 들어 있는 것입니다. 깜짝 놀란 부인은 시어머니께 달려가서 울며불며 이렇게 하소연했습니다. "어머님, 이럴 수가 있습니까? 남편이 이 안에 어여쁜 계집을 숨겨 놓고 밤마다 몰래 만나 속삭이고 있었습니다." 시어머니는 며느리로부터 거울을 받고 들여다보았습니다. 그러고는 방을 나서며 이렇게 말했습니다. "바보 같은 녀석, 다 늙어빠진 할망구를 데려다가 무얼 하겠다고."

무얼 가르쳐 주는 이야기입니까? 무지하면 고생한다는 것입니다. 무지하면 믿음이라도 있어야 합니다. 믿어야 알게 됩니다. 어떠한 상황 속에서도 하나님은 협력해서 선을 이루시는 분이신 줄 믿으십시오.

요셉은 해와 달과 별들이 자신에게 절하는 꿈을 꿨습니다. 하나님께서 꿈을 통해 약속하신 것입니다. 그다음에 어떻게 되었습니까? 형들에게 배신당해서 노예로 팔려 가고 수많은 시간 동안 시련과 환난을 겪었습니다. 그러나 요셉은 끝까지 믿음을 잃지 않았기에 애굽의 총리 자리에 올랐고 흉년 가운데 가족을 구하는 사람이 되었습니다. 그리고 하나님의 선하심과 인도하심을 찬송하였습니다.

우리가 세상에 살면서 하나님의 말씀을 따르고 올바른 믿음생활을 하는 동안 마치 이스라엘 백성을 억압하고 그 길을 막은 바로와 같이 우리의 신앙생활을 핍박하는 사람이나 환경을 만나게 됩니다. 하나님은 우리의 삶이 왜 어려운지 그 이유를 일일이 설명하지 않으십니다. 이유를 몰라도 우리가 믿음으로 살아갈 때 하나님의 뜻을 이루십니다. 그리고 결국은 그것이 우리에게 축복이 됩니다.

여러분이 당하는 환난과 핍박은 잠시 잠깐이요 곧 영원한 승리가 여러분의 것임을 기억하고, 최후 승리를 얻기까지 담대하게, 세상을 향하여 굳센 믿음의 싸움을 싸우는 여러분이 되시기를 주님의 이름으로 간절히 바랍니다.

꿈이 이루어 지지 않을 때

로마서 15:22-29

• • •

　찰리 패덕(Charlie Paddock)은 유명한 달리기 선수였습니다. 그는 클리블랜드에 있는 한 고등학교에 가서 연설했습니다. 연설하는 중에 "바로 이 강당 안에 미래의 올림픽 챔피언이 있을지 누가 알겠습니까!"라고 말했습니다. 연설이 끝난 후, 언제나 주변에서 어슬렁거리던 흑인 아이가 찰리 패덕에게 다가왔습니다. 아주 야위고 다리만 껑충한 그는 수줍어하며 말했습니다. "제가 미래의 어느 날엔가 최고의 달리기 선수가 될 수 있다면 저는 그 일을 위해 제 모든 것을 바치겠습니다." 찰리 패덕이 대답했습니다. "할 수 있어! 그것을 목표로 삼고 그 일에 모든 것을 쏟아 붓는다면 분명히 자네는 그렇게 될 걸세." 그 흑인 아이는 찰리 패덕의 말을 가슴에 새기고 열심히 달렸습니다. 그 흑인 소년은 1936년 베를린 올림픽에서 세계기록을 갱신하고 금메달을 땄습니다. 그는 바로 제시 오언스(Jesse Owens)입니다.

제시 오언스가 고향에 돌아왔을 때 사람들을 그를 열렬히 환영했습니다. 그날 껑충한 또 다른 한 흑인 소년이 사람들 틈을 헤치고 다가와 오언스에게 말했습니다. "저도 꼭 언젠가는 올림픽에 출전하는 달리기 선수가 되고 싶습니다." 오언스는 옛날을 생각하면서 그 소년의 손을 꼭 잡고 말했습니다. "얘야, 큰 꿈을 가져라. 그리고 네가 가진 모든 것을 그것에 쏟아부어라." 그 말을 들은 이 흑인 아이도 열심히 달렸습니다. 정확히 오언스의 말을 들은 지 12년 후, 1948년의 올림픽에서 그도 금메달을 땄습니다. 그가 바로 해리슨 딜러드(Harrison Dillard)입니다.

사람은 누구나 꿈을 지니고 삽니다. 만일 꿈이 없다면 그처럼 초라한 사람은 없을 것이고, 그런 사람은 세상에서 살맛이 없을 것입니다. 여러분에게 제시 오언스와 해리슨 딜러드처럼 여러분의 모든 것을 다 쏟아부을 만한 꿈이 있습니까? 남은 인생 동안 계속해서 달려갈 꿈을 소유하고 있습니까? 모든 것을 다 쏟아붓고도 아깝지 않은 그런 꿈이 여러분에게 있습니까?

어떤 이들은 '오늘날 큰 문제 중 하나는 꿈이 없이 사는 것이다'라고 말합니다. '어떻게 되겠지'라는 마음으로 사는 것이 가장 큰 비극이라는 것입니다. 그런데 아름다운 꿈을 지녔다고 해서 반드시 그 꿈이 그대로 이루어지는 것은 아닙니다. 어린 시절의 아름다운 꿈과 젊은 시절의 희망은 모두 미완성 교향곡과도 같습니다.

젊어서는 희망이 많습니다. 꿈이 많습니다. 내가 앞으로 무엇이 될까 하는 기대와 꿈이 있습니다. 정치가가 되어서 나라를 운영하고, 위대한 예술가가 되어서 불후의 작품을 남기고, 의사가 되어서 많은 사람을 고치고, 정신적인 지도자가 되어 겨레를 바른 길로 이끌고, 사업가가 되어서 여러 활동을 하며 돈을 많이 벌고, 학자가 되어 깊은 학문을 연구하겠다는 등 여러 가지 꿈을 꿉니다.

그러나 세월이 흐르는 동안 이 꿈들이 하나둘 사라지고 희망의 줄이 하나둘 끊어져 갑니다. 우리가 품었던 꿈이 그대로 이루어지는 경우는 매우 적습니다. 희망의 하프 줄이 하나씩 끊어지는 고통을 맛보지 않으면 안 되는 것이 삶이고, 마지막 남은 한 줄을 가지고 인생이라는 음악을 연주해야 하는 것이 우리의 현실입니다. 만일 이 남은 한 줄을 가지고 더 이상 연주 할 음악을 켤 수 없으면 그것을 절망이라고 합니다.

바울의 꿈

로마서 15장 22-29절 말씀을 보면, 사도 바울이 로마에 있는 성도들에게 보낸 편지에서 '내가 너희에게 가려했으나 것이 여러 번 막혔다'라면서 23절에 "여러 해 전부터 언제든지 서바나로 갈 때에 너희에게 가기를 바라고 있었으니"라고 했습니다. 사도 바울이 품었던 꿈이 허사로 돌아간 쓰라린 경험을 말해 주는 대목입니다.

사도 바울의 간절한 희망은 로마를 거쳐 당시에 세계의 끝이라고 생각한 서바나(스페인)에 가서 그리스도의 복음을 전하는 것이었습니다. 이와 같은 희망, 큰 포부를 가지고 그날이 오기를 손꼽아 기다리면서 그 열정과 갈망으로 흥분하였습니다. 사도 바울이 로마에 가긴 했으나 그가 희망하던 대로는 아니었습니다. 복음을 전할 수 없는 정도가 아니라 오히려 죄수의 몸으로 로마에 가서 감옥에 갇혔했습니다. 그의 꿈은 하나님을 향한 것이었는데도 선한 것이었으나 뜻대로 되지 않았습니다.

그와 비슷한 경험을 해 보았을 것입니다. 사도 바울이 서바나를 목표하고 출발한 것처럼, 우리도 찬란한 꿈을 실현해 보려고 길을 나섰지만 전혀 생각하지 못했던 길로 인도되기도 하고 답답한 감옥을 만나기도 합니다. 이것이 우리가 사는 세상입니다.

유치원에 다니는 딸 하나를 키우는 행복한 부부가 있었습니다. 그러던 어느 날, 아내가 원인을 모르는 병으로 죽고 말았습니다. 먹구름이 그 가정을 덮은 것입니다. 아버지와 어린 딸은 엄마를 땅에 묻고 집에 돌아왔습니다. 현관에서부터 시작하여 방, 부엌, 거실에 이르기까지 하나도 변함이 없는데, 두 사람의 눈에는 모든 것이 다르게 보였습니다.

그날도 어김없이 어두운 밤이 찾아왔습니다. 아버지는 딸을 침대에 눕히고 기도해 주면서 편히 자라고 하고는 자기 방으로 갔습니다. 얼마 후에 딸아이의 방에서 울음소리가 들려서 아빠가 달려갔습니다. "아빠! 무서워요, 너무 어두워요." 아빠는 울먹이는 딸을 타일렀습니다. "아무리 어둡고 무서워도 아빠가 있으니 무서워 말고 조용히 자렴." 그 말을 듣고 어린 딸이 눈을 감고 한참 있더니 "아빠! 아무리 어두워도 아빠는 나를 사랑하지?"라며 안심하는 목소리로 물었습니다. 딸아이의 말 한마디에 상심했던 아빠는 새 빛을 보았습니다. 그리고 고백했습니다. "하나님! 나의 주변이 아무리 어두워도 변함없는 하나님의 사랑이 있으므로 실망하지 않습니다. 비록 우리 가정에 먹구름이 덮여 사망의 음침한 골짜기 같지만 내가 딸을 사랑하는 것과 같이 하나님께서 나를 사랑하시는 것을 믿고 힘과 평안을 얻습니다."

　이처럼 우리 생각과 다르게 전개되는 세상에서 우리의 높은 꿈이 이뤄지지 않을 때, 어떻게 살아야 할까요?

꿈이 이루어지지 않을 때

　생각하지 못했던 불행, 꿈꾸던 것과 다른 과정과 결과를 있는 그대로 받아들여야 합니다. 이것은 숙명론자들이 그 숙명을 비통하게 맞이하는 것과 완전히 다릅니다. 먼저, 우리의 꿈이 이루어지지 않는다면 먼저 그 사실을 직시해야 합니다. 도피하거나 잊어버리려 하는 태도는 조금이라도 가져서는 안 됩니다. 그리고 내가 이 고통을 어떻게 하면 즐거움으로 만들 수 있을까를 생각해야 합니다.

　1995년 미스 아메리카에 당선된 헤더 화이트스톤은 한 살 때 접종한 디프테리아 주사의 부작용으로 어릴 때 청력을 잃은 장애인입니다. 그러나 그녀는 악조건을 극복하고 미스 아메리카의 자리에 올랐습니다. 미스 아메리카는 몸매나 얼굴이 예쁘다고 되는 것이 아니라 공정한 경쟁을 통해 교양과 여러 가지 재능을 인정받아야 하는데, 청각장애인인 그녀가 경쟁자들을 물리치고 그 자리에 올랐습니다. "장애가 당신의 의욕을 꺾지 않았습니까?"라는 기자들의 질문에 그녀는 "최악의 장애는 세상을 부정적으로 보는 것입니다"라고 대답했습니다. 화이트스톤은 마지막에 이런 말을 했습니다. "내가 21년 동안 어머니에게 가장 많이 들었던 말은 '할 수 있다'(Yes, I can)'였습니다."

그렇습니다. 역사를 살펴보면 위대한 사람들은 주어진 가시를 면류관으로 바꾼 사람들입니다.

사도 바울이 빌립보에서 전도할 때 귀신 들려 점치는 여자를 불쌍히 여겨 귀신을 쫓아 주었습니다. 더 이상 점을 치지 못하자 그 여자를 통해 수입을 얻던 주인들이 바울과 실라를 고발하여, 그들은 매를 맞고 감옥에 갇혔습니다. 선한 일이 고난이 되었습니다. 아마 보통 사람 같으면 매 맞은 온몸이 아파서 억울하고 분한 생각밖에는 없었을 것입니다. 그러나 바울과 실라는 그날 밤이 깊을 때 오히려 찬송을 부르고 감사의 기도를 드렸습니다.

그때 뜻밖에 큰 지진이 나서 옥문이 열렸습니다. 그리고 그 사건을 통해 그날 밤에 간수가 회개하고 예수를 믿었으며 그 온 집이 구원을 얻었습니다. 그동안 빌립보 교회에는 여자들만 있었는데 그때 아주 유력한 교인 한 세대가 생겨 빌립보 교회의 기초가 튼튼해졌고, 사도 바울을 여러 면으로 돕는 훌륭한 교회가 되었습니다. 인간의 계획과 그것을 인도하시는 하나님의 신비로운 섭리를 여기서도 똑똑히 볼 수 있습니다.

언젠가 숲속으로 깊숙이 걸어 들어간 아이들에 관한 글을 본

적이 있습니다. 그들은 한참 가다가 길을 잃었음을 깨달았습니다. 어린아이들이 울기 시작하자 그중 나이가 많은 소녀 하나가 침착하게 "우리 다 같이 숲 밖으로 나갈 수 있도록 하나님께 기도하자"라고 했습니다. 그들은 함께 기도했고, 기도가 끝났을 때 새 한 마리가 그들 앞에 날아왔습니다. 아이들은 왠지 모르지만 이 작은 새를 잡고 싶은 생각이 들었습니다. 보통은 새를 잡으려 하면 새가 날아가 버리는데, 이 새는 멀리 가지 않고 아이들보다 조금씩 앞서며 날아갔습니다. 이렇게 하는 동안 아이들은 숲에서 나와 집 가까이에 서 있는 것을 발견하고는 놀랐습니다.

이처럼 우리의 인도자 되시는 주님은 우리가 가야 할 길로 안전하게 인도해 주십니다. 어쩌면 앞이 잘 보이지 않고, 그 길이 어떤 길인지 잘 모를 수도 있습니다. 그러나 성령께서 우리를 한 걸음 한 걸음씩 인도해 주십니다. 우리 인간의 편에서 생각하면 꿈이 이뤄지지 않고 있는 것 같지만, 오히려 하나님의 놀라운 역사가 진행되고 있습니다.

구약의 요셉은 그는 소년 시절부터 꿈의 사람이었습니다. 수많은 꿈을 꾸었습니다. 그러나 그의 꿈은 이루어지지 않고 엉뚱하게 고생만 거듭하였습니다. 인간적인 견지에서 보면 도무지 이해되지 않았습니다. 그의 푸른 꿈은 산산이 깨져 흩어지는 것 같았습니다. 그러나 꿈의 사람 요셉은 자신에게 닥치는 일을 묵묵히 감수하면서, 자기가 현재 있는 그 자리에서 충성할 따름이었습니다. 그리고 결국에는 모든 악을 선으로 바꾸시는 하나님의 역사를 체험하였습니다. 하나님은 꿈의 사람 요셉을 높이 들어 쓰셨습니다.

헬렌 켈러는 미국 앨라배마주 농촌에서 태어났습니다. 생후 6개월 만에 말을 하기 시작한 영재였습니다. 그러나 불행하게도 열병을 앓은 후 듣지도 보지도 못하고 말도 못 하는 불구의 몸이 되었습니다. 그럼에도 헬렌 켈러는 이런 불운을 극복하고 훌륭한 사람으로 성공하였습니다. 불운 속에서도 희망을 저버리지 않았습니다. 꿈이 이루어지지 않는다고 해서 그 꿈을 포기하지 않았습니다. 그녀는 이런 말을 남겼습니다. "희망은 사람을 성공으로 이끄는 신앙입니다. 희망이 없으면 아무 일도 성공할 수 없습니다." 사람의 꿈이 이뤄지지 않을 때, 그때를 오히려 하나님을 붙잡는 기회로 삼아야 합니다.

바울의 일생은 그야말로 계속적인 실망의 연속이었습니다. 어느 면에서나 그의 꿈은 하나도 이루어지지 않았습니다. 서바나를 방문할 계획을 세웠으나 로마의 감옥에 갇힌 몸이 되었습니다. 비두니아에 가기를 원했으나 묵살되고 오히려 드로아에 가게 되었습니다. 그뿐만 아니라 바울은 사명 때문에 여러 번 여행에서 강(江)의 위험, 강도의 위험, 동족의 위험, 이방인의 위험, 시내와 광야, 바다의 위험 그리고 거짓 형제들의 위험을 당했습니다.

그러나 그는 고린도후서 4장 8-9절에 증거하기를 '어떤 처지에 있든지 나는 자족하기를 배웠습니다'라고 했습니다. 그러면서 '우리가 사방으로 우겨 쌈을 당하여도 싸이지 아니하며 답답한 일을 당하여도 낙심하지 아니하며, 핍박을 받아도 버린바 되지 아니하며, 거꾸러뜨림을 당하여도 망하지 아니한다'라고 했습니다.

어떻게 그럴 수가 있었을까요? 그가 하나님의 인도하심을 믿는 꿈의 사람이었기 때문입니다. 분명한 꿈이 있을 때, 하나님의 상급을 바라보는 영원한 목표가 있을 때 삶의 태도가 달라집니다. 그래서 꿈이 있는 사람은 다릅니다. 하나님을 보며 절제합니다.

"이기기를 다투는 자마다 모든 일에 절제하나니 그들은 썩을 승리자의 관을 얻고자 하되 우리는 썩지 아니할 것을 얻고자 하노라"(고전 9:25).

세계적인 대부호인 깁슨은 매우 가난한 가정에 태어났습니다. 그러나 성공하여 대부호가 되었습니다. 하루는 어떤 가난한 사람이 깁슨을 찾아와 물었습니다. "회장님, 저도 부자가 되고 싶습니다. 그 비결을 좀 가르쳐 주십시오."

깁슨은 방문객을 물끄러미 바라보며 말했습니다. "세 가지 비결이 있습니다. 첫째, 고생과 실패를 두려워하지 않아야 합니다. 둘째, 술을 마시지 말아야 합니다. 셋째, 하나님과 성경을 의심하지 않는 믿음이 필요합니다. 이 세 가지가 나를 부자로 만들었습니다."

그는 실망스러운 표정으로 "그 정도야 모두 아는 사실이잖습니까?"라고 반문했습니다. 그러자 깁슨이 손을 저으며 대답했습니다. "알면 무엇합니까? 그것을 실천하는 사람은 아주 적답니다."

꿈이 이뤄지지 않을 때 이를 헤쳐 나갈 힘은, 하나님을 믿는 우리의 믿음 안에 있습니다. 믿음으로 사는 사람은 현재의 환경이 아무리 비참하고 파멸적이라도 우리가 혼자 있지 않음을 알아야 합니다. 그러므로 꿈의 사람은 낙심하지 않습니다. 꿈을 꾸든 서바나에 있든 로마에 있든 그것은 문제가 되지 않습니다. 믿음이 중요합니다. "우리가 알거니와 하나님을 사랑하는 자 곧 그의 뜻대로 부르심을 입은 자들에게는 모든 것이 합력하여 선을 이루느니라"(롬 8:28) 하는 사실을 믿기 때문에 용기를 가지고 살아가며 승리하는 것입니다.

인생의 큰 꿈을 갖고 큰 목표를 세우십시오. 그 목표는 세상의 헛된 것이 아니라 하나님의 상급을 바라보며 도전적인 믿음의 삶이어야 합니다. 우리의 꿈이 안 이뤄진다고 낙심하지 마십시오. 하나님께서 함께하심으로 더 좋은 것이 이뤄질 것을 믿고, 바르고 진실하게 그리고 용감하게 살아가실 수 있기를 바랍니다.

중보기도의 요청

꿈의 사람 바울은 매우 간절하게 기도를 부탁하고 있습니다.

> "형제들아 내가 우리 주 예수 그리스도와 성령의 사랑으로 말미암아 너희를 권하노니 너희 기도에 나와 힘을 같이하여 나를 위하여 하나님께 빌어"(롬 15:30).

그는 어쩌면 마지막이 될지도 모를 서바나 선교 계획과, 앞으로 예루살렘 방문 시에 닥쳐올지 모를 유대인들의 위협을 생각하였습니다. 그래서 긴급히 SOS 구조를 요청하듯 중보기도를 부탁하고 있습니다. 그렇습니다. 믿음의 꿈을 이루기 위해서는 기도가 필요합니다.

당나귀 한 마리가 초원에서 한가롭게 풀을 뜯고 있었습니다. 그때 굶주린 늑대 한 마리가 나타났습니다. 도망을 가도 잡힐 만큼 가까운 거리였습니다. 그 순간 당나귀는 늑대 앞에서 다리를 절뚝거렸습니다. 늑대가 당나귀에게 물었습니다. "너는 왜 도망을 가지 않니?" 당나귀는 "내 발에 가시가 박혀서 도망갈 수가 없어. 어차피 너한테 잡아먹힐 건데, 이 가시가 네 목에 걸릴 거야. 그러니 우선 내 발의 가시를 좀 뽑아 줘." 늑대는 당나귀의 발에 박힌 가시를 뽑기 위해 고개를 숙였습니다. 그때 당나귀가 힘껏 늑대의 머리를 걷어찼습니다. 기절한 늑대를 쳐다보며 당나귀는 유유히 숲으로 사라졌습니다.

인생에도 위기가 닥칩니다. 그때에 우리는 하나님이 주시는 지혜로 위기를 이겨내야 합니다. 사방이 칠흑처럼 어두워도 기도의 문은 항상 열려 있습니다. 기도는 지혜의 보고(寶庫)입니다. 기도하면 해결의 길이 열립니다.

예수님 이후에 가장 크게 쓰임 받았던 사도 바울에게도 기도가 필요했습니다. 귀신을 쫓아내고, 손수건이나 앞치마를 가져다가 병든 사람에게 얹기만 해도 병이 낫고, 악귀가 떠나가고 많은 사람들 앞에서 담대하게 말씀을 전하던 능력의 사람 바울도 기도하며 나아갔습니다. 그리고 다른 사람들에게 중보기도를 요청했습니다.

아폴로 13호를 달에 쏘아 올릴 때 미국의 과학자들은 "아폴로 13호는 현대 과학의 걸작품입니다. 이것은 매우 정교하면서도 완벽하므로 고장 날 확률은 100만분의 1입니다"라며 자신했습니다. 모든 사람의 확신 속에 아폴로 13호가 발사되었습니다. 그러나 지구로부터 32만 킬로미터 정도 갔을 때 산소통 하나가 터지면서 우주선이 고장 나고 말았습니다. 그 안의 우주 비행사들은 더 이상 우주로 갈 수 없을 뿐 아니라 지구로 돌아올 방법도 막막했습니다. 미국 텍사스 휴스턴에 있는 우주 지휘소에 비상 연락을 취하고 회신을 기다리는 것밖에 방법이 없었습니다. 그러나 휴스턴에서도 별다른 방법을 제시해 주지 못했습니다. 북극성을 바라보며 방향을 잡아서 돌아오라는 회신을 보낼 수밖에 없었습니다. 우주 비행사들은 영원한 우주의 미아가 될 위험에 빠졌습니다.

그때 미국의 닉슨 대통령은 전 국민에게 아침 9시에 함께 기도하자고 호소했습니다. 대통령도 국회의원도 군인도 어린이도, 온 국민이 함께 기도했습니다. 기적이 일어났습니다. 아폴로 13호가 무사히 태평양에 떨어진 것입니다. 구조된 우주 비행사는 배에 오르자마자 군목의 손을 잡고 하나님께 감사의 기도를 드렸습니다. 머리를 숙이고 감사기도를 하는 장면이 그 주간 〈타임〉지 표지에 실렸습니다. 사령선 조종사였던 잭 스와이거트가 기자회견에서 말했습니다. "우리들은 지구에 계신 여러분과 함께 하나님께 열심히 기도했습니다. 우리가 돌아올 수 있었던 것은 기도의 힘이라고 믿습니다."

한 사람의 기도보다 두 사람의 기도 소리가 큽니다. 두 사람의 기도보다 열 사람의 기도 소리가 더 큽니다. 하나님께서는 한 사람의 기도도 들어주시지만, 함께 부르짖어 기도하는 기도를 서둘러서 들어주십니다. 그러므로 좋은 중보기도자, 신실한 기도의 동역자들이 되시기 바랍니다.

지금 당장 꿈이 이루어지지 않는다고 낙심하지 말고, 언젠가는 이루어 주실 주님을 기대하며 하나님께 더욱더 가까이 나아가는 여러분이 되시길 바랍니다.

서둘러 결정해야 할 때

여호수아 9:3-15

• • •

　성공한 기업가에게 한 기자가 성공 요인을 물었습니다. 그는 '잘된 결정' 때문이라고 했습니다. "어떻게 잘된 결정을 내렸습니까?"라는 기자의 질문에 "경험을 통해서"라고 대답했습니다. 기자는 계속해서 "그러면 경험은 어떻게 얻었습니까?"라고 물었고, 기업가는 "잘못된 경험을 통해서요"라고 대답했습니다. 바른 결정을 한다는 것은 절대로 쉽지 않습니다. 수많은 시행착오를 통해서 이루어집니다.

　미국 40대 대통령인 로널드 레이건은 어린 시절에 부모와 함께 구두를 맞추러 구둣방에 갔습니다. 제화공이 물었습니다. "구두 끝을 둥글게 해줄까요, 아니면 각이 지게 해줄까요?" 레이건은 쉽게 결정을 내리지 못했습니다. 그는 어느 쪽도 택하지 못한 채 마음이 오락가락하고 있었습니다. 그러자 제화공이 "그렇다면 일주일 뒤에 구두를 찾으러 오세요. 내가 알아서 만들어 놓을 놓을게요."라고 했습니다. 솜씨 좋은 구두 제화공이니까 어련히 알아서 구두를 잘 만들어 줄 것이라고 생각하고 레이건은 차라리 잘되었다고 생각했습니다.

일주일 후, 레이건은 구두를 찾으러 갔다가 할 말을 잃고 말았습니다. 구두 한 짝은 각이 졌고 다른 한 짝은 둥글었기 때문입니다. 레이건은 가끔 이 일을 다른 사람들에게 들려주면서 말했습니다. "나는 바로 그때 그곳에서 스스로 결정을 내리지 않는다면 다른 누군가가 엉뚱한 결정을 내릴 수도 있다는 사실을 깨달았습니다."

미국의 아이젠하워 대통령은 막 후임자가 된 케네디에게 이런 말을 했다고 합니다. "당신의 가장 중요한 임무는 결단하는 것입니다." 그러나 이는 대통령만의 문제가 아닙니다. 누구나 인생을 살다 보면 중요한 결단을 해야 할 때가 찾아옵니다. 바로 그때 어떻게 결정하느냐에 인생의 흥망성쇠가 좌우되는 것입니다.

케네디 대통령의 취임식 때, 프랑스의 드골 대통령은 그의 취임을 축하하며 이렇게 말했습니다. "당신은 세계에서 가장 큰 권세를 쥐고 있습니다. 당신 손에 있는 권세로 세계의 역사와 운명이 좌우됩니다. 당신 옆에는 노련한 전문가인 수많은 보좌관이 있고 만일 문제가 생기면 그 많은 보좌관들은 제각기 자신의 전문적인 지식을 바탕으로 당신에게 조언하겠지요. 이 사람, 저 사람의 말에 귀를 기울이다 보면 쉽게 결정을 내릴 수 없게 됩니다. 당신은 그 사람들의 말을 모두 경청해야 합니다. 그러나 판단을 내려야 할 때는 아무도 없는 곳에서 혼자 하나님 앞에 묵상하고 가슴 깊은 곳에서 울리는 하나님의 음성을 들어야 합니다."

역사적으로 성공한 지도자는 자신의 뜻보다 기도를 통해 하나님의 뜻을 따라 결정한 사람들입니다. 서둘러 결정해야 할 때, 우리는 어떻게 해야 할까요?

하나님께로부터 직접 말씀을 받은 여호수아는 하나님이 지시하시는 대로 가나안 땅을 정복하기만 하면 되었습니다. 그럼에도 불구하고 여호수아는 두 번씩이나 반복해서 실수했고 그 결과 엄청난 패배를 경험했습니다. 첫 번째는 아이 성 전투에서 진 것이고, 두 번째는 본문 말씀에서 보는 대로 기브온 사람과 불가침 조약을 맺은 것입니다.

기브온 사람들은 가나안 땅 정복을 시작한 이스라엘의 공격을 피하고 살아남기 위해 속임수를 써서 이스라엘과 평화조약을 맺었습니다. 여호수아 9장 14-15절에서 "…여호와께 묻지 아니하고…그들에게 맹세하였더라"라고 했습니다. 이방인과 평화조약을 맺은 것은 하나님의 뜻에 어긋난 큰 실수였고, 실수를 저지른 원인은 '하나님께 묻지 않은 것'입니다. 하나님께 묻지 않았다는 것은 하나님과 함께하지 않은 결정이라는 말입니다. 그래서 하나님께 묻지 않는 것은 비신앙적 태도입니다.

기브온의 속임수

이스라엘이 여리고와 아이에서 승리했다는 소식은 모든 나라들로 동맹을 맺도록 했습니다. 서로 간에 분쟁과 다툼이 심하던 그들이 이스라엘이라는 공동의 목표 앞에서 단결한 것입니다. 가나안 족속들(헷, 기르가스, 아모리, 가나안, 브리스, 히위, 여부스)이 연합할 때 기브온 족속은 거기에 가담하지 않았습니다. 왜일까요? 이스라엘에 정면으로 대응해서는 승산이 없다고 판단했기 때문입니다. 그래서 그들은 마치 게릴라전과 같이 교활한 술책으로 이스라엘을 속였습니다. 어떤 의미에서 이것은 가나안 족속의 정면 공격보다 더 무섭고 더 위험한 공격일 수도 있습니다.

여호수아 9장 3-5절을 보면 '기브온 주민들이 여호수아가 여리고와 아이에서 행한 일을 듣고 꾀를 내어 사신의 모양을 꾸미되, 해진 전대와 해지고 찢어져서 기운 가죽 포도주 부대를 나귀에 싣고, 그 발에는 낡아서 기운 신을 신고, 낡은 옷을 입고, 다 마르고 곰팡이 난 떡을 준비했다'라고 기록되어 있습니다. 먼 곳에서 온 사람처럼 위장한 것입니다. 기브온 사람들은 먼 지방에서 왔다고 주장하고 여리고와 아이 성 정복을 들었다고 말하며 낡은 옷과 신발, 곰팡이 난 떡과 낡은 포도주 부대로 그들의 주의를 끌어, 하나님께 묻는 일이 거추장스러운 일이 되도록 했습니다.

그들이 내민 물품은 의심의 여지가 없어 보였습니다. 그러나 분명히 알아야 합니다. 기브온이 가장하고 이스라엘에게 오듯 사탄도 그럴듯하게 가장하고 우리에게 다가 올 것입니다.

제2차 세계대전이 끝나고 독일 국민은 무척 어려움을 겪었습니다. 유명한 신학자인 헬무트 틸리케도 예외는 아니었습니다. 그는 끼니조차 이어가기 힘들어지자 직업을 찾아 나섰습니다. 신문에 난 동물원 구인 광고를 보고 찾아가니, 동물의 탈을 뒤집어 쓰고 동물인 척하라는 것입니다. 전쟁이 끝난 후라 동물이 없고 먹이도 없지만, 학생들을 위해서 동물원을 운영하려고 하니 탈을 쓰고 동물 흉내를 내 달라고 했습니다. 틸리케는 덩치가 커서 곰의 탈을 썼습니다.

어느 날 틸리케가 구경 온 유치원 아이들을 즐겁게 해주려고 곰의 탈을 쓴 채 울타리 위에서 덩실덩실 춤을 추다가 그만 미끄러져 옆에 있는 호랑이 울타리로 떨어졌습니다. 며칠은 굶은 듯한 호랑이가 어슬렁어슬렁 다가오는 것을 보고 '이젠 죽었구나' 하며 벌벌 떨고 있는 순간, 호랑이가 슬그머니 그의 귀에 대고는 이렇게 속삭였습니다. "Mach dir keine Sorgen! Ich bin eine Person."(걱정하지 마 임마! 나도 사람이야.)

그렇습니다. 아무리 가면을 써도 사람은 그대로 사람이듯이 사탄이 아무리 가면을 쓰고 사탄이 아닌 척 우리에게 다가오더라도 그 본색은 여전합니다. 이처럼 교활한 사탄의 술책을 우리의 힘만으로 상대할 수 없습니다. 사탄은 분명히 우리보다 강하고 우리는 사탄보다 약합니다. 그러므로 매사에 나 혼자보다는 하나님과 함께하고자 하는 신앙의 결단이 있어야 승리할 수 있습니다.

> "너는 마음을 다하여 여호와를 신뢰하고 네 명철을 의지하지 말라 너는 범사에 그를 인정하라 그리하면 네 길을 지도하시리라 스스로 지혜롭게 여기지 말지어다 여호와를 경외하며 악을 떠날지어다"(잠 3:5-7).

하나님이 우리에게 지혜를 주시는 때가 바로 우리가 하나님과 함께하는 때입니다.

성급한 결정

기브온 주민들에게 새카맣게 속은 이스라엘은 기브온 족속과 화친을 약속했습니다. 그러나 그것은 하나님의 가르침과는 정반대되는 것이었습니다. 이스라엘의 가장 큰 실수는, 그들이 하나님을 가장 의지해야 할 순간에 자신들의 지혜만 의지하여 성급하게 결정한 데 있습니다.

우리는 무엇인가를 결정할 때 신중해야 합니다. 특별히 무엇인가 서둘러야 할 때일수록 조심해야 합니다. 누군가가 우리에게 와서 '내일이면 기회가 없으니, 오늘 안으로 결정하라'고 할 때가 있습니다. 그러나 그럴 때 더 조심해야 합니다. 특히 영적인 일과 관계된 일일수록 더욱 신중해야 합니다. 사탄은 교묘하게 속임수를 사용하여 우리를 속이기 때문입니다. 많은 사람이 하나님을 떠나는 것은 하나님과 함께하지 않고 서둘러 일을 결정하기 때문입니다. 그러므로 가장 올바른 결정은 하나님의 때를 묵묵히 기다리는 것, 하나님의 때를 참고 기다리는 것입니다. 비록 어떤 일이 생각보다 늦게 된다고 할지라도 하나님과 함께했다면 반드시 이루어질 것이고, 세상 모든 것이 하나님의 섭리 가운데 있기 때문입니다.

장날이 되어 거북이가 장을 보러 가다가 달팽이를 보았습니다. 거북이는 느리게 기어가는 달팽이가 너무 불쌍했습니다. "야 타!"라고 말하고, 달팽이를 등에다 실었습니다. 한참을 가다가 이번에는 굼벵이가 느릿느릿 가는 것이 보였습니다. 거북이는 굼벵이가 불쌍해 보여서 굼벵이에게도 "야 타!"라고 말했습니다. 굼벵이가 거북이 등 위에 올라가자마자 먼저 거북이 등에 올라 있던 달팽이가 그에게 말했습니다. "야 꽉 잡아. 이 거북이 무지하게 빨리 간다."

우리는 때때로 이 굼벵이와 달팽이처럼 행동합니다. 거북이가 빠르면 얼마나 빠르겠습니까? 그런데도 자기들 기준으로 거북이가 매우 빠르다고 생각한 것입니다. 이처럼 우리도 하나님의 시간을 우리 기준으로 생각하려는 경향이 있습니다. 하나님께서 '아직 아니야'라고 하시는데도 우리는 '지금 당장'을 외칩니다. 그러나 거두게 하시는 하나님의 때는 정해져 있습니다. 따라서 우리는 하나님의 타이밍을 포착해야 하고, 그때가 될 때까지 인내하며 기다려야 합니다.

여러분이 상추씨를 심어 놓고는 심은 지 얼마 되지 않아 '상추 씨앗이 어떻게 되었나?' 하고 호미로 수시로 파 본다면 어떻게 될까요? 싹도 틔우지 못할 것입니다. 혹시 싹을 틔웠어도 자라지 못하고 몸살이 나서 말라죽을 것입니다. 마찬가지 원리입니다. 기도한 후 기다리지 못하고 조급해하면 응답의 잎사귀가 말라버립니다. 그러므로 기도한 후에 '왜 이렇게 응답이 더디 올까?' 하고 초조해하지 마십시오. 하나님은 아무 때나 주지 않고 반드시 하나님의 시간에 주십니다. 그러므로 조급해하지 말고 믿음으로 인내하시기 바랍니다.

하나님의 타이밍을 기다릴 줄 아는 지혜를 가져야 합니다. 중국의 모소 대나무는 아주 특이하다고 합니다. 나무를 심고 나서 물과 거름을 주어도 4년 동안 작은 죽순만 올라오고 자라지 않은 것처럼 보입니다. 그러다 5년째 되는 해에 놀랍게도 5주일 동안에 무려 20~30미터나 자랍니다. 이 대나무는 5주일 동안 자란 것일까요, 아니면 5년 동안 자란 것일까요? 5년 동안 자란 것입니다. 2~3년, 3~4년 기다리다가 자라지 않는다고 뽑아 버리면 얼마나 큰 손해겠습니까? 좋은 것일수록 빨리 되지 않을 때가 많습니다. 괴로움과 어려움을 참고 기다려야 합니다.

우리가 애를 써도 안 되고 기도해도 안 되고 울어도 안 되는 것 같지만, 하나님은 가장 좋은 타이밍을 보고 계십니다. 하나님의 섭리를 믿는 굳센 믿음으로 인내하며 하나님의 때를 기다리십시오. 무엇보다 끝까지 기도하십시오. 그리고 하나님께서 가장 좋은 것을, 가장 좋은 방법으로, 가장 좋은 때에 이뤄 주실 줄로 믿으시기 바랍니다.

여호와께 묻지 아니하고

"무리가 그들의 양식을 취하고는 어떻게 할지를 여호와께 묻지 아니하고 여호수아가 곧 그들과 화친하여 그들을 살리리라는 조약을 맺고 회중 족장들이 그들에게 맹세하였더라"(14-15절).

이스라엘 백성들은 여리고 성 싸움을 위해서는 하나님 앞에 열심히 기도했고 하나님께 어떻게 해야 할지를 물었습니다. 아이 성 싸움에서 한 번의 실패를 경험한 후에는 하나님 앞에 엎드려 진지하게 하나님께서 함께하기를 구했습니다. 그러나 기브온 족속의 화친 요청에는 하나님께 의논하지 않고 쉽게 결정을 내렸습니다.

우리는 큰 문제 앞에서는 하나님께 곧잘 기도합니다. 우리에게 어려운 상황이 전개될 때, 커다란 장벽이 눈앞을 가로막을 때는 눈물로 기도합니다. 그러나 작은 문제 앞에서는 기도하지 않고 내 마음대로 쉽게 결정해 버릴 때가 많습니다. 오히려 작은 문제들이 우리를 넘어뜨릴 때가 많습니다.

어느 마을에 500년 된 나무가 있었습니다. 무성한 잎으로 둘러싸인 거대한 나무는 오랜 세월을 세찬 바람과 천둥 번개, 심한 폭설에 시달리면서도 잘 견뎌냈습니다. 그러나 높이 우뚝 서 있던 나무가 어느 날 푹 주저앉고 말았습니다. 딱정벌레들이 그 안에서 매일 조금씩 거목을 갉아 먹었기 때문입니다. 그리스도인 각자의 삶도 마찬가지입니다. 작은 딱정벌레 같은 사소한 죄들이 오히려 우리의 영혼을 망가트리는 경우가 많습니다. 사소한 죄를 무시해서는 안 됩니다. 작은 실수도 무시해서는 안 됩니다.

사람들은 가끔 나이아가라 폭포에서 떨어지는 시도를 합니다. 떨어지면 죽을지 살지가 궁금한 것이지요. 언젠가 어떤 사람이 통을 타고 떨어졌는데 살았습니다. 다른 사람들은 그가 대단히 운이 좋은 사람이라고 여겼습니다. 그런데 동네에서 바나나 껍질에 미끄러져 죽었습니다.

1485년 영국의 국왕 리처드 3세는 영국의 통치권이 달린 중요한 전투를 앞두고, 이에 앞서 마부를 보내 자신이 가장 아끼는 말을 준비하라고 일렀습니다. 그런데 편자가 모자랐기에 대장장이는 새 편자를 만들려면 시간이 필요하다고 대답했습니다. 왕은 서둘러 만들라고 지시하였고, 대장장이는 급히 새 편자를 만들었습니다. 그러고는 말굽에 말굽에 고정시키려고 못을 박기 시작했는데 이번에는 못 한 개가 모자랐습니다. 그는 왕에게 보고했습니다. "못이 하나 모자랍니다. 잠깐이면 새 못을 만들 수 있습니다." 그러나 왕은 "시간이 없으니 아무것이나 가지고 편자를 박으라"라고 지시했습니다. 그 후 전장으로 나간 왕이 적진으로 돌격하려던 순간에 허술하게 박혔던 말 편자가 떨어지면서 말이 고꾸라졌고, 그 위에 타고 있던 국왕 역시 바닥으로 떨어져 뒹굴고 말았습니다.

아무리 사소한 것일지라도 소홀히 할 때 그것으로 인해 큰일을 그르칠 수가 있습니다. 아간의 작은 죄가 아이 성 정복을 실패하게 만들었듯이 말입니다.

작은 것들이 우리를 넘어지게 합니다. 처음부터 큰 것이 우리를 위협하지 않습니다. 우리는 어려울 때는 하나님을 바라봅니다. 그러나 모든 일들이 순풍에 돛 단 듯이 평안하게 전개될 때는 하나님을 얼마나 많이 잊어버리는지 모릅니다. 기쁠 때나 슬플 때나, 평안할 때나 어려울 때나 항상 하나님과 함께하는 것이 중요합니다.

하나님과 함께하지 않고 자기의 판단대로 결정한 사람들의 일이 잘될 수도 있습니다. 그러나 사실 그 일이 잘되는 것이 더 큰 일일 때도 있습니다. 그 성공을 통해 하나님보다 자기 자신을 더 믿고 의지하게 되기 때문입니다. 반대로 하나님과 함께하지 않고 자기의 판단대로 해서 그 일이 잘되지 않는 것이 오히려 더 큰 축복일 수도 있습니다. 쓰라린 실패의 경험을 통해서 하나님을 의지하고 하나님을 신뢰하고 하나님과 함께하는 삶을 살아갈 수 있기 때문입니다.

이스라엘 백성들은 하나님께 묻는 대신에 그들의 곰팡이 난 음식과 몰골을 보고 먼 곳에서 온 사람들이라고 믿었습니다. 눈에 보이는 것만으로 판단하며 하나님께 묻기를 등한히 한 것이 이스라엘 실패의 원인이었습니다.

그런데 사탄의 강력한 공격보다는 이처럼 달콤한 공격이 더 위험합니다. 교회의 역사를 보면 교회는 핍박 가운데서도 굴복하지 않았습니다. 핍박하면 할수록 더욱더 생명력을 불태웠고, 핍박이 심할수록 하나님과 함께하기 위해 갖은 수모와 고난을 감수했습니다. 그러나 기독교가 대중화되고 널리 퍼지며 오히려 국가의 보호를 받으면서부터 빠르게 영적으로 타락하고 하나님한테서 멀어지기 시작하였습니다. 그러므로 핍박보다는 사탄의 달콤한 유혹이 더 무섭다는 사실을 알아야 합니다.

루마니아에서 가장 큰 침례교회를 목회하는 조셉 톤 목사님은 루마니아의 공산 정권과 독재자들에게 경계와 두려움의 대상이었습니다. 그럼에도 루마니아 정부는 국제 여론 때문에 차마 목사님을 죽이지 못하고 추방하였습니다. 그는 미국으로 가서 여러 신학교에서 설교를 하였고, 그가 가는 곳마다 많은 신학생들이 그의 설교를 듣기 위해 모여들었습니다. 조셉 톤 목사님은 그의 신학을 묻는 이들에게 이렇게 대답했습니다. "내게는 단 하나의 신학밖에는 없습니다. 나의 신학은 순교의 신학입니다. 그리고 단 하나의 신앙밖에는 알지 못합니다. 순교의 신앙입니다."

유럽에서 공산권이 무너지고 동구권이 서서히 개방되던 시기에 미국 복음주의 잡지사의 한 기자가 조셉 톤 목사님에게 이런 질문을 던졌습니다. "동구권이 개방되는 것에 대한 소감이 어떻습니까?" 이 질문에 그는 "저는 두렵습니다"라고 대답했습니다. 기자가 의아한 얼굴로 "아니, 공산권이 무너지고 당신이 조국으로 돌아갈 기회가 왔는데 왜 두려워하십니까?"라고 다시 묻자 목사님이 대답했습니다. "나의 조국에는 예수 그리스도를 위해 고난 받는 것을 은혜로 여기고 사는 성도들이 많이 있습니다. 그들은 복음을 위해 고난을 받고 핍박을 받더라도 그것 때문에 더 예수님을 바라보고 더 열심을 냅니다. 내가 두려운 것은, 동구권이 개방되어 내가 조국에 돌아갔을 때 조국의 교회가 주님을 위한 고난을 은혜로 알지 못하는 사람들로만 채워지는 것입니다."

의미 있는 말입니다. 우리도 어려운 시절에는 신앙생활을 잘했습니다. 시골 교회에서 목회할 때 추운 겨울 시골길을 몇 킬로미터씩 걸어서 새벽기도회에 나오는 성도들이 있었습니다. 그런데 지금은 어떻습니까? '우리 교회가 가까이만 있으면 매일 예배드리고 기도할 텐데'라고 생각지만 막상 교회가 집 옆으로 가더라도 여전히 새벽기도회에 나오기 힘들어합니다.

한 아랍 상인이 추운 겨울 사막에서 천막을 쳐 놓고 살을 에는 바람을 피하고 있었습니다. 사막이 낮엔 덥지만 밤이 되면 무척 춥습니다. 밖에 있던 낙타가 추위에 떨다가 천막 문을 젖히고 고개를 들이밀고서 고개만 좀 넣고 있자고 했습니다. 상인이 그러라고 했습니다. 조금 있다가 낙타가 "내 코는 훈훈하고 편안하지만 내 어깨가 몹시 춥군요. 그러니 제 어깨와 앞발만 좀 들여놓게 해주십시오"라고 해서 허락했습니다. 조금 후에는 처량한 목소리로 육봉과 몸까지만 천막에 들여놓자더니, 잠시 후에 또 뒷발까지 들여놓자고 했습니다. 상인은 낙타를 안쓰럽게 여겨 모두 허락해 주었습니다. 그러자 잠시 후 낙타가 이렇게 말했습니다. "주인님, 우리 둘이 있기에는 이곳이 너무 좁군요. 주인님이 나가 주시면 어떨까요?" 타협이 이렇게나 무섭습니다. 낙타의 모습이 바로 기브온의 모습이고 사탄의 모습입니다.

오늘날 교회에도 기브온과 같은 위협이 있습니다. 하나님과 함께하기보다는 세상과의 타협이 수월해 보입니다. 또 그럴듯하게 들립니다. 그러나 그러한 타협은 하나님 없는 교회를 만들고 하나님으로부터 멀어지는 결과를 가져온다는 사실을 명심해야 합니다.

믿음은 보이지 않는 것을 보는 것입니다. 눈에 보이는 현실보다는 하나님의 뜻을 볼 줄 알고 묵묵히 믿음의 길을 가는 것입니다. 그러면 하나님께서 행하십니다. 사람이 교회를 운영하고 계획하는 것 같아도 하나님이 하십니다. 그것이 순전한 하나님의 교회라면 하나님과 함께하는 사람을 통하여 하나님께서 하십니다. 그러므로 하나님과 함께하는 것이 무엇보다 중요합니다.

김진홍 목사님이 남양만에 내려갔을 때 초기에는 대단히 성공했습니다. 불가능하다고 생각했던 농사가 3년 동안 풍년이었습니다. 그의 자부심은 하늘을 찌를 듯했고 '한국 선교 100년에 내가 농촌 선교의 권위자다, 누가 단기간에 마을을 일곱 개나 세워서 자립시킬 수 있겠는가'라고 자부하면서 의기양양했습니다. 그런데 한 전도사님이 말했습니다. "목사님, 조심하셔야겠습니다. 남양만 주민들이 예수님을 믿는 줄 아십니까? 천만에요. 그들은 김진홍 목사를 믿고 있습니다. 활빈교회 교인들은 심지어 예수님은 못 해도 김진홍 목사는 해낸다고 생각하고 있습니다."

처음에는 무슨 말을 그렇게 하느냐고 했지만, 다시 보니 그것이 사실임을 깨달았습니다. "만약 실패하지 않았더라면 새마을 운동가가 되어서 여기저기 다니면서 새마을 운동 성공 사례들을 발표하느라 바빴을 것입니다. 제가 실패하지 않았다면 엉뚱한 길로 빠졌을 것입니다." '얼마나 했는가, 무엇을 이루었는가?'가 아니라 '얼마나 하나님과 함께했는가?' 하는 것이 중요합니다.

내가 결정해야 할 것들이 있습니까? 아직 하나님의 뜻을 몰라서 망설이느라 늦어지더라도, 성급히 빨리 결정하여 하나님의 뜻에서 벗어나는 것보다 하나님과 함께하는 때를 기다리는 것이 낫고 훨씬 중요합니다. 하나님과 함께하는 자는 결단코 부끄러움을 당하지 아니할 것입니다.

루터는 술 취한 친구를 말에 태우는 일은 매우 어렵다고 했습니다. 이쪽에서 올리면 저쪽으로 떨어지고 저쪽에 올리면 이쪽으로 떨어지니, 친구를 말에 태우기 위한 유일한 방법은 친구와 함께 타고 가는 것입니다. 타락한 이 세상을 살아가는 것도 어렵습니다. 살아가는 유일한 방법은 하나님과 함께 가는 것입니다.

이스라엘의 가나안 정복은 40년이나 지연되었습니다. 그러나 결국은 가나안 땅을 얻었습니다.

하나님은 절대로 약속을 잊지 않으시는 분입니다. 그러므로 그분의 약속이 이루어지기까지 믿음으로 참고 기다리는 것이 믿는 사람의 지혜입니다.

기도하는 것이 있습니까? 하나님의 약속을 믿습니까? 믿고 기도해야 합니다. 하나님과 함께할 때, 살아 계시고 역사하시는 하나님께서 반드시 이루어 주실 줄로 믿습니다. 무엇을 하든 하나님과 함께 결정하는 은혜가 저와 여러분에게 있길 바랍니다.

하나님과 멀어질 때

열왕기상 11:1-13

• • •

솔로몬은 우리가 잘 알고 있는 것처럼 이스라엘 역사에 가장 지혜로운 왕이었으며 하나님의 사랑을 가장 많이 받은 사람 중 하나입니다. 그런데 그의 삶의 마지막은 그렇게 아름답지 못했습니다. 그렇다면 왜 가장 사랑을 많이 받고 가장 지혜로웠던 솔로몬이 마지막을 좋지 않게 마감하였을까요?

솔로몬의 처음, 좋은 출발

열왕기상 3장에 그가 하나님 앞에 일천 번제를 드린 이야기가 나옵니다. 우리는 쉽게 말하지만 사실 얼마나 어렵고 힘든 일인지 모릅니다. 더욱이 기브온은 예루살렘에서 북서쪽으로 약 9.6 킬로미터나 떨어진 곳으로, 결코 가까운 거리가 아닙니다. 그런데도 그 거리를 왕복하면서 일천 번제를 드렸습니다. 매일 드렸다면 2년하고도 9개월이 걸렸을 것이고, 일주일에 한 번 드렸다면 19년 3개월이 걸렸을 것입니다. 그뿐만 아니라 솔로몬이 하나님께 간구했던 기도는 백성들을 잘 다스리는 '지혜'였습니다. 그는 스스로 하나님 앞에서 어린아이라고 말하며 '이 많은 백성을 재판할 수 없사오니, 지혜를 주옵소서'라고 기도함으로 하나님의 마음을 흡족하게 하고 지혜와 부귀를 얻게 되었습니다.

그런데 이토록 신실했던 솔로몬의 말년은 비참했습니다. 왜 그랬을까요? 문제의 답을 열왕기상 11장 3절에서 찾아볼 수 있습니다. 솔로몬 왕은 후궁이 700명이고 첩이 300명이라고 기록하고 있습니다. 이를 본문 1절 말씀에 나오는 '이방의 많은 여인을 사랑했다'으로만 이해해서는 안 됩니다. 솔로몬은 이웃의 이방 나라들과 전쟁을 막고 함께 잘살기 위해서 소위 정략적·정책적으로 이방 여인들과 결혼했던 것입니다.

출애굽기 34장 16절과 신명기 7장 3-4절에서 하나님은 이방인들과 결혼하지 말라고 하셨습니다. 이방 종교에 빠질 위험이 있기 때문입니다. 그런데도 솔로몬은 많은 이방 여인을 아내로 맞이하였습니다. 이것은 매우 잘못된 일입니다. 솔로몬은 나라를 부강하게 하고 크게 성장시킨 것은 자신의 능력이나 힘이 아니라 하나님의 은혜라는 사실을 알아야 했습니다. 그런데 알지 못했습니다. 그뿐만 아니라 오히려 자신의 힘을 과시하고 자신의 나라를 든든히 세워 간다는 명분으로 많은 이방 나라와 동맹을 맺기도 하고, 자기도취에 빠진 사람처럼 행동하기도 했습니다.

본문 4절에서 "솔로몬의 나이가 많을 때에 그의 여인들이 그의 마음을 돌려 다른 신들을 따르게 하였으므로 왕의 마음이 그의 아버지 다윗의 마음과 같지 아니하여 그의 하나님 여호와 앞에 온전하지 못하였으니"라고 말씀합니다. 그래서 솔로몬은 평생을 하나님 앞에서 봉사하고 충성하였으나 그 말년이 아름답지 못했던 것입니다.

그렇다면 그는 왜 여호와 앞에 온전하지 못했을까요?

하나님의 말씀을 떠난 솔로몬

솔로몬은 실력이나 지식이 없어서 실패한 것이 아닙니다. 군사력이 없어서 실패한 것도 아닙니다. 그는 막강한 군사력을 갖고 있었으며, 엄청난 경제적 부와 지식과 지혜가 있었습니다. 인간적으로 볼 때 실패할 이유가 없습니다. 그런데 실패했습니다. 성경은 솔로몬의 실패 원인을 분명히 지적합니다. 그가 우상숭배를 하고 하나님께 심판을 받은 것은 하나님의 말씀을 떠났기 때문입니다.

변질과 변화는 같은 것 같지만 전혀 다릅니다. 우리말 사전에 '변질'은 '성질이 달라지거나 변하는 것'이라고 되어 있고, 변화는 '사물이나 성질이 바뀌어 달라지는 것'이라고 되어 있습니다. 예를 들어 쌀이 썩은 것은 변질이지만, 쌀이 식혜가 된 것은 변화입니다. 가룟 유다는 제자의 길에서 변질하여 예수님을 팔았습니다. 베드로는 성령을 받고 변화되어 하루에 3천 명, 5천 명이 회개하게 하는 대사도가 되었습니다. 기도 많이 하고 전도 잘하던 이가 세상으로 나간 것은 변질입니다. 그러나 세상에 살던 이가 예수 그리스도를 구주로 영접하고 열심히 전도하고 기도하는 것은 변화된 것입니다.

사람들은 변질은 잘 되는데 변화되기는 어렵습니다. 좀체 변화되지 않습니다. 40년 목회하고 은퇴하시는 목사님이 한 말을 저는 잊지 않고 있습니다. "40년 설교하였는데도 사람들이 안 바뀌어." 어떤 농부가 입만 열면 자기는 하나님을 잘 믿는다고 자랑하였습니다. 이 농부는 소를 기르고 있었는데, 하루는 하나님께 이렇게 기도했습니다. "하나님, 이번에 송아지 쌍태를 주시면 한 마리는 꼭 하나님께 드리겠습니다." 기도가 응답되어 이란성 송아지 쌍태가 나왔는데 한 마리는 누런 송아지, 다른 한 마리는 얼룩 송아지였습니다. 농부의 마음에 그만 욕심이 생겨 하나님께 송아지 한 마리를 드리겠다는 약속을 차일피일 미루었습니다. 그러다가 그만 누런 송아지가 죽었습니다. 그는 한숨을 쉬면서 이렇게 말했습니다. "아, 하필이면 하나님의 송아지가 죽다니! 하나님께 누런 송아지를 드리려고 했는데…" 이 농부는 처음 마음이 변질되었습니다.

"솔로몬이 마음을 돌려 이스라엘의 하나님 여호와를 떠나므로 여호와께서 그에게 진노하시니라…"(9절).

마음을 돌렸다는 말은 변질되었다는 말입니다. 그가 변질되어 하나님께로부터 멀어졌습니다.

솔로몬은 7년에 걸쳐 어마어마한 규모의 성전을 완공하였습니다. 그리고 그 후 13년 동안 자신을 위한 왕궁을 건축하였습니다. 집권 40년 동안 절반을 건축 공사에 시간을 보낸 셈입니다. 성전과 왕궁 공사를 위해 동원된 노동력도 어마어마했습니다. 벌목꾼이 3만 명에다 채석장에서 일한 노동자만 15만 명이었습니다. 이들을 관리 감독하기 위해 임명된 지휘관만 해도 3,300명에 달했습니다.

그리고 솔로몬은 전국을 요새화했습니다. 하닷과 르손의 반란을 제외하고는 40년 동안 평안했음에도 불구하고 전국을 요새로 만들었습니다. 밀로와 게셀과 므깃도와 하솔 같은 지역에 전략적인 도시를 건설했습니다. 병사 1만 2,000명과 전차 1,400대로 소위 특전 부대를 만들어서 전국의 요새에 배치하고, 이 부대에 필요한 군사 물자를 조달하기 위해 각지에 보급 창고를 건설했습니다. 그러고는 그 지역 주민들에게 그 창고를 채우도록 했습니다. 특히 솔로몬을 위한 의전 호위병을 두었고, 그들의 무기를 모두 금으로 장식했습니다. 이처럼 솔로몬의 국가 운영에 막대한 인력과 자금이 소요되었습니다.

그래서 그는 에시온게벨에 제련소와 조선소를 설치하고 구리를 생산함과 동시에 무역선을 건조했고, 두로 왕 히람이 지원한 선원들을 고용해서 아라비아 남단 오빌에까지 무역을 했습니다. 자신의 전차와 군마를 주변 국가들에게 되팔기도 했습니다. 일종의 무기 무역을 한 것입니다. 이 거래를 통해 엄청난 부를 획득했습니다.

이와 같은 국가 체제를 유지하기 위하여, 그는 할 수만 있다면 더 많은 나라와 화친을 맺고 수교해서 교역량을 늘려야 한다고 생각한 것입니다. 한마디로 세속적인 생각이 가득했습니다. 하나님의 말씀으로부터 멀어지기 시작하니 하나님의 뜻과 계획은 간데없고 세속의 생각이 그를 지배하였습니다. 여러 나라와 교역을 확대하고 외교적으로 안정을 추구하기 위해서는 정략적으로 많은 이방 여인을 정실과 소실로 끌어들이지 않을 수 없었습니다. 그래서 이방 여인 가운데 후궁이 700명, 첩이 300명이나 된 것입니다. 그리고 마음을 빼앗긴 이방 여인들을 통해서 그들의 사상과 철학이 농축된 우상에 몰두하기 시작했습니다. 이렇게 우상숭배가 이루어졌습니다.

여러분! 무엇이 중요합니까? 솔로몬은 무엇보다도 하나님과 가까이했어야 했습니다. 하나님의 말씀에 귀를 기울어야 합니다.

어떤 사람이 미국의 콜로라도에서 스키를 타고 있었습니다. 스키를 타던 중에 슬로프에서 빨간 조끼를 입은 몇몇 사람들을 보았습니다. 그들이 어떤 사람들인지 궁금하던 차에 마침 그들과 가까워져서 조끼에 쓰인 글씨를 볼 수 있었습니다. 조끼에는 '시각장애인'이라고 쓰여 있었습니다. 그는 깜짝 놀랐습니다. '나는 건강한 두 눈을 가지고도 스키 타기가 힘든데 앞이 보이지도 않는 사람이 스키를 타다니, 어떻게 그것이 가능하지?' 그는 시각장애인이 스키를 타는 비결이 궁금했습니다. 그들이 스키를 타는 모습을 유심히 지켜보았는데 그 해답은 놀랄 만큼 간단했습니다. 그들 각자에게 온전히 신뢰할 수 있는 코치가 한 사람씩 있어 스키 타는 방법을 가르치고 있었습니다.

코치들은 그들의 옆에서 뒤에서 혹은 앞에서 스키를 탔습니다. 대신 항상 의사소통을 할 수 있는 위치에 있었습니다. 그리고 기본적인 방법으로 의사소통하였습니다. 자신이 있는 장소를 알리기 위해서 스키 막대기를 탁탁 두드리는 것이고, 다른 하나는 다음에 취해야 할 행동을 위해 '똑바로', '왼쪽으로', '멈추고', '천천히', '오른쪽에서 사람이 오고 있음', '왼쪽에서 사람이 오고 있음' 등의 간단한 지시를 하는 것이었습니다. 시각장애인이 코치를 신뢰하고 지시에 즉시 따르면 문제없이 스키를 탈 수 있었습니다. 그것을 보고 그는, 우리의 인생이란 마치 아무것도 보이지 않는 상태에서 언덕 아래로 가는 것과 같다는 것을 깨달았습니다.

스키를 배우는 시각장애인처럼 우리는 바로 5초 후에 무슨 일이 일어날지 알지 못합니다. 누가 우리를 향해 스키를 타고 돌진해 올지 혹은 우리가 바위를 향해 돌진할지, 그 무엇도 알 수 없습니다. 이때 우리의 길을 인도하시는 분이 계십니다. 하나님은 우리가 인생을 살아갈 동안 우리의 인도자가 되시는 성령님을 보내 주셨습니다. 그분은 우리와 함께 걸으며 우리와 함께 이야기하십니다. 그때 그분의 말씀에 귀 기울여 듣고 순종해야 합니다. 단지 성령님께 순종하는 것만으로도 우리의 인생에 큰 축복이 됩니다.

말씀에서 멀어질 때 하나님과 멀어집니다. 솔로몬 인생의 내리막길, 신앙의 내리막길은 우리에게 많은 것을 생각하게 합니다. 우리가 하나님과 멀어지게 되는 것도 갑자기 그렇게 되는 것이 아닙니다. 처음에는 하나님의 말씀을 따라 순종하며 살다가 말씀에 대한 깨달음이 점점 둔감해지면서 멀어집니다.

하나님으로부터 멀어진 솔로몬

솔로몬이 처음에 왕위에 오를 때는 하나님의 눈과 마음에 드는 사람이었습니다. 하나님께 일천 번제를 드려 그를 기쁘시게 하고, 그 결과 전무후무한 부귀영화를 누렸습니다. 그러나 말년의 솔로몬은 하나님과 멀어졌습니다. 하나님 말씀을 멀리한 결과 하나님에게서 멀어진 것입니다.

1999년 4월에 미국 콜로라도주의 컬럼바인 고등학교에서 총기 난사 사건이 있었습니다. 두 학생이 총을 마구 쏘아 40여 명의 사상자를 냈습니다. 이 엄청난 사건이 일어난 후에 미국은 발칵 뒤집혔는데, 두 가지를 생각하게 합니다. 먼저 총기 문제입니다. 미국은 허가만 나면 자유롭게 총기를 소지할 수 있고, 시중에서 합법이든 불법이든 총기를 구하는 일도 쉽습니다. 따라서 총기 규제 법안을 강화해야 합니다. 그다음은 성경 과목을 다시 가르치는 문제입니다. 미국은 기독교 위에 세워진 나라였는데, 기독교만 강요하는 것은 불공평하다고 하여 공립학교에서 오랫동안 가르치던 성경 과목을 폐지했습니다. 총기 난사 사건은 그 후에 일어났습니다. 그래서 다시 성경 과목을 가르치고 이것을 입법화해야 한다는 외침이 많았습니다.

여러분, 성경은 그냥 책이 아닙니다. 하나님 말씀입니다. 우리 마음속에 성경, 곧 하나님 말씀이 들어 있어야 합니다.

사람이 악해지면 20세기에 악인으로 불리는 스탈린이나 히틀러, 폴 포트처럼 됩니다. 캄보디아 킬링필드의 폴 포트는 200만 명을 죽였습니다. 히틀러는 유대인 600만 명을 잔인하게 죽였고, 스탈린은 3,500만 명을 죽였습니다. 그런데 이들이 처음부터 나쁜 사람이었을까요? 아닙니다. 세 사람은 모두 공통적으로 성직자가 되려고 했습니다.

폴 포트는 불교 사원에서 6년간 지냈는데 그 당시의 그는 누구보다도 친절하고 겸손했다고 합니다. 그런데 20대에 파리에 가서 공부하다가 접한 공산주의에 물들면서 그렇게 잔인하게 변질했습니다. 스탈린은 성직자가 되려고 신학교를 졸업했습니다. 성직자가 되기 위한 마지막 코스에서 정치운동에 참여하여 학교에서 제적당했습니다. 그에게 마르크스의 사상이 들어간 것입니다. 히틀러도 그랬습니다. 그가 어렸을 때 살았던 마을에는 유럽에서 가장 오래된 수도원이 있었습니다. 히틀러는 그 수도원 학교에 다닐 정도로 신앙이 철저했고 노래를 잘해서 소년합창단에 속해 있었습니다. 하지만 순수했던 그에게 잘못된 분노와 사상이 들어왔습니다. 잘못된 가치관과 사상이 이처럼 비참한 결과를 가져왔습니다. 하나님의 말씀에 기초한 가치관과 생각만이 축복된 삶의 비결입니다.

솔로몬은 하나님이 금하신 것을 어기고 말았습니다. 그가 처음에는 하나님의 마음에 드는 일을 했지만, 나중에는 하나님이 금하신 혼인을 하며 많은 이방 여인을 아내로 맞아들였습니다. 하나님을 믿지 않는 다른 나라의 공주들과 결혼하였습니다. 애굽 왕 바로의 딸과 결혼하였고, 모압과 암몬과 에돔과 시돈, 헷 여인들을 사랑하고 결혼했습니다. 이것이 하나님과 얼마나 멀어진 일입니까! 하나님의 말씀을 잊자 하나님과 멀어지고 말았습니다.

말씀을 가까이 하는 삶

그러면 어떻게 해야 하나님의 말씀을 잘 들을 수 있을까요?

첫째, 믿음을 가지고 들어야 합니다. 말씀은 귀로 듣는 것이 아니라 믿음으로 듣는 것입니다. 그러므로 믿음이 없이는 말씀이 들리지 않습니다. 언제나 하나님이 내게 말씀하신다는 것을 믿고 들으시기 바랍니다.

둘째, 집중하고 들어야 합니다. 내 마음을 하나님께 고정해야 합니다. 마음으로 들으면서 설교자의 눈을 바라보며 동감해야 합니다.

셋째, 은혜가 되는 부분에선 '아멘' 하고 들어야 합니다. '아멘' 할 때 그 말씀이 내 말씀이 됩니다. 내 심령에 새겨지는 것입니다.

넷째, 마음을 낮춰야 합니다. 말씀을 전하는 자를 귀히 여기고 존중해야 합니다. 말씀을 전하는 자가 나보다 어리고 부족하다 할지라도 하나님께서 세우셨음을 믿고 말씀을 들을 때 은혜가 됩니다.

마지막, 긍정적인 마음으로 들어야 합니다. 금 속에 돌이 있는 것이 아니라 돌 속에 금이 있습니다. 설교에도 금이 있고 돌이 있습니다. 설교를 듣는 사람 중 금을 버리고 돌을 캐내는 사람이 있습니다. 부정적인 마음으로 듣는 것을 말합니다. 그러나 금을 캐내겠다는 마음으로 들으면 은혜가 되고 축복이 됩니다. 하나님의 말씀은 반드시 이뤄지기 때문에 우리는 그 말씀을 잘 들어야 합니다.

처음 잘 믿던 믿음의 사람들이 하나님과 멀어지는 것을 보면, 처음부터 멀어지는 것이 아닙니다. 갑자기 멀어지는 것도 아닙니다. 차차 멀어져 갑니다. 우리 모두 하나님과 멀어지지 않도록 날마다 주님의 말씀을 사모하실 수 있기를 바랍니다.

우리 주변에는 되새김질하는 짐승들이 있습니다. 사막의 낙타가 그렇고 소도 그렇습니다. 되새김질하는 짐승들의 일반적인 특성이 있습니다. 첫째, 순합니다. 그래서 주인의 말을 잘 듣습니다. 그런 까닭에 순한 되새김질하는 짐승들이 가축이 됩니다. 둘째, 일을 열심히 하고 튼튼합니다. 오랫동안 무엇인가를 씹고 다니기 때문에 힘이 지속되는 것 같습니다. 셋째, 주인의 사랑을 받아 주인과 함께 먹고 주인보다 먼저 물을 마십니다.

우리가 매일 말씀을 묵상하는 삶도 그렇습니다. 아침에 일어나 성경을 읽으십시오. 아침에 읽은 말씀이 종일 내 말씀이 되게 하려면 열심히 씹어야 합니다. 말씀을 종일 되새김질하는 것입니다. 이것이 묵상입니다. 성경 말씀은 한 번 읽음으로 만족하고 끝내는 것이 아니라 계속 씹고 묵상하여야 합니다. 아직도 불같은 내 성격이 죽지 않았으면 말씀을 묵상해야 합니다. 그래야 순해집니다. 아직도 내 삶의 현장에서 나의 모습이 게으르다면 묵상해야 합니다. 그래야 부지런해집니다. 시편 1편에서 '복 있는 사람은 여호와의 율법을 즐거워하며 그 율법을 주야로 묵상한다'라고 하였습니다. 영성적 그리스도인은 묵상하는 즐거움을 맛봅니다. 그리하여 복 있는 사람이 됩니다.

미국이 이렇게 경제적으로 부강하기까지는 대표적인 세 사람의 공헌이 있었습니다. 존 D. 록펠러, 철강왕 앤드루 카네기 그리고 헨리 포드입니다. 이 세 사람이 자본주의 체제를 통해 미국 경제를 일으키는데 가장 큰 공헌을 했다고 합니다. 이들에게는 공통점이 있습니다. 이 세 사람은 어려서부터 성경책을 읽었고 평생 성경 말씀대로 살려고 노력했습니다.

그중에서도 록펠러는 신앙적으로 가장 신실하게 산 사람입니다. 초등학교 4학년까지밖에 다니지 못했지만 어려서부터 성경대로 살려고 했습니다. 10대 때 슈퍼마켓에서 일을 하면서 처음 1달러 50센트를 받고 거기에서도 십일조를 했습니다. 훗날 사업에 성공하여 말년에는 십일조를 관리하는 회계사가 40명이 있었다고 합니다. 록펠러는 '내가 끝까지 십일조를 낼 수 있었던 것은 첫 봉급 1달러 50센트에서 십일조를 내기 시작했기 때문'이라고 말했습니다.

록펠러는 젊어서 돈을 조금 벌고 나서 돈을 빌려서 금광을 샀습니다. 광부를 모집하고 석 달 동안 땅을 팠는데 금이 한 조각도 나오지 않았습니다. 광부들은 임금을 달라고 아우성이고 돈을 빌려준 사람은 이자를 내라고 야단이었습니다. 절망적인 상황이었습니다. 록펠러는 금을 캐던 막장에 들어가서 그의 습관대로 무릎 꿇고 기도하였습니다. "하나님, 저는 지금까지 하나님 말씀대로 살려고 노력했습니다. 이제 하나님께서 이 일을 책임져 주지 않으시면 저는 여기서 죽을 수밖에 없습니다. 하나님께서 도와주시든지 아니면 저를 여기서 죽이십시오."
한참 기도를 하고 나니 하나님께서 갈라디아 6장 9절을 생각나게 하셨습니다.

> "우리가 선을 행하되 낙심하지 말지니 포기하지 아니하면 때가 이르매 거두리라."

낙심하지 않고 인내하고 끝까지 하나님을 신뢰하고 나가면 때가 되어 거둔다는 말씀입니다. 늘 말씀을 가까이했기에 그 안에서 말씀이 튀어나온 것입니다. 그리고 하나님께서 말씀하셨습니다. "더 파라. 깊이 파라. 계속 파라." 록펠러는 이 말씀을 붙들고 나가서 다시 광부들을 모아 석 달을 더 팠습니다. 여전히 금은 부스러기도 나오지 않았습니다. 그 대신 석유가 쏟아져 나왔습니다. 록펠러는 이 석유로 거부가 되었습니다.

일본에 관동 대지진이 일어났을 때 그 지진에도 무너지지 않은 건물이 있었습니다. 라이트가 설계하고 건축한 임페리얼 호텔이었습니다. 지진 후에 사람들의 주목을 받기 시작했지만, 처음 건물을 세울 때는 많은 사람이 설계를 비판했습니다. 설계대로 기초 공사를 하면 많은 비용이 들었기 때문입니다. 많은 사람들이 절약하지 않는다고 비난했지만, 관동 대지진이 일어났을 때에 이

호텔만 견고하게 서 있었습니다. 그는 지진이 일어난 후에 명성이 높아졌습니다.

말씀대로 기초를 놓는 일은 그런 일입니다. 어떤 사람들은 좀 더 빨리, 쉽게 지으려고 모래 위에 집을 짓습니다. 그러나 어떤 사람들은 시간이 좀 걸리고 힘들더라도 반석 위에 집을 지으려고 애를 씁니다. 지금 보아서는 그 차이를 알 수 없습니다. 그러나 비가 내리고 창수가 나고 바람이 불면 그 분명한 차이를 알 수 있습니다.

말씀을 듣고 실천하는 사람, 말씀 위에 인생의 기초를 세워 가는 사람은 견고한 반석 위에 집을 세우는 지혜로운 사람입니다. 그런 사람은 역경이 몰려와도 절대 흔들리지 않습니다. 여러분도 말씀을 들을 뿐 아니라 실천하여 흔들리지 않는 인생을 세워 가시기 바랍니다.

위기 때의 믿음

누가복음 8:22-25

• • •

소설가 H. G. 웰스가 쓴 단편 〈대주교의 죽음〉은 의미심장한
이야기입니다.

어느 대주교가 그날 밤도 습관처럼 성당에 들어가 기도를 드리
는데, 갑자기 눈앞에 빛이 보이면서 신비한 음성이 들렸습니다.
"네 기도를 들었다. 도대체 무슨 일이냐?" 그 소리에 너무 놀란
나머지 대주교는 심장마비로 죽고 말았습니다. 평생을 습관처럼
기도했 왔지만 막상 하나님의 음성을 듣고는 놀라서 죽어 버린
것입니다.

지금 여러분 앞이 하나님께서 나타나신다면 여러분은 어떻게 하
겠습니까? 지금 우리는 하나님 앞에 어떤 믿음으로 서 있을까요?

공자는 "나라가 튼튼하려면 식량이 넉넉해야 하고, 군비가 충
실하며, 공신력이 있어야 한다. 그중에서 만일 하나를 뺀다면 군
비요, 또 하나를 뺀다면 식량이다"라고 말했습니다. 말은 나라가

튼튼하기 위해서 가장 중요한 것은 공신력, 즉 믿음이라는 것입니다. 이처럼 세상적인 기준에서도 믿음이란 매우 중요합니다.

그렇다면 우리 그리스도인이 말하는 믿음은 어떤 믿음이어야 합니까? 누가복음 8장 22-25절 본문 말씀은 예수님이 배 안에서 잠이 드셨을 때, 갑작스러운 풍랑이 일어나자 제자들이 "우리가 죽겠나이다" 라고 외치자 주님은 이 꾸짖으신 내용이 나옵니다. 25절에서 예수님은 제자들에게 "너희 믿음이 어디 있느냐"라고 하며, 주님께서 그들과 함께 있음에도 제자들이 동요와 공포에 빠진 것을 책망하셨습니다. 왜 그랬을까요? 사실 갑자기 일어난 풍랑에 공포를 느꼈을 것입니다. 두려웠을 것입니다. 그것은 우리에게 무엇을 말해 주고 있을까요?

기독교인은 세상 사람들과 달라야 함을 말씀합니다. 세상 사람들은 그럴 수 있어도 성도들은 달라야 합니다.

52세의 나이로 실명한 사람이 있습니다. 시력을 잃자 엎친 데 덮친 격으로 아내가 세상을 떠났습니다. 더구나 그를 반대하던 사람들이 그를 고소하여 옥에 갇혔습니다. 주위 사람들은 그가 실의에 빠져 금방 죽을 것이라고 했습니다. 그러나 그는 모든 절망을 극복하고 15년 후인 1665년에 불후의 명작 《실낙원》을 발표했습니다. 그가 바로 밀턴입니다. 그가 말합니다. "정말 비참한 것은 앞을 못 보는 것이 아니라, 그 환경을 이겨내지 못하고 그냥 주저앉아 버리는 것이다." 성도들도 세상에서 고난을 당하나 세상 사람과 다릅니다. 믿음의 눈으로 하나님만 바라보고 승리하는 삶을 살아갑니다. 바울은 빌립보서 4장 11, 13절에 "…

어떠한 형편에든지 나는 자족하기를 배웠노니…내게 능력 주시는 자 안에서 내가 모든 것을 할 수 있느니라"라고 했습니다. 그렇습니다. 성도들은 어떤 형편에도 좌절하지 말아야 합니다.

본문에서 제자들이 책망받은 것은 예수님을 믿는 믿음의 부족, 신뢰의 부족 때문입니다. 하나님의 아들이신 예수님께서 그들과 함께 배에 있었지만 배가 물속에 빠져들 것같이 보였습니다. 이것이 문제였습니다. 주님은 "너희는 내가 너희와 함께하는데도 불구하고 불안하다는 말이냐?"라고 하며 주님은 주님의 돌보심에 대한 믿음의 결핍을 책망하셨습니다.

오늘날 우리는 어떻습니까? 믿음 안에 있다고 하면서도 때로는 이러한 모습을 보이지는 않습니까? 하나님을 믿는다고 하면서 하나님 없는 사람처럼 살고 있지는 않습니까?

어느 교회의 주변에 술집이 있었습니다. 술 취한 사람들의 소란이 예배를 방해하자, 교인들은 날마다 그 술집이 없어지기를 기도했습니다. 어느 비 오는 날, 그 술집이 벼락을 맞아 불이 났습니다. 술집 주인은 교회와 교인들을 고소했습니다. 법원에서 재판관이 교인들에게 물었습니다. "정말 술집이 망하라고 기도했습니까?" 그러자 교인들이 "이보시오, 판사 양반! 기도했다고 그렇게 되겠습니까?"라고 했습니다. 재판관이 술집 주인에게 묻자 "저 사람들이 기도해서 그렇게 되었습니다!"라고 했습니다. 참으로 우스운 일입니다. 교인들은 믿음이 없고, 술집 주인은 믿음이 있으니 말입니다.

우리는 어떻습니까? 이 이야기의 교인과 같지 않다고 자신할 수 있습니까? 본문 말씀에서 제자들은 풍랑에 동요하고 불안해했습니다. 믿음의 근본이자 믿음의 대상이신 예수님과 함께 있음에도 불안해했습니다. 하나님에 대한 믿음의 결핍, 확신의 결핍 때문입니다. 우리는 본문의 말씀을 통해서 믿음에 대한 일반적인 원리를 생각해 보게 됩니다.

믿음과 시련의 문제

흔히 믿음의 장이라고 불리는 히브리서 11장을 보면, 사람은 모두 시련을 당합니다. 그들은 분명 하나님의 놀라운 약속을 받았고 그 약속을 믿었던 사람들이었습니다. 그럼에도 불구하고 겉으로 보기에는 그들에게 무언가 잘못된 것 같은 느낌을 줍니다. 노아의 시련, 아브라함의 시련, 야곱의 시련 등, 믿음의 사람에게 시련이 있습니다. 이상하지 않습니까? 믿음의 사람도 시련을 당한다는 사실이 이상하게 생각됩니다. 하나님은 믿음의 사람에게 믿음의 은사를 주시고 그 믿음은 시련을 당하게 합니다. 이 사실에 대해 베드로는 이렇게 전합니다.

> "그러므로 너희가 이제 여러 가지 시험으로 말미암아 잠깐 근심하게 되지 않을 수 없으나 오히려 크게 기뻐하는도다 너희 믿음의 확실함은 불로 연단하여도 없어질 금보다 더 귀하여 예수 그리스도께서 나타나실 때에 칭찬과 영광과 존귀를 얻게 할 것이니라"(벧전 1:6-7).

이 말씀에 따르면 우리도 믿음의 시련을 당할 것입니다. 사건만 본다면 절망할 수도 있습니다. 모든 것이 우리를 대항하고 절망으로 몰아가는 것처럼 보이기 때문입니다. 그러나 우리는 거기서 한 걸음 더 나아가야 합니다.

우리가 사는 동안 배 속에서 주무시는 예수님이 우리에게 무관심한 것처럼 보일 때도 있습니다. 주무시는 예수님을 다급하게 흔드는 제자들처럼 "주여 주여 우리가 죽겠나이다"(24절) 하며 예수님이 원망스러울 때도 있습니다.

전능하신 예수님을 믿는 성도들이 왜 이런 고난을 받아야 할까요? 다른 사람들은 형통하는 것처럼 보이는데, 예수님을 믿는 나는 왜 고난의 길을 가야 할까요? 다른 사람들은 하나님 없이도 성공하는데 나는 왜 실패합니까? 배 안에서 절망하는 제자들처럼 우리도 이런 말을 하고 싶을 때가 얼마나 많은지 모릅니다.

그런데 우리의 믿음이 거기에 머문다면 그것이 바로 믿음의 위기입니다. 제자들은 바다가 흉용할 때, 파선의 위기를 맞이할 때, 믿음까지도 위기를 맞이하였습니다.

너희 믿음이 어디 있느냐?

그때 주님은 말씀하십니다. "너희 믿음이 어디 있느냐?"

여기에 문제의 열쇠가 있습니다. 제자들에게 믿음이 없었던 것이 아닙니다. 믿음이 있었습니다. 그런데 그 믿음이 지금 어디에 갔는가 하는 것입니다. 정말로 믿음이 필요한 이 순간에 너희들의 믿음이 어디에 있는지를 주님이 물으십니다.

여기서 우리는 중요한 사실을 발견합니다. 믿음은 자동적으로 행동하는 그 무엇이 아닙니다. 믿음은 스스로 작동하여 어려움을 극복하도록 해주는 것이 아니었습니다. "너희 믿음이 어디 있느냐?" 이 말씀은 '왜 너희들은 너희 믿음을 이러한 상황에 적용하지 않느냐?'라는 뜻입니다. '왜 믿음을 말하면서 믿음대로 살지를 않느냐?' 하고 묻는 말씀입니다.

그렇습니다. 진짜 위기는 이것입니다. 그들은 어려운 상황에서 믿음을 드러내지 못하였기에 위기에 빠졌습니다. 믿음이 정말로 필요한 순간에 믿음이 드러나지 않으므로 상황에 휩쓸려 버린 것입니다. 예수님은 주무시고, 물결은 거세지고, 바닷물이 배 안으로 휘몰아칩니다. 그러니 어찌할 바를 모르고, 지금 예수님과 함께 있다는 담대한 믿음보다 배가 가라앉을 것 같다는 불안에 지배당하여 공포에 사로잡히고 말았습니다.

지금 위기 가운데, 다급하고 절망스러운 상황 가운데 있습니까? 혹은 그런 상황에 처한 적이 있습니까? 그때 한번 생각해 보아야 합니다. 나는 지금 누구와 함께 있는지를 말입니다. 본문 말씀에서 제자들이 누구와 함께 있었습니까? 예수님입니까? 그렇다면 과연 예수님과 함께 있는 제자들이 물에 빠지겠습니까? 세상을 창조하신 주님이 세상에 지배당하시겠습니까?

예수님 잘 믿는 친구를 늘 조롱하던 친구가, 물이 빠져 얕아진 홍해를 보고 말했습니다. "이렇게 얕은 홍해를 누가 못 건너니? 이스라엘 백성이 홍해를 건넌 건 기적이 아니야. 조수간만의 차

이를 이용했을 뿐이야." 그러자 예수님 잘 믿는 친구가 대답했습니다. "그러니 기적이지. 이 얕은 물에 애굽 병사는 다 죽었잖아?"

지금 위기 가운데 있다면, 담대히 말해야 합니다. "나는 지금 거친 물결과 풍랑을 보고 있습니다. 그러나 예수님과 함께 있습니다!"라고. 그렇습니다. '그러나'를 앞세워야 합니다. 이것이 믿음입니다. 인생의 여정을 가다 보면 위기를 만납니다. 그러나 나는 주님 함께 계심을 믿습니다. 이것이 믿음으로 살아가는 삶의 방식입니다.

만사가 나를 대항하며 절망으로 몰아가는 것 같은 때가 있습니다. 나에게 어떤 일이 일어날지 몰라 두려울 때도 있습니다. 어떻게 해야할지 전혀 알지 못 할 때가 있습니다. 그러나 우리는 적어도 이것 한 가지는 알고 있습니다.

> "하나님이 세상을 이처럼 사랑하사 독생자를 주셨으니 이는 그를 믿는 자마다 멸망하지 않고 영생을 얻게 하려 하심이라"(요 3:16).

하나님은 나를 사랑하며, 나를 위하여 그의 독생자를 보내 주신 것을 압니다. 내가 원수였을 때조차 하나님은 그의 독생자가 나를 위하여 갈보리 십자가에 죽게 하신 것을 내가 압니다. 내가 반역하는 외인이었을 때 그의 생명, 그 피의 대가로 내가 구원받았으며 하나님의 자녀가 되고 영원한 축복의 후사가 된 것을 압니다.

"너희 믿음이 어디 있느냐?" 하며 주님은 오늘 우리의 믿음을 찾으십니다. 내가 여러분의 주변에서 일어나는 모든 일을 이해할 수 있는 없습니다. 또 그것을 완전히 설명할 수도 없습니다. 그러나 여러분을 향한 하나님의 사랑과 관심은 결단코 변하지 않으신다는 것은 분명히 믿습니다. 비록 지금은 배 안에서 주님을 부르짖는 안타까움 가운데 있다 할지라도 주님은 궁극적인 선을 이루기 위하여 함께하고 계심을 믿습니다.

우리가 죽게 되었나이다

본문에 나오는 제자들의 모습이 안타깝습니다. 그러나 불완전하고 연약한 믿음이라도 보잘것없는 것만은 아닙니다. 비록 그들이 풍랑에 동요되고 불안하고 두려워했지만, 그 어려운 상황에 주님께 나아갔습니다. 그들은 주님을 깨우며 말했습니다. "주여 주여 우리가 죽겠나이다"(24절). 겨자씨 같은 믿음이라도 그 순간 주님을 찾는 일은 분명히 가치가 있습니다. 그 믿음이 우리를 주님께 나아가게 하기 때문입니다.

미국 알래스카의 스티브라는 청년이 처음으로 교회에 갔습니다. 그날 목사님은 마태복음 17장 20절을 본문으로 '겨자씨만한 믿음이 있으면 산을 옮길 수 있다'라는 내용의 설교를 했습니다. 설교를 들은 스티브는 눈이 확 뜨였습니다. 그의 집 뒷산은 겨울이면 늘 눈사태가 나서 골치를 앓고 있던 터라, 설교를 들은 후 작심하고 기도하기 시작했습니다. 그 말을 전해 들은 목사님은 걱정했습니다. 성경 말씀이라 설교는 했으나 아직 산이 옮겨졌다는 말을 못 들어 보았기에 하나님께서 뒤처리를 좀 잘해 달라고 더 열심히 기도했습니다. 스티브의 기도는 물러설 줄 몰랐고, 목사님의 마음은 더욱 타들어 갔습니다. 기도한 지 40일째 되던 날, 스티브가 목사님을 찾아가서 말했습니다. "현대의 하나님은 산을 번쩍 들어 옮기는 것이 아니라 기계로 옮기시더군요. 어느 날 사람들이 찾아와서는 새로 생긴 고속도로에 흙이 필요하다며, 많은 돈을 주고 큰 차로 뒷산의 흙을 실어 가서 산이 없어졌습니다!"

"너희 믿음이 어디 있느냐?"라는 하나님의 물음에 믿음으로 분명하게 응답하는 여러분이 되시기를 바랍니다.

끝이라고 생각될 때

요한복음 11:17-27

• • •

　로버트 슐러 목사의 처남 프랑크 밴더 마틴은 18세 때 벌써 아이오와주 수카운티에서 제일가는 바이올리니스트였습니다. 그런데 아버지가 경영하는 대장간에서 빨갛게 단 쇠가 그의 왼손에 떨어져 바이올린을 짚던 손가락이 잘리는 큰 사고가 일어났습니다. 왼손에 엄지손가락만 남게 되자, 그는 왼손으로 활을 잡고 오른손으로 줄을 잡고 연습하였습니다. 그리고 마침내 그는 아이오와주 수카운티 교향악단의 바이올리니스트가 되었습니다. 그는 말했습니다. "내가 불구자라고 생각하기까지는 결코 불구자가 아니다." 로버트 슐러도 명백히 말하고 있습니다. "불가능한 일이 존재하는 것이 아니라, 불가능하다는 생각이 존재하는 것이다."

　1985년 5월 15일 미국 컬럼비아 대학의 학위수여식에 낯선 동양인 한 사람이 감격의 눈물을 흘리며 참석하였습니다. 이름은 전재경, 나이는 50세. 특별히 눈길을 끈 것은 그가 여느 사람과 달리 맹인이라는 사실입니다.

전 박사는 충남 부여에서 목수였던 아버지의 2남 5녀 중 여섯째로 태어나 다른 아이들처럼 정상으로 자랐으나, 일곱 살 되던 해 당시의 유행병인 안질을 앓고 실명하여 그때부터 고통과 불행의 나날을 보냈습니다. 그러나 서울맹아학교에 입학한 후 좌절과 고통을 견뎌내며 열심히 공부하여 건국대 역사지리학과에 입학하였고, 4년의 과정을 무사히 마친 후 여러 장애 요소가 많은 가운데 포기하지 않고 미국 연수 1년을 예정으로 도미하여 장학금을 받는 행운도 얻었습니다. 그는 모든 것을 하나님께 감사하며 뉴욕의 복잡한 지하철을 세 번이나 갈아타고 가야 하는 맹인 전용 도서관을 20년이나 왕복했고, 50세가 되는 1985년 드디어 철학박사 학위를 받았습니다. 그는 공부하던 중 에드나와 결혼했는데 신앙적인 아내의 도움이 없었다면 그의 학문 연구는 불가능했을 것이라고 고백하였습니다.

미국의 16대 대통령 링컨은 "믿음은 하나님이 하실 수 있다는 가능성을 믿는 것이 아니라, 하나님은 불가능을 가능하게 하심을 믿는 것입니다"라고 했습니다. 가능성을 믿는 것이 어떤 믿음입니까? 그냥 믿고 나아가는 것입니다. 불가능을 믿는 것이 진정한 믿음입니다. 믿음은 불가능한 일을 가능하게 만드시는 하나님의 일을 보게하는 신앙의 렌즈입니다. 그래서 믿음은 성경 말씀이 그대로 이루어지기를 바라보는 눈입니다. 본문 말씀은 불가능을 가능하게 보여주신 하나님의 말씀입니다.

침묵하시는 하나님

요한복음 11장 17-27절 말씀은 유명한 나사로 이야기입니다. 나사로에게는 마르다와 마리아 두 여동생이 있었습니다. 마리아가 값비싼 향유를 주님께 붓고 그 머리털로 주님의 발을 씻겨 드릴 정도로 정성을 다하던 가정이었습니다. 예수님께서도 이 가정을 사랑해서 몸이 피곤하면 베다니 동리에 가셨고 베다니에 가시면 으레 나사로의 집에 가서 쉬시곤 하셨습니다. 이렇게 예수님과 나사로의 가정은 매우 가까운 사이였고 서로 사랑하는 관계였습니다.

그런데 나사로가 병이 들었습니다. 마르다와 마리아는 사람을 보내서 예수님에게 이 소식을 전했습니다. "주님께서 사랑하시는 사람이 병들었습니다." 마르다와 마리아는 놀라운 믿음을 가지고 있었습니다. 주님께 말만 하면 나사로의 병을 고쳐주실 것을 믿었습니다. 우리가 기도할 때도 이런 태도를 가져야 합니다.

만화영화 〈알라딘〉을 보면 "나를 믿나요?"(Do you trust me)라는 대사가 두어 번 나옵니다. 첫 번째는 자스민 공주가 거지 알라딘의 거처에서 왕의 군사에게 쫓기는 장면입니다. 알라딘이 건물 아래로 뛰어내리기 전에 공주의 손을 잡으면서 "나를 믿나요?"라고 묻습니다. 공주는 "예"라고 대답하고 그 순간 알라딘과 함께 탈출합니다. 두 번째는 자스민 공주가 알라딘과 요술 양탄자를 타고 전 세계를 일주할 때 나옵니다. 공주는 양탄자 위에 앉아 있던 알라딘에게 "어떻게 양탄자가 뜰 수 있죠? 떨어지 않나요? 위험하지 않나요?" 하고 묻습니다. 알라딘은 공주를 양탄자 위로 초대하며 "한번 타 보실래요? 나를믿나요?"라고 말하면서 묻고, 공주는 "예" 하고 대답합니다. 그 순간 둘은 양탄자에 올라타고 새로운 세계로 떠납니다.

믿음이 무엇인가를 생각하게 합니다. 공주는 알라딘을 두 번 믿으므로 두 가지 축복을 받았습니다. 한번은 위험에서 탈출하게 되는 축복이요, 다른 한번은 새로운 세계로 들어가는 축복입니다.

'주님께서 사랑하시는 자가 병들었습니다!' 비록 짧은 기도이지만 이 기도에는 필요한 모든 것이 함축되어 있습니다. 그런데 예수님은 이 요청에 어떻게 반응하셨습니까? 성경을 읽으면서 우리는 주님께서 도움을 요청하는 사람들을 최선을 다해 돕는 것에 감명받습니다. 주님께 구한 사람치고 거절당하거나 소외된 사람은 없었습니다. 그래서 우리는 이런 전갈을 받은 주님이 지체하지 않고 베다니 나사로 곁으로 달려가시는 모습을 연상합니다. 혹은 백부장의 종을 고치실 때처럼 말씀으로 나사로의 병을 즉시 고쳐 주실 것으로 생각합니다. 그러나 성경은 다르게 이야기합니다.

"나사로가 병들었다 함을 들으시고 그 계시던 곳에 이틀을 더 유하시고"(요 11:3).

예수님이 이틀 더 머무시는 동안 두 자매는 사랑하는 오빠가 누워 있는 자리 옆에서 서성거렸을 것입니다. '어째서 주님이 오지 않으실까? 무슨 사정이 있는 걸까? 이제 곧 오시겠지?' 하며 조급해하다가 서로 위로했을 것입니다. 그러는 동안 나사로의 병은 점점 더 깊어 갔습니다. 어두움이 몰려와도 주님은 오지 않으셨습니다. 밤에라도 오시겠지 하는 기대 속에서 주님을 기다렸지만 주님은 여전히 오지 않으십니다. 하루가 지나고 또 밤이 되었을 때 마침내 나사로는 죽고 말았습니다. 그때까지도 주님은 오지 않으셨습니다.

기도의 응답이 더디거나 안 오는 것, 이것이 우리가 기도하는 데 있어서 가장 어려운 문제입니다. 만일 하나님께서 '아니다'라고 말씀하시면 우리는 그대로 순종할 수밖에 없습니다. 주님이 '그렇다'라고 말씀하시면 우리는 즐거워할 것입니다. 그러나 하나님께서 아무 대답도 하지 않으시면, 너무 오래 침묵하시면 참기가 매우 어렵습니다. 그런데 성경은 이렇게 말씀합니다.

> "이 묵시는 정한 때가 있나니 그 종말이 속히 이르겠고 결코 거짓되지 아니하리라 비록 더딜지라도 기다리라 지체되지 않고 반드시 응하리라"(합 2:3).

나사로 남매는 주님이 오시기를 간절히 기다렸습니다. 마땅히 오실 분인데 오지 않으시고 그러는 사이 나사로는 병이 심해져서 결국 죽었습니다. 왜 주님께서는 나사로가 죽게끔 방치하셨을까요? 이 질문에 분명한 대답을 할 수 있다면 하나님께서 우리에게 고통과 슬픔을 왜 허용하시는지 알 수 있습니다.

확실히 주님은 나사로가 병들었다는 것을 아셨습니다. 그뿐만 아니라 나사로의 병으로 마르다와 마리아가 근심과 두려움에 싸여 있으리라는 것도 알고 계셨습니다. 우리의 기도가 응답이 더딜 때, 우리는 하나님께서 우리의 형편을 알지 못하신다고 의심하기도 합니다. 그러나 여러분, 기억하십시오. 주님께서는 공중에 나는 참새 한 마리도 저절로 떨어지는 법이 없다고 말씀하셨습니다.

주님의 때와 나의 때

그렇다면 예수님은 나사로의 상황을 알면서도 왜 아무 일도 하지 않으셨을까요? 능력이 부족해서는 절대로 아닙니다. 주님은 문둥병자를 깨끗하게 고치시고, 귀머거리를 듣게 하시며, 맹인이 앞을 보게 하셨습니다. 폭풍도 그의 능력 앞에는 굴복하였습니다. 사실 말씀 한마디면 나사로의 병을 고칠 수 있었습니다. 그런데 왜 주님께서는 그렇게 하지 않으셨을까요? 마르다와 마리아는 주님이 나사로의 소식을 듣자마자 곧장 와서 고쳐 주시기를 바랐지만 예수님은 그렇게 하지 않으셨습니다.

이런 모습이 마르다, 마리아의 일만은 아닙니다. 우리도 급한 일이 얼마나 많습니까? 지금 당장 죽을 것 같은 일, 지금 역사해 주지 않으면 안 될 것 같은 일들이 얼마나 많습니까? 그럴 때 어떻게 합니까? 급하게 하나님께 기도합니다. 하나님이 내 기도, 내 소원을 듣고, 빨리 역사해 주시기를 바랍니다.

우리가 바라는 대로, 우리가 원하는 대로 빨리 들어주고 이루어 주고 응답해 주십니까? 그렇지 않습니다. 빨리 해결해 주시기를 원하는데, 아니 당장은 아니더라도 웬만한 때에 응답해 주시면 좋겠는데 그렇게 되지 않으니, 내 마음이 낙심하고 좌절하여 주저앉아 버릴 때가 많습니다.

그러면 어떻게 해야 합니까? 내가 원하는 때가 아니라 하나님께서 나에게 원하시는 때에 내 모든 일들이 이루어지기를 구해야 합니다. 왜냐면 우리는 지금 당장의 것만 생각해서 구하지만, 하나님은 지금뿐 아니라 나중까지도 생각하고 일하시는 분이기 때문입니다. 우리는 썩어 없어질 것만 구하지만 하나님은 썩지 아니할 것까지 얻게 하려고 일하시는 분입니다. 우리는 나만 구원받고 세워지는 것을 구하지만 하나님은 나뿐 아니라 남까지도 구원받게 하고 세우게 하려고 일하시는 분입니다.

어느 날 한 수도사는 어린 감람나무를 한 그루 정성 들여 심고 이렇게 기도했습니다. "주여, 비를 내려 주옵소서." 그러자 즉시 단비가 촉촉이 내렸습니다. 수도사는 계속하여 햇빛과 서리와 바람을 요구하며 기도했습니다. 기도의 응답은 곧 실현됐습니다. 그런데 어린 감람나무 묘목은 자라지 않고 오히려 시들어 버렸습니다. 수도사는 감람나무를 잘 키운다는 수도사를 찾아가 상담했습니다. 그는 이렇게 충고했습니다. "나무가 언제 무엇이 필요한지를 가장 잘 아시는 분은 하나님인데 자네는 자네가 필요할 때에 맞추어 기도했구려. 나는 이렇게 기도한다네. '주여, 나무가 필요로 하는 비와 햇빛을 가장 적합한 때에 알맞게 주십시오'라고." 내가 필요한 때가 아니라 하나님의 필요에 따라 하나님의 기도 응답이 오는 것이 진정한 축복이며 응답입니다. 만일 모든 그리스도인이 원하는 대로 다 응답된다면 세상은 아마도 온통 금덩어리 천지가 될 것입니다.

주님은 본문의 마리아와 마르다의 소원대로 곧바로 오지 않고 나흘째 되는 날 오셨습니다. 그 사이 나사로는 죽었습니다. 이 일들로 인하여 어떤 일이 일어났습니까? 나사로의 병을 고치는 것과 죽은 지 나흘이 지난 나사로를 살리는 것 중에 어느 것이 하나님의 영광이 더 크게 드러나겠습니까? 요한복음 12장 11절에서 이렇게 증거합니다.

"나사로 때문에 많은 유대인이 가서 예수를 믿음이러라."

안산제일교회 고훈 목사님의 간증입니다.

목사님이 신학교 졸업반 때 당시 서울의 한 대형 교회에 교육전도사 이력서를 제출하고 면접을 보았습니다. 돌아가서 기도하고 기다리라 하기에 신학교 기도탑에서 금식하며 전화가 오기만 기다렸습니다. 그러나 전화는 오지 않았습니다. 그러다 28년이 지난 어느 날, 그 교회의 어느 목사님으로부터 주간 부흥회를 인도해 달라는 전화를 받았습니다. 그곳에 가서 피차 큰 화해와 감사의 은혜를 받았습니다. 성도들도 많이 울었고, 고훈 목사님도 매 시간 눈물로 말씀을 전했습니다. 28년 전 교육전도사 부임을 거절당하고 매우 실망했습니다. 그러나 하나님은 세월이란 시간을 섭리의 시간인 '카이로스'로 바꾸어 놓았습니다. 하나님의 때, 하나님이 정하신 때에 고훈 목사님을 부흥사로 만들어 그 교회에 보내어 28년 전 기도에 응답해 주신 것입니다.

기도하는 사람은 어떤 상황에서도 결코 낙심할 필요가 없습니다. 하나님의 응답은 우리 생각을 초월하시기 때문입니다.

지금 여러분이 그렇게 간절히 원하고 바라지만 아직 이루어지지 않는 것이 있습니까? 하나님이 안 들으시는 것이 아닙니다. 하나님은 듣고 계시지만 더 큰 역사를 이루실 때를 기다리고 계십니다. 나름대로 믿고 열심을 품고 나가는데도 아직 응답이 없는 것 같습니까? 안 이루어 주시는 것이 아닙니다. 하나님은 꼭 이루시는 분입니다. 그렇다면 언제 이루실까요? 지금 하나님은 더 큰 역사를 이루실 때를 기다리고 계십니다.

하나님은 나에게, 우리 가정에, 우리 일 속에서 역사하시는 분입니다. 다만 나와 주님께 가장 좋은 때를 기다리시는 것입니다. 이 사실을 굳게 믿고 변함없는 믿음, 변함없는 기도, 변함없는 순종, 변함없는 충성으로 나아가시기 바랍니다.

> "우리가 지금은 거울로 보는 것같이 희미하나 그때에는 얼굴과 얼굴을 대하여 볼 것이요 지금은 내가 부분적으로 아나 그때에는 주께서 나를 아신 것 같이 내가 온전히 알리라"(고전 13:12).

만일에 하나님이 하시는 일에 대하여 모든 답변을 알고 있다면 우리에게는 믿음이 필요하지 않을 것입니다. 믿음이란 보이는 차원이 사라질 때 생깁니다. 보이지 않아도 믿는 것입니다. 성경에서 '믿음은 보이지 않는 것들의 실상'이라고 말씀합니다. 믿음은 우리의 마음속에 있는 어두움을 몰아내고, 어떤 문제에 대하여 충분한 이유가 있다는 것을 깨닫게 하며, 계속 하나님께 나아가도록 인도해 줍니다.

드러난 영광, 성장한 믿음

나사로가 죽자 많은 유대인이 마르다와 마리아를 위문하러 왔습니다. 나사로와 마르다, 마리아가 간절히 바라던 예수님이 베다니 마을에 도착한 것은 나사로가 죽은 후였습니다. 성경은 이렇게 말씀합니다.

> "마르다는 예수께서 오신다는 말을 듣고 곧 나가 맞이하되"(20절).

놀랍지 않습니까? 이것은 정말 훌륭한 행동입니다. 나사로가 병들었을 때 마르다는 사람을 보내 주님께 그 사실을 알렸고 주님이 어떠한 일을 해주실 것이라고 기대했습니다. 그러나 주님은 빨리 오지 않고 나사로가 죽은 후에 오셨습니다. 그때 이렇게 말할 수 있었습니다. "너무 하시네요. 저는 주님과 하지 않겠습니다. 우리가 도움을 청했을 당시에는 거절하셨으니까요. 이제 모든 일이 끝났습니다. 주님과는 끝입니다." 그러나 마르다는 그렇게 하지 않았습니다. 그 행동이 마르다로 하여금 영원히 귀한 이름을 남기게 하였습니다. 참 믿음은 끝났다고 생각되는 그때 주님을 바라보며 믿는 것입니다.

미국의 유명한 수정교회의 로버트 슐러 목사님의 글에 이런 내용이 있습니다.

> 하나님께서 나를 절벽 가까이로 부르셔서 절벽으로 다가갔습니다. 절벽 끝까지 오라고 하셔서 그리하였습니다. 그랬더니 절벽 겨우 발을 붙이고 서 있는 나를 절벽 아래로 밀어 버리셨습니다. 나는 절벽 아래로 곤두박질하며 떨어졌습니다. 그때까지 나는 내가 날 수 있다는 것을 몰랐습니다. 절벽에서 떨어질 때 비로소 내게 날개가 있다는 것을 깨달았습니다.

여러분, 예수님은 나사로가 중한 병에 걸려 고통당할 때만 안 오신 것이 아닙니다. 나사로의 장례식에도 참석하지 않으셨습니다. 예수님은 오실 수 있었으나 오시지 않았습니다. 모든 이웃이 장례식에 와서 도와주고 위로했습니다. 그런데도 예수님은 나타나지 않으셨습니다. 그럼에도 마르다는 여전히 예수님을 만나기를 갈망했기에 그를 맞으러 갔습니다. 그리고 원망이라도 썩인듯 말했습니다.

"주께서 여기 계셨더라면 내 오라버니가 죽지 아니하였겠나이다"(21절).

우리가 당하는 고난이 하나님께서 우리를 잊으셨거나 우리와 함께하지 않기 때문이라고 생각하기가 쉽습니다. 그러나 하나님께서는 결코 우리를 버리지 않으십니다. 사실은 우리가 하나님을 저버리는 것입니다.

1908년 독일에 살던 한 청년이 배고픔과 외로움을 견디다 못해 자살을 결심했습니다. 높은 건물에서 뛰어내리려다가 그러면 너무 아플 것 같았습니다. 그래서 목을 매려고 허리띠를 풀어 목욕탕 고리에 걸고 의자 위에 올라가 목을 매단 후 의자를 발로 차버렸습니다. 그런데 허리띠가 낡아 끊어지는 바람에 죽지도 못하고 그냥 바닥에 처박혔습니다. 바로 그때 갑자기 생각이 변하면서 죽지 않고 살아난 것이 너무 감사했습니다. "내가 죽다 살아났구나! 다행이다!" 밖으로 나가 보니 조금 전과는 달리 모든 것이 희망차 보였습니다. '그래, 한번 열심히 살아 보자!' 그 청년은 열심히 노력해서 세계 최고의 피아니스트가 됐습니다. 바로 쇼팽 음악의 최고 권위자인 루빈스타인의 이야기입니다.

우리 주님은 소망의 주님이십니다. 노예로 팔려 가고 감옥에 들어가서 나올 가능성이 단 1퍼센트도 없던 요셉, 그가 가진 것은 오직 주님께 대한 소망이었습니다. 수많은 믿음의 선진들이 감옥에서, 굴속에서, 심지어 사자 밥이 되면서도 놓지 않았던 것이 소망이었습니다. 지금 마르다의 믿음을 보십시오.

"그러나 나는 이제라도 주께서 무엇이든지 하나님께 구하시는 것을 하나님이 주실 줄을 아나이다"(22절).

우리가 어려운 일을 당하면 낙심하고 절망하여 포기하기 쉽습니다. 그러나 주님이 우리와 함께 계시면 절망하거나 포기할 필요가 없다는 사실을 말하고 있습니다. 그렇습니다. 주님이 함께하시면 우리에게는 소망이 있습니다. 우리의 문제 해결의 열쇠가 있습니다. 주님이 함께하시면 그 어떤 것도 해결됩니다.

그렇다면 우리는 왜 절망할까요? 왜 좌절할까요? 믿음이 없어서 그렇습니다.

기독교방송에 맹인 윤인수 목사의 간증이 나온 적이 있습니다. 중병으로 앓아누운 어머니를 간병하기 위해 어린 윤인수가 길거리에 나가 신문을 팔고 구두닦이 일을 시작했습니다. 친구의 도움을 받았지만 앞을 보지 못하는 윤인수로서는 여간 힘든 일이 아니었습니다. 그러나 열심히 일해서 돈을 벌었습니다.

그는 자기가 번 돈을 가지고 와서 어머니 앞에 기쁘게 내놓았습니다. 돈을 받아 든 어머니는 윤인수의 등을 토닥이며 "십일조를 먼저 떼자"라고 했습니다. 그는 버럭 화를 냈습니다. "십일조는 무슨 놈의 십일조예요? 하나님이 우리한테 해준 게 뭐가 있어요? 나의 눈은 멀었고, 엄마는 병이 들었고, 공산당에게 쫓겨 피난민 신세가 된 데다 재산도 다 빼앗기게 내버려 둔 하나님한테 십일조를 왜 내려고 해요?" 병든 어머니는 어린 아들의 손을 꼬옥 쥐고 말했습니다. "인수야. 고향 잃어버린 것도 한스럽고 집

잃어버린 것도 원통하고 건강 잃어버린 것도 서러운데, 하나님까지 잃어버리고 믿음까지 잃어버리면 뭐가 남겠니?"

우리가 처한 환경이 너무나 어렵습니까? 희망이 전혀 없어 보이십니까? 그때, 끝이라고 생각되는 바로 그때, 마르다의 믿음을 기억하시기를 바랍니다. 그의 오라비가 죽었지만 마르다는 여전히 주님께서 해결해 주실 것을 믿었습니다. 죽음으로부터 생명을 희망했습니다.

그때 예수님은 "네 오라비가 다시 살아나리라"(23절) 말씀하셨습니다. 이 말씀이 마르다에게 위로가 되지 않았습니다. 마르다는 예수님의 말씀을 바로 이해하지도 못했습니다. 그래서 "마지막 날 부활 때에는 다시 살아날 줄을 내가 아나이다"(24절)라고 대답합니다. 그때 예수님께서는 마르다를 향하여 일찍이 들어본 일이 없는 놀라운 말씀을 하셨습니다.

> "나는 부활이요 생명이니 나를 믿는 자는 죽어도 살겠고 무릇 살아서 나를 믿는 자는 영원히 죽지 아니하리니…"(25-26절).

우리가 그리스도를 구주로 영접한다는 것은 도덕적인 개혁이 약간 일어나는 정도가 아닙니다. 그것은 새로운 탄생이며 새로운 생명의 시작입니다. '살아서 나를 믿는 사람은 영원히 죽지 아니하리라.' 이 말씀은 우리 인간에게 허락하신 약속 중에서 가장 큰 영광입니다. 우리는 주님께서 십자가에 못 박혀 돌아가시던 날 옆에 있는 강도에게 하신 말씀을 기억합니다. "오늘 네가 나와 함께 낙원 있으리라." 이것은 어떤 추측이 아닙니다. 미래에 관한 모호한 이야기도 아닙니다. 바로 '지금'을 말합니다. 일반적인 부활이 아닙니다. 바로 '지금'입니다. 가브리엘 천사가 나팔 불 때가 아닙니다. 바로 '지금'입니다. 우리의 생명은 항상 새롭게 시작됩니다. 우리가 이 육신을 떠날 때 우리는 내세를 살고 있는 것입니다.

저는 장례 예식을 집례할 때 사랑하는 사람이 먼저 세상을 떠나므로 가슴이 찢어지듯 아파하며 눈물을 흘리며 안타까워하는 유족들을 보며 깊은 생각에 잠기곤 합니다. 아무리 내세에 대한 확신이 있다고 하더라도 이와 같은 이별은 참기 어려운 고통입니다.

우리 생애에 있어서 가장 행복한 것은 결혼식입니다. 부모는 자녀가 결혼해서 가정을 이루기를 그렇게도 원합니다. 그러나 결혼식장에서 눈물을 흘리지 않는 신부의 어머니는 거의 없습니다. 제 어머니가 서른세 살 노처녀 큰누님을 시집보내고 집에 와서 엉엉 울던 일이 떠오릅니다. 기쁜 날 너무 행복한 시간이기 때문이기도 하지만 그럼에도 서로가 헤어진다는 것은 견디기 어려운 것입니다.

더구나 사랑하는 사람이 하늘 아버지의 집으로 들어갈 때는 더욱더 어렵습니다. 그러므로 사랑하는 사람을 잃는 슬픔을 당할 때, 우리는 그리스도를 더욱 사랑하고 더욱 의지해야겠습니다. 우리는 가장 사랑하는 사람을 위하여 영원한 생명을 약속해 주시는 그분에게 가까이 나아가야 합니다. 지체할 필요가 없습니다.

> "이 말씀을 하시고 큰 소리로 나사로야 나오라 부르시니
> 죽은 자가 수족을 베로 동인 채로 나오는데 그 얼굴은 수
> 건에 싸였더라 예수께서 이르시되 풀어 놓아 다니게 하라
> 하시니라"(요 11:43).

예수님이 무덤을 향하여 "나사로야 나오라" 말씀하자 죽은 지
나흘이나 지난 나사로가 다시 살아 나왔습니다. 이 얼마나 놀라
운 일입니까?

주님은 마르다에게 말씀하셨습니다. "나는 부활이요 생명이니
나를 믿는 자는 죽어도 살겠고 무릇 살아서 나를 믿는 자는 영
원히 죽지 아니하리니." 그리고 한 말씀 덧붙이셨습니다. "이것을
네가 믿느냐." 주님은 지금 우리에게도 동일하게 묻고 계십니다.
"나는 부활이요 생명이니 나를 믿는 자는 죽어도 살겠고 무릇
살아서 나를 믿는 자는 영원히 죽지 아니하리니 이것을 네가 믿
느냐."

마르다처럼 "주여 그러하외다 주는 그리스도시요 세상에 오시
는 하나님의 아들이신 줄 내가 믿나이다"라고 고백하고 믿으시
기 바랍니다.

우리가 어려움을 당해도 주님이 사랑하시는 것을 믿습니까?
우리의 기도가 더디 이루어져도 주님이 알고 계심을 믿습니까?
지금은 모르지만, 주님 앞에 가면 분명히 알 것을 믿습니까? 주
님을 믿는 사람은 죽어도 사는 것을 믿습니까? 살아서 믿는 사

람은 영원히 죽지 않는 것을 믿습니까? 우리 한 사람 한 사람이 주님의 이 물음에 "내가 믿나이다" 고백하는 축복이 함께하기를 바랍니다.

자리 확인

창세기 3:8-17

• • •

미국 오클라호마 에이다의 제일침례교회에서 열린 부흥회 때 한 시각장애인 복음 가수가 들려준 간증 한 토막입니다.

열 살 때 아버지와 사냥을 갔어요. 그날은 주일이었고 어머니가 우리에게 주일예배 드릴 것을 권유했지요. 그러나 아버지는 '주일 한 번 어긴다고 그리 걱정할 것은 없어'라고 말했어요. 사냥터에서 토끼 한 마리를 발견하고는 아버지가 저를 남겨 두고 급히 토끼를 뒤쫓았습니다. 그리고 나무 사이에서 어른거리는 한 물체를 발견하고 총의 방아쇠를 당겼지요. 제 머리카락을 토끼의 꼬리로 착각한 거예요. 그날부터 저는 시력을 잃었어요. 그러나 우리 가족은 이 일로 모두 구원을 받았습니다. 제 눈을 잃고 그 대신 구원을 받았으니 얼마나 감사한 일입니까?

사탄은 항상 '딱 한 번인데 뭘'이라는 말로 사람을 유혹합니다. 지혜로운 사람은 그때 그 실수를 통해 자신을 돌아보고 삶의 지혜를 얻습니다. 본문에서 "아담아, 네가 어디 있느냐?" 하신 하나님 말씀은 지금 그가 있는 장소를 묻는 것이 아닙니다. '지금 네가 어떤 상태에 있느냐?' 라는 뜻입니다. 하나님은 아담에게 "지금 어떤 상태에 있느냐? 네가 지금 어느 지경에 있느냐?"를 물으셨습니다.

물론 하나님이 몰라서 물으신 것도 아닙니다. 하나님께서 아담이 어디 있는지, 어떤 상태인지를 모르시겠습니까? 알고도 본인에게 무어보신 것은 아담이 스스로 알기를 바라셨기 때문입니다. 그가 자기의 자리를 찾기를 바라며 물으셨습니다. 스스로 자기를 알고 고백하기를 바라고, 스스로 정직하기를 바라셨습니다.

하나님은 아담에게 어떤 답을 기대하셨을까요? "내가 죄를 지었습니다. 먹지 말라는 것을 먹었습니다. 하나님의 말씀을 거역했습니다. 내가 죄를 지었습니다"라고 고백하기를 바라셨을 것입니다. 그러나 아담은 끝내 그러지 못했습니다. 죄의 원인을 부정하고 하나님의 말씀을 거역한 것에 핑계를 대고 말았습니다.

그는 하나님의 말씀을 거역했다는 사실 때문에 두려워하고 있습니다. 이것이 문제입니다. 지금 엄청난 두려움이 엄습하여 두려움에 떨면서도 그 이유를 모르고 있습니다. 세상에는 점을 치거나 부적을 가지고 다니는 사람이 있습니다. 왜 그럴까요? 운명이 두렵고 환경이 두렵고 세상이 두렵고 죽음이 두렵기 때문입니다.

이런 두려움은 하나님과의 관계에서 비롯됩니다. 하나님과의 관계가 잘못되었기에 두려운 것입니다. 한마디로 죄를 지었다는 것이지요. 알든 모르든 하나님과의 관계가 바르다면 환경도 미래도 좋게 바라보고 운명도 환하게 밝게 바라볼 수 있습니다. 그러나 아담처럼 말씀을 거역하면, 곧 죄를 지으면 두려움이 옵니다.

하나님의 말씀을 거역한 아담에게 두려움과 함께 또 다른 현상도 나타났습니다. 성경 말씀에 '부끄러워하였다'라고 나옵니다. 부끄러워한다는 말은 무엇입니까? 본래는 부끄러움이 없었으나 죄를 범함으로 말미암아 부끄러움이 생겼습니다. 하나님과의 관계가 깨지고 나니 사람과의 관계가 부끄러워진 것입니다.

또 변명과 핑계의 사람이 되었습니다. "내가 죄를 지었습니다"라고 고백하면 좋으련만 끝까지 그 말을 못 했습니다. 그리고 하나님이 물으실 때, 회개할 시간에 회개하지 못하고, 정직해야 할 사람이 정직하지 못하고 책임을 전가합니다. 그래서 오늘 본문에 '하나님께서 내게 주신 이 여자가 먹으라고 해서 먹었습니다' 하고 책임을 여자에게 돌립니다.

책임을 전가하는 것처럼 미련한 것이 없습니다. 그런 상태에서 헤매다 보면 자기 정체성조차 잃어버리고 맙니다. 세상을 탓하지 마십시오. 환경을 탓하지 마십시오. 이웃을 탓하지도 말고 누구를 원망하지도 마시길 당부합니다. 세상 탓하고 조상 탓하고 나라 탓하고 환경 탓하다가 마지막에 하나님까지 원망하게 됩니다. 초라하기 그 없는 사람이 되어 버립니다.

그는 두려움과 부끄러움을 느끼고 핑계를 대며 하나님 앞에서 숨었습니다. 현대인도 그렇습니다. 잘못했을 때 정직하게 고백하지 못하고 정당화라는 방법으로 숨고 합리화라는 방법으로 숨는 것이 현대인의 특징입니다.

1982년 시카고에서 무서운 사건이 터졌습니다. 존슨앤드존슨의 해열진통제 타이레놀을 복용한 사람이 사망했습니다. 그 후 이틀 동안 7명이 연달아 죽었습니다. 미국 전체가 발칵 뒤집혔습니다. 그때 그 회사는 아무 변명도 하지 않고 신속하게 대응 조치를 했습니다. 전국에 퍼진 약의 전량을 회수했는데 1억 달러어치에 달하는 분량이었습니다. 그리고 전국의 병원과 약국에 50만 통의 협조문을 보냈습니다. 회장은 TV에 직접 나가서 실시간으로 상황을 보고하면서 회사의 장래보다 소비자의 안전을 위해 최선을 다했습니다.

이런 대응에 국민의 마음이 진정되었고, 그러는 동안 진상이 밝혀졌습니다. 한 정신병자가 캡슐 안의 약을 꺼내고 그 속에 청산가리를 넣은 후 다시 판매대에 얹어 놓았는데 그것을 소비자가 구입하여 복용하는 바람에 사망 사고가 난 것입니다. 사실이 밝혀진 후 회사의 신뢰도는 급상승했고, 타이레놀이 처방전 없이 판매되는 의약품 중 1위를 차지하는 계기가 되었습니다. 그뿐만 아니라 경영학자들이 윤리경영을 언급할 때마다 제시하는 모범 사례가 됐습니다. 문제가 생겼을 때 변명하거나 숨기지 않고 정직하게 책임을 지는 자세로 기업을 운영할 때 손해보다 이익이 얼마나 큰지 보여주는 대표적인 사례입니다.

여러분, 아담이 실수했습니다. 아담만 실수할까요? 이 세상 누구라도 실수할 수 있습니다.

열 살짜리 꼬마가 혼자 비행기를 탔습니다. 꼬마는 창 옆자리에 앉았고 바로 옆에는 덩치가 산만 한 남자가 앉았습니다. 남자는 비행기가 출발하자마자 잠에 곯아떨어졌습니다. 잠시 후에 꼬마는 멀미가 나기 시작하여 화장실에 가고 싶었지만 잠자는 남자 때문에 갈 수 없었습니다. 깨우자니 무섭고, 그냥 넘어가기에는 덩치가 너무 컸습니다. 안절부절못하다가 비행기가 크게 흔들리면서 결국 남자의 무릎에 토하고 말았습니다. 하지만 남자는 그리고 나서 30분이나 지나서 깼습니다. 남자가 놀라서 자기 무릎을 보자 꼬마가 걱정스러운 눈으로 남자를 보며 이렇게 말했습니다. "아저씨, 이제 좀 괜찮으세요?"

실수가 문제가 아니라 그다음이 중요합니다. "하나님 내가 잘못했습니다"라고 회개하면 됩니다. 그러면 자비로운 하나님께서는 그를 용서하고 다시 시작하라고 힘을 주셨을 것입니다. 그런데 아담은 두려워하고 부끄러워하고 변명하며 숨어 버렸습니다. 끝까지 숨으려고 한 것입니다. 세상에 하나님께 앞에서 숨을 수 있는 사람이 있을까요? 그래서 "아담아 네가 어디 있느냐?" 하며 현주소를 물으셨습니다. 그가 있어야 할 자리가 어디냐고 묻는 것입니다.

내 자리를 찾아야

우리는 우리 자신의 자리를 찾아야 진정으로 행복한 삶을 살아갈 수 있습니다. 자신의 것이 아닌 자리에 있으면 절대로 행복하지 않습니다. 불편합니다. 여러분, 사람은 누구나 행복하게 살고 싶어 합니다. 행복하기 위해서 애쓰고 땀 흘려 노력합니다. 그러나 누구나 행복한 것은 아닙니다. 미국의 심리학자 데이비드 마이어스는 《행복의 추구》라는 책에서 이런 말을 했습니다. "사람들에게 돈으로 행복을 살 수 있느냐고 물으면 대부분 그럴 수 없다고 말할 것입니다. 그러나 돈이 조금만 더 있으면 좀 더 행복하게 될 것 같으냐고 물으면 대부분 그렇다고 대답할 것입니다."

월급 200만 원을 받는 사람은 300만 원을 받으면 더 행복할 것이라고 생각합니다. 아파트 25평에 사는 사람은 42평에 살면 더 행복할 것이라고 생각합니다. 직책이 과장인 사람은 부장이 되면 더 행복할 것이라고 생각합니다. 그래서 지금보다 조금 더 가지고 조금 더 높아지려고 땀 흘리고 애를 씁니다.

물론 더 많이 가지게 되는 순간에는 잠깐 행복을 맛볼 수 있습니다. 그러나 얼마 가지 않아서 300만 원 받게 된 사람은 500만 원을 받고 싶어 하고, 42평에 살게 된 사람은 60평에 살고 싶어 하며, 부장이 된 사람은 이사가 되고 싶어 할 것입니다. 현재의 자신에 만족하지 못하고 불행하다고 느끼며 또다시 행복을 찾아나섭니다.

한 어부가 잡은 물고기를 시장에 판 후 해변에 앉아 물고기 넘실대는 바다를 바라보고 있었습니다. 그때 한 여행자가 "왜 고기를 잡으러 바다에 나가지 않죠?"라고 물었습니다. 어부는 "난 오늘 잡을 고기를 다 잡았고 이제 쉬고 있습니다"라고 그는 대답했습니다. 여행자는 답답하다는 듯이 말했습니다. "어획고를 넓히세요. 모터 달린 배도 하나 사고 사람도 고용하고요. 그 배로 하루에 두 번 고기를 잡으면 지금보다 네 배는 더 많이 벌 수 있을 겁니다. 그때는 또 직원을 고용해 해산물 레스토랑이든 통조림 회사든 설립하면 됩니다." 이 말을 들은 어부가 그에게 물었습니다. "그러고 나면요?" "그러면 더 이상 일할 필요 없어요. 온종일 이곳에 앉아서 행복하게 바다를 바라볼 수 있지요." 이 말을 듣고 어부가 말했습니다. "난 이미 그렇게 하고 있는걸요." 어부가 해변에 앉아 바다를 바라보는 행복은 많은 고기 때문이 아니라 마음의 만족 때문입니다.

솔로몬은 이스라엘의 역대 왕 가운데 가장 성공한 왕이었습니다. 가장 넓은 영토, 가장 강한 군사력, 가장 큰 경제력 그리고 가장 큰 외교적 영향력을 이루어 냈습니다. 개인적으로도 최고의 권력, 부, 명예, 그리고 쾌락을 누렸습니다. 모두가 그렇게도 바라고 소원하는 것을 다 가져 보고 누려 보았습니다. 그런 솔로몬이 말년에 무엇이라고 고백합니까?

"…헛되고 헛되며 헛되고 헛되니 모든 것이 헛되도다"(전 1:2).

솔로몬 왕은 권력도 잡아 보고 돈도 가져 보고 쾌락도 즐겨 봤으나 그저 다 헛될 뿐이었습니다. 그런 것들을 가진다고 진정한 행복을 얻을 수 있는 것이 아니라는 말입니다. 그러면 도대체 어떻게 행복을 찾을 수 있다는 말일까요? 우리가 행복하게 살려면 무엇을 해야 한다는 말일까요?

주님은 말씀하십니다. "네가 어디 있느냐." 하나님께서 인간에게 던지신 첫 번째 질문은 '네가 어디 있느냐?'였습니다.

태초에 하나님께서 우리 인류의 조상 아담과 하와를 창조하셨습니다. 그리고 그들이 행복하게 살 수 있도록 에덴동산을 준비해 주셨습니다. 아담과 하와는 부족함이 없는 생활을 했습니다. 정말 행복한 나날을 보내고 있었습니다. 그런데 문제가 생겼습니다. 하나님께서 에덴동산에 두신 모든 실과는 먹되 선악과만은 따 먹지 말라고 하셨는데 사탄의 꼬임에 빠져 선악과를 따 먹었습니다. 하나님의 명령을 어기고 죄를 지은 것입니다.

하나님께서 에덴동산에 나타나셨습니다. 아담과 하와는 하나님의 음성을 듣고는 하나님의 낯을 피해서 나무 사이에 숨고 말았습니다. 평소에는 당당하게 하나님 앞에 나섰습니다. 그전에는 하나님과 함께 에덴동산을 거닐며 사랑의 대화를 나누었습니다. 그러나 이제 죄를 지었기에 하나님 앞에 나서지 못하고 하나님을 피해 숨을 수밖에 없었습니다.

그때 하나님께서 아담과 하와에게 물으셨습니다. "네가 어디 있느냐?" 이 질문은 무슨 뜻일까요? '왜 나를 피해 숨었느냐?' 이것이 하나님께서 인간에게 던지신 첫 번째 질문입니다.

아담과 하와의 불행은 자신의 자리를 잃어버린 데서 시작됩니다. 자기 자리를 벗어나서 하나님과의 관계가 깨졌습니다. 천국과도 같던 에덴동산이 지옥으로 변하고 말았습니다. 과거처럼 먹을 것이 넘쳐나고 여전히 부족한 것이 없지만 그들의 심령에서 행복이 사라져 버렸습니다. 그렇습니다. 인간의 불행은 바로 자기의 자리를 잃어버리는 데서 시작됩니다. 있어야 할 곳을 잃어버리자 하나님과의 관계가 깨어지기 시작했습니다.

아버지의 큰 사랑을 받는 어린아이가 있었습니다. 어느 날 장난하다가 아버지가 애지중지하는 도자기를 깨뜨리고 말았습니다. 겁이 난 아이는 아버지 몰래 접착제로 감쪽같이 붙여 놓았습니다. 아무것도 모르는 아버지는 여느 때와 다름없이 이 아이를 사랑으로 대했습니다. 그러나 아이는 그날 이후 아버지의 사랑을 받아들이기가 힘들었습니다. 늘 마음이 불안하고 점점 아버지가 두려워졌습니다. 다른 것은 다 그대로인데 자기 잘못으로 아버지와의 관계에 금이 가면서 불행이 찾아든 것입니다.

이 아이가 다시 행복을 되찾으려면 어떻게 해야 할까요? 공부를 열심히 해서 우등상을 받으면 될까요? 학교에서 모범상을 타고 선생님의 칭찬을 통해 아빠를 기쁘게 해드리면 행복해질까요? 길은 단 하나입니다. 아버지께 용서를 구하고 아버지와의 깨어진 관계를 회복하는 것입니다.

스몰리 인간관계 센터(Smalley Relationship Center)의 설립자이자 대표인 게리 스몰리 박사는 《관계 필터링》이란 저서에서 자신의 힘들었던 시절을 기록하였습니다. 그는 한때 모든 일이 잘 풀려 사역이 커지고 재정적으로 풍족했으며 명성도 얻었습니다. 그런데 갑자기 관계가 틀어지기 시작했습니다. 아내와 대화가 끊기고 자녀들과도 소원해졌습니다. 사역하던 사람들과 소통 역시 잘되지 않았습니다. 그러자 마음속에 조바심이 생겨나고 모든 것이 뒤죽박죽 헝클어진 것 같았습니다. 도대체 왜 이렇게 되었는지 그 원인을 찾으려 해도 찾을 수가 없었고, 자신에게서도 별문제를 찾지 못했습니다.

그러던 어느 날 중요한 사실 한 가지를 깨달았습니다. 그가 성공하면서 전부 자기가 이루었다고 착각하여, 모든 일을 독단적으로 결정한다는 것입니다. 작은 일을 결정할 때도 결정권을 하나님께 맡겼던 자신이 점차 큰일조차도 하나님의 뜻을 묻지 않고 자기가 생각한 대로 결정하고 행했습니다. 성공하면서 하나님 중심의 삶에서 자기중심의 삶으로 변하였습니다. 게리 스몰리는 자신의 문제가 하나님과의 관계에서 문제가 생기면서 시작되었다는 사실을 깨달았습니다. 그때부터 문제 해결을 위해 하나님과의 관계를 정립하기 시작했습니다.

우리도 마찬가지입니다. 하나님과의 관계를 회복해야 진정한 행복을 찾을 수 있습니다. 우리 믿음의 사람도 있어야 할 그 자리에 있을 때 진정한 행복을 누리게 됩니다. 가끔 고속도로 휴게소에 들를 일이 있어서 가면 관광버스에서 나오는 사람들을 볼 수 있습니다. 그 안에서 춤추고 노래하며 좋다고 하는데, 만약 내가 그 자리에 있었다면 나는 그 자리가 너무 불편할 것입니다. 내가 있을 자리가 아니기 때문입니다.

통계 여론조사 방법의 창시자인 조지 갤럽이, 어떤 사람이 가장 행복한 사람인가를 알아보기 위해서 여론조사를 실시한 후에 한 TV 프로그램에 나와서 조사 결과를 한마디로 보고했습니다. "조사 결과 가장 행복한 사람은 생생한 종교적 체험을 가진 사람들이었고, 가장 불행한 사람은 밤낮없이 술집을 드나드는 사람들이었습니다."

종교적 체험을 가졌다는 것은 하나님과의 관계를 회복하고 하나님과 동행하는 삶을 산다는 말입니다.

성경에 이런 종교적 체험을 가진 대표적인 사람이 나오는데 바로 다윗입니다. 그는 시편 23편에서 자기의 행복한 인생을 이렇게 설명했습니다.

> "여호와는 나의 목자시니 내게 부족함이 없으리로다 그가 나를 푸른 풀밭에 누이시며 쉴 만한 물가로 인도하시는도다 내 영혼을 소생시키시고 자기 이름을 위하여 의의 길로 인도하시는도다 내가 사망의 음침한 골짜기로 다닐지라도 해를 두려워하지 않을 것은 주께서 나와 함께하심이라 주의 지팡이와 막대기가 나를 안위하시나이다 주께서 내 원수의 목전에서 내게 상을 차려 주시고 기름을 내 머리에 부으셨으니 내 잔이 넘치나이다 내 평생에 선하심과 인자하심이 반드시 나를 따르리니 내가 여호와의 집에 영원히 살리로다."

얼마나 행복한 인생입니까? 가진 것이 없어도 부족함을 모르고, 사망의 음침한 골짜기를 지날 때도 두려움을 모르고, 늘 하나님께서 지켜 주심과 함께하심을 체험하며, 죽음 너머의 영원한 세상을 바라보고 소망 가운데 사는 인생입니다. 그렇습니다. 정말 불행한 사람은 하나님과 담을 쌓고 사는 사람입니다. 하나님은 어디에도 없다고 소리칩니다. 하나님과 관계가 회복되어 하나님과 동행하며 사는 사람이 정말 행복한 사람입니다.

네가 어찌하여 이렇게 하였느냐?

> "여호와 하나님이 여자에게 이르시되 네가 어찌하여 이렇게 하였느냐 여자가 이르되 뱀이 나를 꾀므로 내가 먹었나이다"(13절).

하나님께서 하와에게 왜 선악과를 먹었냐고 물으셨습니다. 하와는 뱀의 꼬임에 빠져서 먼저 선악과를 따 먹었습니다. 그뿐 아니라 아담에게도 주어 먹게 했습니다. 해서는 안 될 일을 한 것입니다. 구체적으로 죄를 저질렀습니다. 이것이 또 하나의 불행의 원인입니다.

실제로 오늘날도 많은 사람이 과거에 자기가 저지른 일 때문에 불행의 늪에서 헤어 나오지 못하고 있습니다. 죄는 마치 노예들이 차고 다녔던 사슬처럼 우리의 심령을 얽어매고 우리 양심에 큰 고통을 안겨다 줍니다. 그래서 아무리 출세하고 돈을 많이 벌고 모든 것이 잘되어도 우리 안에 여전히 죄가 남아 있다면 우리는 행복할 수 없습니다. 죄 문제가 해결되어 죄의 사슬이 끊어지고 참된 자유가 있어야 진정한 행복을 누릴 수 있습니다. 그럴 때 자신이 있어야 할 제자리를 찾아가게 됩니다.

심리학자들이 심층 분석으로 연구해 보면 사람은 두 가지 걱정밖에는 없다고 합니다. 하나는 죽을까 하는 걱정이요, 다른 하나는 죄 문제입니다. 사업이 안 되어 고민하는 게 아니라 죄가 생각나서 그런 것이고, 자녀가 공부를 못한다고 할 때도 자녀를 나무라는 게 아니라 '내 죄 때문에 얘가 이렇게 됐다'라고 생각하기 때문에 고민한다고 합니다. 감기만 걸려도 죄 때문이라고 생각하고, 비가 안 오는 것도 죄 때문에 하늘 문이 닫혔다고 생각하며 고민에 빠집니다. 죽음과 죄 문제가 고민의 근본입니다.

옛날 런던에서 양품점에 몰래 들어가 금품을 빼앗은 후 그 일가를 몰살하고 도망친 남자가 있었습니다. 경찰은 진범이 아닌 자를 체포하여 재판하고 결국 사형시켰습니다. 진범은 미국으로 도망가 20년간 숨어 지내며 생활했습니다. 그러다 이제는 괜찮을 것이라고 안심하고 신분을 감춘 채 고향으로 돌아왔습니다. 그런데 그가 런던의 일류 상점에서 물건을 사고 있을 때, 호각 소리가 나며 동시에 쿵쿵 하는 사람들의 발소리가 났습니다. "저놈은 도둑이니 붙잡으세요!" 경찰관의 외침을 듣자마자 전신은 벌벌 떨리고 이마에서 땀이 흐르기 시작했습니다. 그는 결국 자수하고 말았습니다. 죄는 20년이 지났다고 안심하는 그때까지도 그의 발목을 붙잡고 있었습니다.

이것이 현대인의 특징입니다. 이유를 알 수 없는 마음의 불안 중 가장 두려워하는 것은 의식하든 못 하든 죄의 두려움이라고 합니다. 사람들은 그 불안을 정신안정제로 속이려고 합니다. 정신과 의사에게 진료비를 지불하고 "죄가 뭐 그리 대단합니까. 모두 짓고 있는 것이니 두려워하지 마십시오"라는 말을 듣고 돌아갑니다. 그러나 죄를 직면하여 용서받고 해결하기 전에는 아무것도 바뀌지 않습니다.

독일의 리하르트 폰 바이츠체커 대통령은 1985년 제2차 세계대전 패전 40주년 기념식에서 "과거에 대하여 눈을 감는 자는 현재에도 눈이 멀게 됩니다"라고 했습니다. 깊이 새겨들어야 할 말입니다. 역사는 인간의 실수에서 이루어졌습니다. 그러나 하나님은 당신의 뜻을 그 속에서도 이루어 가십니다. 과거에 매이면 미래가 없습니다. 그러나 과거를 잊으면 같은 일을 반복하게 됩니다.

우리는 인간이기 때문에 죄를 지을 수 있습니다. 죄를 지었느냐 짓지 않았느냐, 얼마나 큰 죄를 지었느냐 하는 것도 중요하지만, 정말 중요한 것은 그 죄를 회개했는가입니다. 죄를 회개하지 않고 마음속에 묻어 두고 있으면 우리 심령이 늘 그 죄의 짐에 눌립니다. 그러나 회개한 심령은 죄의 짐을 완전히 벗어버릴 수 있습니다.

우리 주님께서 "내가 곧 길이요 진리요 생명이니 나로 말미암지 않고는 아버지께로 올 자가 없느니라"(요 14:6)라고 말씀하셨습니다. 우리 주님이 행복으로 나아가는 길입니다. 예수를 믿으면 진정한 행복을 찾을 수가 있습니다.

"Dirty is out of the place"라는 말이 있습니다. '더러움이란 자기 자리를 떠나는 것이다'라는 뜻입니다. 커다란 고기가 연못 속에서 헤엄칠 때는 아름답습니다. 그러나 그 고기가 우리의 침대 위에 누워 있다면 우리는 더럽다고 말합니다. 아름답던 물고기가 혐오스러워지는 것은 그 물고기의 본질이 변했기 때문이 아니라 적합하지 않은 장소에 있기 때문입니다. 논밭에서는 꼭 필요한 흙이 방바닥에서는 닦아내야 할 먼지가 되는 것도 같은 이치입니다.

우리에게는 저마다 주어진 자리가 있습니다. 사회에서나 직장에서나 가정에서나 교회에서나, 각자에게 주어진 자리에서 최선을 다하며 살아가십시오. 견고함과 인내와 피나는 노력이 요구될지도 모릅니다. 하지만 제자리를 지키며 그곳에서 충성스럽게 맡겨진 역할을 해낼 때 우리는 가장 아름답고 가치 있는 존재가 됩니다.

언제나 있어야 할 자리에 있고 떠나야 할 자리를 깨끗이 떠날 수 있는 복 있는 인생, 행복한 인생이 되시기를 바랍니다.

내 신앙의 자리

누가복음 10:38-42

• • •

인간관계를 연구하는 학자들은 사람들을 크게 '일 중심의 사람'과 '관계 중심의 사람'으로 분류합니다. 본문의 마르다가 일 중심의 사람이라면, 마리아는 전형적인 관계 중심의 사람입니다. 성경에서 마르다는 항상 서 있고 일하는 모습으로 등장합니다. 반면에 마리아는 항상 앉아서 말씀에 귀를 기울이고 있는 모습으로 그려집니다.

> "그들이 길 갈 때에 예수께서 한 마을에 들어가시매 마르다라 이름하는 한 여자가 자기 집으로 영접하더라"(38절).

누가 예수님을 영접했습니까? 마르다였습니다.
그러나 다음절 39절에서는 마리아가 나옵니다.
> "그에게 마리아라 하는 동생이 있어 주의 발치에 앉아 그

의 말씀을 듣더니"(39절).

마리아는 무엇을 하고 있었습니까? 말씀을 듣고 있었습니다.

그렇습니다. 하나님의 나라에는 이 두 가지 유형의 사람이 다 필요합니다. 주님 앞에서는 마르다나 마리아 모두 동등하게 존귀한 예수님의 사람들입니다. 본문을 설명하면서 발생하는 가장 큰 오해가 있다면, 무조건 마르다는 잘못했고 마리아는 잘했다는 견해입니다. 동시에 말씀 묵상을 봉사보다도 더 가치가 있는 일로 평가하는 것입니다. 이것은 본문을 크게 오해한 것입니다. 만일 이런 해석을 기준으로 한다면 교회에서 주방 봉사, 안내, 구역 섬김을 하는 모든 마르다들이 그 일보다 예배와 성경 공부에 열중하는 것이 더 낫다는 말이 됩니다. 그러면 무슨 일이 일어날까요? 사실 이 세상 공동체의 대부분이 마르다 같은 사람들을 통해서 이루어지지 않습니까? 어떤 관점에서는 마리아는 일을 안 하는 얄미운 사람, 마르다는 우직하게 섬기는 사람으로 볼 수도 있습니다.

여러분은 이 둘 중에 어떤 유형의 사람입니까? 요점은 마르다의 영성에 마리아의 영성을 조화시켜야 한다는 것입니다.

본문 말씀에 나오는 장소는 예루살렘에서 가까운 '베다니'라고 하는 동네입니다. 나사로와 마르다와 마리아 남매가 이 지방에 살고 있었습니다. 그들의 집은 성경 기록으로만 보면 예수님이 제일 심방을 많이 가신 집이며, 예수님과 그들의 관계도 좋았습니다. 나사로는 죽었다가 예수님의 도움으로 무덤에서 다시 살아나기도 했습니다. 본문에서도 예수님 일행이 전도하러 다니다가 휴식을 취할 겸 해서 이 집에 간 것으로 보입니다. 정말 힘들 때 편하게 찾아가서 쉴 수 있는 집이라면 얼마나 편하고 가까운 관계였을까요? 좋은 관계이기도 했지만, 예수님이 이 집을 자주 찾는 이유는 그 집에 쉼이 되는 편안함이 있었고 마르다의 수고에서 볼 수 있듯이 따뜻한 식사가 준비되어 있었다는 것입니다.

예수님의 전도 사역에 나타난 특성을 연구해 보면, 전도를 받아들이고 환영하는 사람들이 있는 장소에는 오랫동안 계셨습니다. 그러나 그렇지 않은 곳은 일찍 떠나셨습니다. 제자들에게도 그렇게 가르치셨습니다.

주님은 열두 제자를 파송하면서 '어느 동네에 들어가든지 너희를 영접하는 자가 있거든 거기 머물라. 그리고 그 집에서 베푸는 음식을 먹으라' 말씀하시고 '만약 너희를 핍박하는 동네나 사람이 있다면 빨리 떠나라. 떠날 때는 발의 먼지까지 떨어 버려라' 하셨습니다. 그러면서 저주 예언을 하셨습니다.

> "내가 진실로 너희에게 이르노니 심판 날에 소돔과 고모라 땅이 그 성보다 견디기 쉬우리라"(마 10:15).

예수님께서 제일 대화하기 싫어하셨던 사람은 바리새인입니다. 그들은 틈만 나면 꼬투리를 잡으려 했기 때문입니다. 여러분은 어떠합니까? 여러분의 꼬투리를 잡으려고 하는 사람과 이야기를 나눈다면 매우 피곤할 것입니다. 그와 반대의 경우라면 어떨까요? 예수님도 그러셨던 것 같습니다. 예수님도 말씀을 듣기를 좋아하는 군중을 만나면 해가 저물도록 하루 종일 설교하셨습니다. 마르다의 집에서 일어난 작은 사건을 보면 주님의 마음을 이해할 수 있습니다.

마르다

마르다와 마리아는 자매이면서도 매우 다른 모습으로 본문에 표현되고 있습니다. 마르다는 활동적인 사람, 마리아는 조용하고 차분한 사람으로 보입니다. 마르다는 지금 여인으로서 매우 필요한 일을 열심히 하고 있습니다. 미리 준비도 하지 않은 상태에서 손님 여러 명이 별안간 집안에 들이닥치니까 당황하여 식사 준비를 시작했습니다. 예수님 일행은 젊은 남자들로 구성된 13명의 공동체였습니다. 장정 13명의 한 끼 식사를 별안간 마련하는 일만도 결코 작은 일이 아닙니다.

이 문제는 매우 현실적인 것입니다. 만약 이날 마르다가 분주하게 움직이지 않았다면 예수님의 일행은 식사 없이 쓸쓸하게 헤어졌을 것입니다. 우리도 이처럼 매일 현실적 관심 속에서 살아가고 있습니다. 지금 마르다는 급작스러운 현실을 해결하기 위해 마음이 분주하고 손놀림이 매우 바빠졌습니다.

그런데 문제가 발생했습니다. 이렇게 현실적 상황이 벌어졌는데도 마리아는 여기에 관심이 없다는 것입니다. 지금 이 집에 음식을 만들 사람이라고는 마르다와 마리아 두 사람뿐입니다. 마리아가 열심히 도와주어도 시간이 모자랄 판인데 꼼짝도 하지 않고 있으니, 급기야 마르다의 불만이 터져 나오고 말았습니다.

"…주여 내 동생이 나 혼자 일하게 두는 것을 생각하지 아니하시나이까 그를 명하사 나를 도와주라 하소서"(40절).

이 말은 '나는 생각하지 않습니까?'라는 뜻입니다. 사실 이런 상황이라면 누구든지 마르다를 동정하고 마리아를 얄밉게 생각하는 것이 당연합니다. 마리아는 '주의 발치에 앉아' 예수님과 가장 가까운 거리에서 시선을 마주하며 주님의 말씀을 열심히 들었습니다. 그래서 마르다가 약이 오른 것입니다. 아마도 마르다는 "넌 나 혼자 쩔쩔매며 일하는 게 보이지도 않니? 이 많은 사람들 점심을 마련해야 하는데 그렇게 앉아만 있으면 어떻게 하니? 빨리 나와서 너도 일 좀 해!" 하고 핀잔을 주고 싶었을 것입니다. 마리아가 미동도 없으니 참다못해 대접의 대상인 예수님께 불평을 털어놨습니다.

마르다는 왜 예수님께 말했을까요? '내가 지금 누구를 위해서 이렇게 식사 준비를 하는데! 열심히 일하는 나는 안중에도 없고 마리아만 데리고 저렇게 즐겁게 이야기하시는 거지?' 이런 생각에 화가 나서 "주여, 나를 생각지 않으십니까? 지금 주님을 위해 열심히 일하고 있잖아요. 그러니 마리아한테 나를 도우라고 해주세요!"라고 말하는 상황이 벌어진 것입니다.

이때 예수님은 얼마나 황당하고 마음이 불편했을까요? 혹시 우리도 주님을 대접한다고 하면서 주님의 마음을 불편하게 만들고 있지는 않습니까? 그렇다면 무엇이 주님의 마음을 그토록 불편하게 했을까요? 마르다의 불평과 원망이 '비교함' 때문이라는 점입니다. 마르다는 자신의 처지를 마리아와 비교했습니다. 그 순간 자신은 힘들게 부엌에서 일하고 있는데 주님 앞에 팔자 좋게 앉아서 말씀만 듣는 마리아가 미워진 것이 아니었을까요?

C. S. 루이스는 사탄의 가장 예리한 무기가 바로 비교 의식이라고 지적했습니다. 비교 의식 때문에 우리는 존재의 기쁨을 잃어버립니다. 섬김의 감격을 상실합니다. 봉사의 의미를 잃어버립니다. 만일 마르다가 비교에 열중하기보다 자신에게 주어진 사명을 집중하여 묵상했더라면 어떻게 되었을까요? '주님을 대접할 수 있으니 너무도 감사합니다. 이런 기회가 주어지니 너무도 기쁩니다' 하는 마음으로 일했다면 자신도 기쁘고 주님께서도 기쁘지 않으셨을까요? 지금 우리는 어떤 신앙의 자세로 주님을 섬기고 있습니까?

우리 교회 권사님 가운데 한 분의 섬김을 기억하고 있습니다. 지금은 하나님 나라에 가신 분인데 '생전에 목사님께 꼭 식사를 대접하고 싶다'라고 했습니다. 생전은 무슨 말씀이냐고 하니, 지병 때문에 언제 죽을지 몰라서 그렇다는 것입니다. 그래서 만나 뵙고 예배드리고 식사 대접도 잘 받고 왔습니다. 그때 무척 좋아하셨는데 딱 2주 후에 하나님의 부름을 받으셨습니다. 아픈 몸으로 식사 준비를 하느라 얼마나 힘드셨을까요. 그런데도 기쁨으로 섬기던 권사님의 모습이 아직 생생합니다.

여러분, 마르다의 입장에서 생각해 보십시오. 마르다의 사명이 무엇입니까? 마르다가 자신의 사명이 '섬기는 것'이라고 확인했다면 아직도 일할 수 있는 건강이 있음에 감사하고, 일할 수 있는 자리가 있음에 감사하고, 일감이 있음에도 감사했을 것입니다. 더욱이 주님을 자기 집에서 모시고 직접 대접하게 되었으니 너무 너무 감사하지 않았을까요?

그런데 지금 그녀는 주님을 묵상하지도 자기의 사명을 묵상하지도 않고, 주님 발치에 앉아 있는 괘씸한 동생 마리아를 묵상하고 있습니다. 그리고 불평하고 원망합니다.

요한복음 21장에 아주 흥미로운 사건이 기록되어 있습니다. 예수님께서 베드로의 순교를 예언하며, 그가 한때 주님을 배신했지만 그의 마지막은 영광스러운 죽음이 될 것이라고 말씀하셨습니다. 이런 말씀을 들으면 대개 자신의 최후를 묵상하며 마지막 사명을 생각합니다. 그런데 베드로는 아주 엉뚱한 질문을 했습니다.

"…주님 이 사람은 어떻게 되겠사옵나이까"(요 21:21).

주님이 말씀하신 자신의 길을 가면 되지, 왜 이 시점에서 왜 요한의 앞날을 궁금해할까요? 베드로는 그 순간에도 평생 라이벌이던 요한과 자신을 비교하는 의식에서 헤어 나오지 못했기 때문입니다. 그때 예수님이 뭐라고 대답하셨습니까?

"…내가 올 때까지 그를 머물게 하고자 할지라도 네게 무슨 상관이냐 너는 나를 따르라 하시더라"(요 21:22).

비교하지 말고 너의 사명에 집중하라는 것입니다.

이런 유형의 그리스도인은 교회에서 일을 많이 하지만 그만큼 분란도 많이 일으킵니다. 그들은 교회에 헌신한다는 이유를 내세워 교회에서 권력을 행사하려고 합니다. 이 사람, 저 사람에게 상처를 줍니다. 그러고는 정작 자신은 하나님 나라를 위해 살아간다고 말합니다.

교회는 사람들이 모이는 곳이기에 일이 많고 봉사도 많이 필요합니다. 그러나 교회의 본질은 교회 일이나 봉사를 하는 것이 아닙니다. 교회는 제일 먼저 말씀을 듣는 곳입니다. 어떤 직분자든지 먼저 하나님의 말씀을 들으려고 노력해야 합니다. 그다음에 맡겨 주신 여러 일들을 하는 것입니다. 말씀이 먼저이고 그 다음이 봉사이고 섬김입니다.

어떤 사람은 교회에서 식당 봉사를 30년 넘게 했으나 식당 봉사를 하느라 성경 공부에 참여하지 못했고 주일 설교 말씀을 제대로 듣지 못했다고 합니다. 또 차량 봉사 하느라, 새신자 챙기느라 예배에 집중하지 못했다고 합니다. 이런 성도들은 하나님의 말씀에 귀를 기울이려고 노력해야 합니다. 그리고 자기가 선택하여 하는 일을 기쁘고 즐겁게 해야 합니다. 힘들어도 남을 탓하지 않아야 합니다. 말씀으로 충만하게 채우고 봉사할 때 원망없이 할 수 있습니다.

마리아

그러면 마르다가 그리 애쓰는 동안 마리아는 왜 섬기는 일에 관심을 두지 않았을까요? 마리아는 예수의 발아래, 아주 가까이 있었습니다. 언니가 바쁜 것은 눈에도 마음에도 들어오지 않았습니다. 마리아의 관심은 무엇이었을까요? 성경은 "그의 말씀을 들으니"라고 했습니다. 마리아의 관심은 온통 여기에 있었습니다. 마리아는 주님의 발치에 앉아서 말씀에 귀를 기울였습니다. 여러 가지 어려움 중에서도 하나님 말씀에 귀를 기울였습니다. 그 일이 그에게 가장 소중했기 때문입니다. 그러기에 주님은 마리아에게 "이 좋은 편을 택하였으니"라고 하셨습니다. 마리아처럼 주님 중심의 신앙생활을 하면 주님께서 기뻐하시며 오늘 우리도 칭찬해 주실 것입니다.

그러나 이런 유형의 그리스도인들이 유념해야 할 점이 있습니다. 하나님의 말씀을 배운다는 핑계로 성도에게 주어진 교회 봉사의 의무를 소홀히 해서는 안 된다는 것입니다.

한 가지만이라도 족하니라

예수님이 마르다에게 말씀하셨습니다.

> "주께서 대답하여 이르시되 마르다야 마르다야 네가 많은 일로 염려하고 근심하나 몇 가지만 하든지 혹은 한 가지만이라도 족하니라 마리아는 이 좋은 편을 택하였으니 빼

앗기지 아니하리라 하시니라"(41-42절).

마르다를 책망하거나 이 일이 필요 없다고 하시는 것이 아닙니다. "마르다야, 한 가지만으로도 족하다. 너는 지금 너무 많은 것에 불필요한 관심을 쓰기 때문에 현실보다 더 중요한 궁극적 관심에서 멀어지는 것이다. 그런 면에서는 마리아의 선택이 옳다. 뭐가 잘못됐니? 현실적으로 식사하는 일의 필요성을 나도 인식하고 있지만, 내가 너희 집에 온 첫째 목적이 밥 한 끼 때우기 위해서가 아니지 않느냐? 단순하게 살아도 괜찮다. 너무 많은 것을 갖지 않아도 괜찮다. 하나만 가지고 살아도 된다. 한 가지만 해라!" 이런 뜻의 말씀입니다.

예수님은 왜 이렇게 말씀하셨을까요? 이날 마르다는 마음에 살짝 시험이 들었으리라 추측됩니다. 마리아 편에서 말씀하셨으므로 여인의 민감한 감정에 민망한 답변이었기 때문입니다. 아마 상식적인 대답을 하셨다면 "마리아야, 언니가 화났다. 가서 좀 도와주어라. 그리고 식사 준비가 끝난 다음에 우리 같이 예배드리자. 그게 아무래도 낫겠다. 저러다가 뒤집어엎으면 어떻게 하냐?" 그래야 마르다의 마음이 조금이라도 풀렸을 것입니다. 그러나 그렇게 하지 않고, 마르다의 현실적 관심은 일시적인 것임을 지적하셨습니다.

세상에서는 수많은 사람이 이렇게 유한하고 일시적이고 제한적인 것에 분주하며 관심을 둡니다. 때로는 우리 인생에 도움이 안 되는 문제 때문에 공연히 마음이 분주하기도 합니다. 가만히 생각해 보십시오. 우리는 불필요한 일에 너무 많은 시간을 들이고 너무 많은 소비를 합니다. 일시적 관심이 궁극적 관심의 대상이 될 때 하나님 섬기는 일이 힘들어집니다. 이런 현실적 관심이 너무 커지면 그 자체가 성경이 말하는 우상숭배가 됩니다.

예수님의 산상수훈 말씀을 보십시오. 당시 사람들의 관심은 '무엇을 먹을까, 무엇을 마실까, 무엇을 입을까'에 있었습니다. 그때 예수님께서 말씀하셨습니다. "무엇을 먹을까, 무엇을 마실까, 무엇을 입을까 하지 말라. 너희는 먼저 그의 나라와 그의 의를 구하라." 실제적인 것보다 궁극적이고 영원한 것에 관심을 가지고 살라는 교훈을 주신 것입니다.

사람들은 버려도 좋은 것에 생명을 걸고 부둥켜안고는 그것을 놓치면 자기 인생의 의미가 사라지기라도 하는 듯 투쟁하며 살아갑니다. 진정한 행복을 주지 못하는 것들을 붙들고 공연히 고생합니다. 나의 인생에 많은 것을 이루고자 마르다처럼 분주하다가, 마침내는 주님을 향하여 나중에 "내가 이렇게 많은 관심을 가졌는데 왜 나를 도와주지 않으시나이까?" 불평하고 맙니다.

주님은 지금도 똑같이 말씀하십니다. "한 가지만 해라! 그렇게 뭘 많이 하려 하니. 많은 것을 다 할 필요 없다. 세상일로 너무 분주하게 살지 마라. 하나만 해라. 인자는 머리 둘 곳도 없이 살아간다. 마리아가 영원에 대해 궁극적 관심을 가진 것은 잘한 일이다."

주님이 당시에 '이 세대도 노아의 때와 같을 것이다. 시집가고 장가가고 먹고 마시고 춤추다 인자가 온다'라고 하셨습니다. 지금 우리에게도 여전히 유효한 이 말씀은, 결혼하지 말라는 말도 먹고 마시지 말라는 말도 아닙니다. 그때나 지금이나 세상일에 사로잡혀서 더 중요한 궁극적 관심을 잃어버렸다는 뜻입니다.

알렉산더가 어렸을 때 아리스토텔레스가 가정교사였습니다. 스승과 제자로서 질문을 하고 답하며 배움을 더해 갔습니다. "대왕이시여! 이제 곧 왕위에 오늘 터인데, 왕이 되면 뭘 하시겠습니까?" "헬라를 통일해야지." "통일한 다음에는요?" "아시아, 인도까지 점령해야지." "그다음에는요?" "이집트를 통해서 아프리카까지 점령하려고." "그래요? 온 세상을 다 점령했다고 합시다. 그다음에는 뭘 하실 겁니까?" "나도 그때 되면 죽겠지." "어차피 죽을 거면 그런 일 하지 말고 그냥 살면 안 되는 것입니까?" 이 대화처럼 알렉산더는 정복에는 성공했지만 33세라는 어린 나이에 죽고 말았습니다. 하지 않아도 괜찮은 일, 버리면 더 좋은 일에 몰두하느라 사람의 마음이 너무 분주하고, 이 세상은 마귀에 사로잡혀서 정신없습니다.

우리에게 맡겨 주신 사명에 집중하는 여러분이 되시기를 바랍니다.

실수 앞에서

창세기 9:18-27

• • •

언젠가 음식점에서 음식을 주문하고 기다리다가, 식탁에 계란이 있길래 '에피타이저구나' 생각하며 탁 쳐서 깨뜨렸습니다. 그곳이 순두부 전문점이라는 것을 잠깐 잊었습니다. 그 계란은 삶은 것이 아니라 순두부에 넣어 먹는 날계란이었습니다.

지금까지 살아오면서 실수를 많이 했습니다. 뻔히 알면서도 저지른 실수도 있었고 전혀 몰라 무의식중에 저지른 실수도 있습니다. 조금은 창피한 실수도 했습니다. 그런데 이런 실수와 허물은 나만의 이야기는 아닐 것입니다.

홍콩 한인 교회에서 목회하던 친구가 한국에 와서 목회를 시작했습니다. 어느 날 심방을 하고 지친 몸으로 나와 차를 탔습니다. 그런데 차에 핸들이 없어서 너무 놀랐습니다. '도대체 어떤 놈이 핸들을 뽑아 가나?' 그러다가 놀란 자신에게 더 놀랐습니다. 핸들이 반대쪽에 있었거든요. 홍콩은 자동차가 좌측통행하므로 우리와는 반대로 운전대가 오른쪽에 있습니다.

성경을 보면 '노아'라는 인물이 나옵니다. 노아는 어떤 사람입니까?

> "…노아는 의인이요 당대에 완전한 자라 그는 하나님과 동행하였으며"(창 6:9).

노아는 누가 보아도 옳은 사람이었습니다. 누가 보아도 거짓이 없고 진실한 사람, 하나님을 잘 믿는 믿음의 사람이었습니다. 한 마디로 흠잡을 곳이 없었습니다. 그래서 하나님께서는 노아를 통해서 방주를 만들게 하셨고, 홍수가 일어났을 때, 노아와 그의 가족들만 살아남은 것입니다.

그런데 이토록 완벽해 보였던 노아도 본문 20-21절에서 말하듯 잘못을 범합니다.

> "노아가 농사를 시작하여 포도나무를 심었더니 포도주를 마시고 취하여 그 장막 안에서 벌거벗은지라."

그렇게 완벽하고 훌륭한 믿음의 사람 노아가, 포도주를 마시고 취하여 벌거벗고 장막 안에 곯아떨어지는 추태를 보였습니다.

생각해 보면 세상에 완벽한 사람은 없습니다. 완벽하게 의로운 사람도 없습니다. 그래서 로마서 3장 10절에서 "기록된바 의인은 없나니 하나도 없으며"라고 말씀하고 있습니다. 여러분 주위에서 '정말 존경할 만한 사람이다'라고 생각되는 이들을 한 사람씩 떠올려 보십시오. 직장 상사든 동료든, 혹은 이 시대가 존경하는 훌륭한 사람이든 상관없습니다. 그 사람을 떠올렸다면 이번에는 이렇게 질문해 보십시오. "정말 100퍼센트 완벽한 사람입니까?" 아무리 훌륭한 사람이라도 100퍼센트 완벽한 사람은 존재하지 않습니다. 완벽하게 의로운 사람도 없습니다. 그래서 개신교는 '교황무오설'을 인정하지 않습니다. 예수님께서도 "하나님 한 분만 선하다"라고 말씀하셨습니다.

사람은 완전할 수도 온전할 수도 없습니다. 그렇다면 왜 노아를 '완전한 자'라고 말씀했을까요? 무엇이 불완전한 존재인 사람을 완전하게 만들어 줄까요? 그것은 바로 은혜와 용서입니다. 노아를 완전하다고 말씀한 9절 바로 앞의 8절을 보면 "노아는 여호와께 은혜를 입었더라"라고 말씀합니다.

내가 실수할 때

'의롭다'라는 말을 사람에게는 잘 쓰지 않는데 9절에서 노아에게 썼습니다. 노아가 그만큼 의로웠기 때문입니다. 완전하다는 말은 영어로 'blameless'인데 '책잡을 것이 전혀 없는 사람'이라는 뜻입니다. 그런데 이렇게 위대한 노아가 실수를 저질렀습니다. 포도주를 많이 마시고 술에 취하여 발가벗는 추태를 부렸습니다. 얼마나 술을 많이 마셨던지, 인사불성이 되어서 옷을 벗어 하체를 다 드러냈습니다. 의인이요 당대에 완전한 자요 하나님과 동행했던 노아도 고주망태가 되어서 실수를 저질렀다는 말입니다.

의인 노아가 왜 이렇게 되었을까요? 우리가 반드시 생각해 보아야 할 것은, 그러한 실수는 노아가 영적 긴장이 풀어졌을 때 일어났다는 사실입니다. 세상이 악할 때 노아는 의로웠습니다. 윤리적으로 흠 잡힐 일을 하지 않았습니다. 하나님과 동행했습니다. 홍수가 일어나기 전에 노아는 언제나 말없이 순종했습니다.

이렇게 철저하게 하나님 중심으로 살던 노아가, 홍수가 끝나서 긴장이 풀어졌을 때 실수했습니다. 홍수가 끝나고 살 만해지자 실수한 것입니다. 자손들이 늘어나고 포도 농사가 잘되어 편해지니까 만취하여 주정을 부렸습니다. 한마디로 영적 긴장이 느슨해져서 죄와 실수를 저질렀다는 말입니다.

그렇습니다. 인생이 고되고 힘든 일이 있을 때는 정신을 똑바로 차리기 때문에 죄지을 겨를이 없습니다. 영적으로 긴장하여 있으니 좀처럼 실수하지 않습니다. 그러다가 방심하면 실수하게 됩니다. 자동차 사고든 비행기 사고든 선박 사고든 열차 사고든 긴장이 풀어져서 일어나는 경우가 많습니다.

1977년에 홍수환 선수는 푸에르토리코의 카라스키야 선수와 WBA 주니어 페더급 챔피언 타이틀 매치를 했습니다. 원정 게임이었습니다. 온 국민이 숨을 죽여가며 이 경기를 시청하고 있었습니다. 당시에 중학생이던 저도 미술 숙제를 하며 경기를 시청했습니다. 그런데 홍수환이 그만 카라스키야의 돌주먹을 맞고 다운되었습니다. 사람들이 외쳤습니다. "그럴 수도 있지. 파이팅이다!" 하지만 이후로 두 번이나 더 맥없이 다운 당하였습니다.

화끈한 경기를 예상했던 국내 팬들은 어이없는 모습에 실망했고, 텔레비전을 꺼 버린 사람도 많았다고 합니다. 반대로 상대편 나라는 온통 축제 분위기였습니다. 푸에르토리코 대통령은 현장에서 게임을 관람하며 '다 끝난 경기'라고 미소 짓고는 기분 좋게 자리를 떴다고 합니다. 관중들도 우리가 이겼다며 긴장의 끈을 놓고 환호를 외쳤습니다.

그런데 홍수환 선수는 세 번째 쓰러지고도 다시 일어났습니다. 사람들은 일어나도 달라질 것이 없다고 생각했습니다. 역시나 그는 또 맞고 또 다운되었습니다. 벌써 네 번째입니다. 포기해야 할 것 같았습니다. 실제로 모두가 포기하는 심정이었습니다. 사람들은 그가 더 이상 일어나지 말고 자기 몸이나 잘 보호하기를 바랐습니다. 무리하게 경기하다가 죽은 선수도 있었기 때문입니다. 그러나 그는 다섯 번째로 일어났고, 필사적으로 주먹을 휘둘렀습니다. 그러다 순간에 홍수환의 왼손 훅이 카라스키야의 턱에 정확히 명중했습니다. 카라스키야는 그 주먹을 맞고 퍽 쓰러졌습니다. 그가 일어나자 홍수환 선수는 다시 달려들어 펀치를 날렸습니다. 온 힘을 다한 한 방이었습니다. 카라스키야는 또 쓰러졌고 다시는 일어나지 못했습니다. 홍수환은 말합니다. "그는 너무도 강하고 훌륭한 선수였습니다. 그러나 방심했기 때문에 내가 이길 수 있었습니다."

그렇습니다. 긴장을 놓칠 때 실패의 길에 들어서게 됩니다. 여러분은 인생에서 실수를 저지른 때가 언제입니까? 기도하지 않고도 모든 것이 잘된다고 자신만만했을 때, 하나님을 떠나 있을 때 아닙니까? 우리는 늘 조심해야 합니다. 주님께서도 노아를 통해서 우리에게 말씀하십니다.

'실수할 수 있으니, 늘 영적 긴장을 놓치지 말아라!'

남의 실수를 대할 때

사람들이 가장 좋아하고 즐겨 하는 것 중 하나는 남의 실수와 허물을 파헤치고 그것을 퍼트리는 일입니다. 그리고 남의 허물과 실수를 열심히 그리고 즐겨 보는 것입니다. 오죽하면 옛말에도 불구경과 싸움 구경이 제일 재밌다고 했겠습니까.

당대의 의인으로 하나님께 인정받았던 노아가 술에 취해 벌거벗고 누워 자고 있었습니다. 창세기 저자는 이 사실에 대해 자세히 보도 하고 있는데, 이 구절을 새번역 성경으로 보면 다음과 같습니다.

> "한번은 노아가 포도주를 마시고 취하여, 자기 장막 안에서 아무것도 덮지 않고, 벌거벗은 채로 누워 있었다. 가나안의 조상 함이 그만 자기 아버지의 벌거벗은 몸을 보았다. 그는 바깥으로 나가서, 두 형들에게 알렸다."(21-22절).

함이 그것을 보고 자기 형들에게 말했습니다. 그것이 그렇게나 잘못된 일 같지는 않습니다. 아버지가 그러고 있으니 형제들에게 알린 것뿐입니다. 그런데 그와 같은 사실을 함으로부터 전해 들은 셈과 야벳은 옷을 들고 뒷걸음질로 들어가 아비의 하체를 덮었습니다. 아비의 수치와 허물을 보지 않으려고, 남에게 구경거리가 되지 않게 하려고 그런 것입니다.

우리는 셈과 야벳의 모습에서 하나님을 닮은 모습, 하나님의 형상을 발견할 수 있습니다. 성경을 묵상하며 셈과 야벳의 모습을 생각해 보면 큰 은혜가 됩니다. 오늘 우리에게도 셈과 야벳 같은 인격의 성숙함이 있었으면 좋겠습니다. 누군가가 우리에게 어떤 사람의 실수와 허물을 전할 때 그것을 은근히 즐기지도 않고 좋아하지도 않고 보려고도 하지 않고 그 허물과 실수를 덮어 주는 사람, 그리하여 다른 사람들이 그 실수와 허물을 보지 못하도록 하는 사람이 되어야 합니다.

여러분은 어떤 종류의 사람입니까? 함 그리고 셈과 야벳 중에 누구를 닮은 인생을 살아가고 싶습니까? 적어도 허구한 날 뒤에서 남의 흉이나 보면서 살아가는 그런 사람이 되고 싶지는 않습니다. 좋지 못한 소문이나 만들어 내면서 그것을 퍼트리는 것으로 세월을 보내는 사람은 절대로 되고 싶지 않습니다. 명백한 허물일지라도 뒷걸음질하여 들어가서 하체를 가려 주는 인생이 되어야 합니다.

셈과 야벳은 그다지 위대하고 큰일을 한 사람은 아닙니다. 유명한 사람도 아니었고 특별한 능력이 있는 사람도 아니었습니다. 그런데도 저들의 행동과 성품은 너무나도 하나님을 닮았 습니다. 그래서 너무나도 닮고 싶은 사람들입니다.

1977년 엘살바도르의 대통령 선거 전야. 정치에 관심 없던 오스카 로메로 신부는, 엠베르토 장군이 대통령이 되려고 하는 선거에 많은 사람이 자유를 외치며 그를 반대하는 것을 목격하였습니다. 독재자 엠베르토의 당선과 함께 그가 주교로 취임하던 날, 자유를 외치던 군중들이 무차별 총격에 사살당합니다. 그와 우정을 나누던 그란테 신부도 정부에 반대하고 군중을 지지한다는 이유로 피살되었습니다. 그 후 로메로 주교는 자신의 죽음을 예견하면서도 억압받는 사람들을 대신하는 고난의 길을 가기로 결심합니다. 독재정권이 로메로 신부를 잡아갈 때 옷을 벗기고 매질하였습니다. 그때 자신들의 옷으로 로메로 신부의 몸을 가려 주는 이들도 있었습니다. 이름 없이 그들이 하나님을 닮은 사람입니다.

나는 어떤 종류의 사람인가

여러분은 어떤 종류의 사람입니까? 셈과 야벳처럼 남의 허물을 사랑으로 덮어 주는 사람입니까, 아니면 함처럼 남의 허물을 동네방네 광고하며 다니는 사람입니까?

우리가 살다 보면 노아처럼 실수하기도 하고 죄를 짓기도 합니다. 그리고 노아의 아들들처럼 다른 사람의 죄와 허물을 볼 수도 있습니다. 누구나 다 허물이 있습니다. 허물과 약점이 없는 사람은 아무도 없습니다. 그런데 악한 마귀는 어찌하든지 사람들로

하여금 남의 약점과 허물을 보게 만들고 또 그것을 이곳저곳 다니며 떠벌이게 만듭니다.

사람들은 남을 칭찬하는 일보다 남을 흉보는 일을 재미있어합니다. 남의 장점을 이야기할 때는 별로 관심을 두지 않다가도 남의 약점과 허물을 이야기하면 사람들이 관심을 보입니다. "너만 알고 있어야 해. 내가 너를 믿고 너에게만 말하는데…"라고 하면서 여기저기 말하고 다닙니다. 남의 약점과 허물을 이야기하는 것은 다 죄의 본성 때문에 일어나는 현상입니다. 악한 마귀의 유혹에 빠져 남의 허물과 약점을 마구 파헤치는 것입니다.

노아의 둘째 아들 함은 아버지가 벗은 것을 조용하게 덮어 드리든지, 아니면 적어도 조용하게 나갔어야 합니다. 그러나 함은 아버지의 허물을 덮어 주지 않고 형제에게 말하고 말았습니다. 그 결과가 어떠합니까? 나중에 잠에서 깨어나 함의 행동을 전해 들은 노아가 아들들에게 축복과 저주의 말합니다.

> "또 이르되 셈의 하나님 여호와를 찬송하리로다 가나안은 셈의 종이 되고 하나님이 야벳을 창대하게 하사 셈의 장막에 거하게 하시고 가나안은 그의 종이 되게 하시기를 원하노라 하였더라"(26-27절).

셈과 야벳에겐 그 후손들까지 복을 받기를 기원하였으나, 자기의 허물을 들추어낸 함은 저주받아 형제들의 종이 되라고 합니다.

반드시 기억해야 합니다. 벌이 침으로 사람을 쏘면 사람에게 고통을 주지만 벌 자신도 그 자리에서 죽고 맙니다. 우리가 남을 험담하거나 비방하는 것은 마치 벌이 침을 쏘는 것과 같아서, 상대방에게 아픔과 고통을 주지만 내 영혼도 치명적인 타격을 입습니다. 그러므로 남의 실수와 허물을 드러내기보다는 사랑으로 덮어 주는 여러분이 되시기를 바랍니다. 야벳과 셈처럼 하나님이 주시는 은혜를 받을 것입니다.

얼굴도 몸매도 나무랄 데가 없는 한 여자가 있었습니다. 그렇지만 그녀에게도 한 가지 콤플렉스가 있었는데 눈썹이 없다는 것입니다. 그래서 항상 눈썹을 짙게 그리고 다녔습니다. 그러다 사랑하는 사람을 만나 결혼했습니다. 눈썹이 없는 것을 숨기기 위해 머리 감을 때든 샤워할 때든 신경을 써서 그랬고, 혹시 들키면 어쩌나 항상 불안했습니다. 그렇게 3년이 지났을 때 이들에게 불행이 닥쳐왔습니다. 상승일로를 달리던 남편의 사업이 일순간 부도를 맞아 둘은 길거리에 나앉게 생겼습니다. 밑바닥부터 다시 시작해야 했습니다.

그들은 연탄 배달을 시작했습니다. 남편은 앞에서 끌고 아내는 뒤에서 밀면서 열심히 배달했습니다. 어느 날, 바람이 세차게 불어 연탄 가루가 날리는 바람에 아내의 얼굴이 시커먼 연탄 가루로 뒤덮였습니다. 아내는 눈물이 나고 말할 수 없이 답답했지만 혹시나 자기의 비밀이 탄로 날까 두려워 얼굴을 닦을 수 없었습니다. 그때 남편이 리어카를 한쪽에 세워 놓고 수건을 꺼내 아내의 얼굴을 닦아 주기 시작했습니다. 그 여자는 비밀이 탄로 나면 어쩌나, 남편이 자기를 속였다고 화를 내면 어쩌나 걱정하며 초조해졌는데, 남편이 아내의 눈썹 부분만 빼고 얼굴을 닦는 것입니다. 그녀의 눈에는 이내 눈물이 고였습니다. 남편은 눈물까지 조심스럽게 닦아 준 후 씽긋 웃으며 다시 수레를 끌기 시작했습니다.

여러분은 어떤 종류의 사람입니까? 나는 우리 믿음의 공동체에도 이러한 아름다운 모습이 나타나기를 바랍니다. 여러분 모두 사랑으로 모든 사람의 허다한 허물을 덮는 사람이 되시기를 바랍니다.

한 번에 한 걸음씩

창세기 12:1-9

• • •

　얼마 전에 잘 아는 목사님께서 경주에서 열린 벚꽃 마라톤대회에 참석해서 4시간대의 좋은 성적으로 완주했다는 소식을 들었습니다. 4시간대에 42.195킬로미터 완주했다는 것은 4시간 내내 시속 10킬로미터로 달렸다고 말이기도 합니다. 어떻게 그렇게 잘 달릴 수 있었느냐에 대해 이야기를 나누었습니다. 언젠가 마라톤을 하는 이의 이야기를 들었습니다. 처음에는 그도 3분밖에 못 뛰었습니다. 그러나 3분 달리고 7분을 걷다가 또 3분을 달릴 수 있었고, 그러기를 반복하며 달리는 시간이 1시간, 2시간 늘어나더니 4시간 이상 쉬지 않고 달릴 수 있게 되었다고 했습니다.

　우리는 흔히 인생을 마라톤에 비유합니다. 인생은 짧지 않은 긴 경주라는 뜻입니다. 인생을 시작하는 출발점에 설 때 우리는 골인 지점을 먼저 바라보지는 않습니다. 그러나 주어진 삶의 자리를 한 걸음씩 잘 내딛다 보면 어느덧 목표지점에 다다르게 됩니다.

킴 웍스는 빌리 그레이엄 목사 선교팀의 일원으로 1981년 우리 나라에서 간증을 했습니다. 그녀는 한국전쟁 때 실명하고 고아 원에서 자라다 미군 중사의 도움으로 미국 인디애나 주립대학에 서 공부하고 오스트리아에서 성악 공부를 한 후 성악가로 활동 하였습니다. 시각장애인이기 때문에 어디로 가든지 사람들의 인 도를 받아야 하는데, 그때마다 사람들은 그녀의 수십 미터 전방 에 무엇이 있다고 알려 주는 것이 아니라 '바로 앞에 층계가 있으 니 발을 올려놓아라', '바로 앞에 흙탕물이 있으니 피하라'고 말 합니다. 그녀는 이렇게 자기를 인도하는 사람을 신뢰하고 한 걸 음 한 걸음 옮기면 언제나 목적지에 도달한다면서 이렇게 간증 했습니다. "저는 인생도 그와 같다고 생각합니다. 믿음으로 산다 는 것은 나를 부르시고 인도하시는 주님을 신뢰하고 한 걸음씩 옮기는 것입니다. 10년, 20년 후는 알 수 없지만, 한 걸음씩 옮기 다 보면 주님께서 나를 위하여 예비하신 그 영광스러운 목적지 에 도착할 것을 확실히 믿습니다."

> "여호와께서 아브람에게 이르시되 너는 너의 고향과 친척
> 과 아버지의 집을 떠나 내가 네게 보여줄 땅으로 가라"(1
>
> 절).

하나님이 아브라함(아브람)에게 하신 말씀은, 그에게 42.195킬

로미터 이상의 마라톤을 달리라는 말입니다. 당시 하란, 갈대아 우르에서 가나안까지는 800킬로미터 거리였습니다. 지금 그 먼 거리를 가라는 말씀입니다. 그 머나먼 곳은 어떻게 갈 수 있을까요?

한 번에 한 걸음씩

그 길을 가는 방법은 한 번에 한 걸음씩 내딛는 것입니다. 아무리 먼 길도 한 번에 한 걸음씩 내딛는 방법밖에는 없습니다.

신앙생활에 있어서 성도들이 가장 많이 거론하는 단어 가운데 하나는 바로 '믿음'입니다. 신앙생활은 곧 믿음 생활입니다. 히브리서 11장 6절에서 "믿음이 없이는 하나님을 기쁘시게 하지 못하나니 하나님께 나아가는 자는 반드시 그가 계신 것과 또한 그가 자기를 찾는 자들에게 상 주시는 이심을 믿어야 할지니라"라고 말씀합니다. 믿음이 얼마나 중요한지 알려 주며, 믿음이 없이는 하나님을 기쁘시게 할 수도 하나님과 동행할 수도 없다고 했습니다.

믿음은 인생의 마라톤에 비유해 볼 수 있습니다. 만약 인생의 마라톤 경주에서 잘 달리려면 믿음이 필요합니다. 분명히 결승선이 있고 완주했을 때 승리의 면류관이 준비되어 있다는 분명한 믿음이 있어야 합니다. 비록 결승선이 보이지 않아도 끝에는 축복이 기다리고 있음을 신뢰하는 믿음, 그리고 장애물을 예상할 수는 없어도 하나님이 줄곧 인도하고 계심을 믿는 믿음입니다.

믿음이 있으면 우리는 한 번에 한 걸음씩 내디딜 수 있습니다.

하나님을 신뢰하라

아브라함은 그 여정에서 무엇을 만날지, 어떤 어려움이 있을지 아무것도 알 수 없었습니다. 그러나 한 번에 한 걸음씩 내딛을 때 하나님께서 인도해 주실 것을 신뢰했습니다.

하나님의 말씀을 듣고 고향을 떠났을 때 아브라함은 75세였습니다. 이사할 만한 나이 아닙니다. 새 환경에 적응하기도 쉽지 않을 것입니다. 고향을 떠날 나이가 아니라 고향으로 돌아갈 나이입니다. 그런데 하나님은 그에게 '너의 고향과 친척과 아버지의 집을 떠나 내가 네게 보여줄 땅으로 가라'고 하셨습니다. 아브라함은 이 말씀에 아무 대꾸도 하지 않고 지시를 따라 떠났습니다. 하나님을 온전히 믿고 의지하고 그에게 모든 것을 내맡긴 사람이 아니면 도저히 있을 수 없는 결단입니다.

우리도 아브라함 같은 믿음을 가지기를 소망해야 합니다. 믿음은 하나님의 시각으로 보는 것입니다. 유명한 기독교 베스트셀러 작가 필립 얀시는 "기도는 인간의 능력에서 바라보는 것이 아니라 하나님의 시각에서 바라보는 것이다"라고 했습니다. 사람이 자기 시각으로 바라보면 이성적 믿음이 되지만 하나님의 능력으로 바라보면 신앙적 믿음이 됩니다. 그래서 히브리서 기자는 "믿음은 바라는 것들의 실상이요 보이지 않는 것들의 증거니"(히 11:1)라고 말했습니다.

우리 그리스도인의 생활은 불교의 승려나 수도원의 수도사나 수녀의 생활과 다릅니다. 세상에 속한 사람들과 함께 살면서도 그들의 사고방식대로 생각하지 않고 골로새서 3장의 말씀처럼 위의 것을 생각하며 사는 것은 무척 어려운 일입니다. 아브라함은 자기의 생전에 하나님의 약속이 이루어짐을 보지는 못했습니다. 그러나 하나님의 약속은 반드시 이루어진다는 믿음으로 하나님의 약속을 붙들고 끝까지 놓치지 않았습니다.

믿음은 긴 안목으로 바라보는 것입니다. 믿음으로 보이지 않는 것을 보고, 남들이 보지 못하는 것을 볼 수 있습니다. 믿음은 다른 사람이 듣지 못하는 것을 듣게 하고, 남들이 생각하지 못하는 것을 생각하게 합니다. 다른 사람들이 만지지 못하는 것을 만지게 합니다. 남들은 불가능하다고 하는 것을 가능하게 하는 것이 바로 믿음입니다.

어느 추운 날, 달팽이가 사과나무를 기어오르고 있었습니다. 느린 속도로 조금씩 위를 향해 올라가고 있을 때 나무껍질 틈새에서 벌레 한 마리가 튀어나와 말했습니다. "너는 쓸데없이 힘을 낭비하는구나. 저 위에는 사과가 하나도 없어." 그러자 달팽이가 계속 기어오르면서 말했습니다. "내가 저 꼭대기에 도달할 때쯤이면 사과가 열릴 거야."

그렇습니다. 달팽이는 비록 느리게 기어 올라갔지만 꼭대기에 도달할 때쯤 사과가 열려 있을 것이라는 믿음이 있었습니다 이것이 곧 달팽이의 믿음입니다.

하나님은 우리가 당한 환경 속에서 말씀하십니다. 아브라함처럼 먼 안목으로 바라보면서 하나님의 약속을 붙들고 끝까지 인내하며 기다리는 믿음의 사람들이 되시기를 바랍니다.

아직은 아니다

아브람이 가나안 땅에 도착했을 때, 그 땅에는 이미 가나안 사람들이 살고 있었습니다.

> "아브람이 그 땅을 지나 세겜 땅 모레 상수리나무에 이르니 그때에 가나안 사람이 그 땅에 거주하였더라"(6절).

아니, 하나님이 약속하신 땅이고 주겠다는 땅이라면 비어 있어야 하지 않습니까? 준비되어 있어야 하는 것 아닙니까? 그런데 그 땅에는 가나안 사람들이 자리 잡고 살고 있었습니다. 주님이 아브라함에게 나타나 말씀하셨습니다.

> "여호와께서 아브람에게 나타나 이르시되 내가 이 땅을 네 자손에게 주리라 하신지라 자기에게 나타나신 여호와께 그가 그곳에서 제단을 쌓고"(7절).

이것이 무슨 말씀일까요? 하나님은 '아니다'라고 말씀하지 않고 '아직은 아니다'(not yet)라고 말씀하십니다. 하나님은 아브라함에게 새 땅을 주겠다고 약속하셨지만, 구체적인 시간표는 보여주지 않으셨습니다. 이 약속의 지연이 때로는 우리를 힘들게 합니다. 그러나 바로 그때가 우리의 믿음이 필요한 때입니다.

인생을 사노라면 어렵고 힘든 일들이 무수히 많습니다. 오죽하면 인생을 '광야를 통과하는 것', '거친 바다를 항해하는 것'에 비유하겠습니까. 그러므로 승리하는 인생에는 무엇보다 인내가 필요합니다.

신앙의 수준을 여러 가지 척도로 측정할 수 있겠지만, 대표적인 기준이 바로 인내입니다. 어떤 상황에서 얼마나 잘 인내하느냐가 신앙의 성숙도를 드러냅니다. 성경에 나오는 믿음의 선진(先進)들은 하나같이 인내의 사람이었습니다. 아브라함은 언약의 아들 이삭을 얻기까지 25년을 인내했고, 요셉은 애굽의 총리가 되기까지 13년을 인내했습니다.

찰스 H. 스펄전 목사님은 "달팽이는 인내 하나로 방주에 도달했습니다"라고 말했습니다. 노아의 방주에 모든 동물이 들어갔으니까 분명히 달팽이도 있었을 것입니다. 달팽이의 속도는 시속 12미터 남짓 된다고 합니다. 달팽이는 이렇게 느려도 인내하는 재주를 갖고 있습니다. 달팽이가 방주를 보고 끝까지 기어간 것처럼, 우리도 예수님을 바라보고 천국을 바라보고 끝까지 인내했으면 좋겠습니다.

"믿음이 없이는 하나님을 기쁘시게 하지 못하나니 하나님께 나아가는 자는 반드시 그가 계신 것과 또한 그가 자기를 찾는 자들에게 상 주시는 이심을 믿어야 할지니라"(히

11:6)

믿음이 없으면 하나님을 기쁘시게 할 수 없습니다. 그러므로 하나님의 뜻대로 살아가는 성도라면 반드시 참된 믿음을 가져야 합니다. 눈에 보이지 않아도, 확인되지 않아도 믿을 수 있어야 참된 믿음, 진정한 믿음이라 말할 수 있습니다. 하나님이 원하시는 것은 오직 한 가지, 우리의 믿음입니다. 믿으면 삽니다. 우리에게 필요한 것은 바로 믿음의 원리를 아는 것입니다.

아브라함은 하나님께서 지시하는 대로 있던 곳을 떠났습니다. 힘든 일이요 어려운 일입니다. 그러나 주저하지 않고 그가 평생 살아온 고향을 무조건 떠났습니다. 오늘 우리가 가는 길이 바로 그렇습니다. 미래를 예측할 수가 없습니다. 그러나 한 가지 분명한 것은 우리를 부르신 하나님께서 우리와 함께하시고 우리를 인도하신다는 것입니다.

데이비드 리빙스턴(David Livingstone)은 중앙아프리카에서 매우 호전적이고 사나운 원주민들에 둘러싸여, 아프리카 선교 16년 중 가장 큰 위험에 빠졌습니다. 그는 목숨을 건지기 위하여 그날 밤 어두울 때 그곳을 빠져나가야겠다고 결심하였습니다. 그러나 고요히 하나님께 기도하는 중에 심경의 변화가 일어났습니다. 그는 그날 일기에는 이렇게 적었습니다.

1856년 1월 14일
나의 마음은 몹시 혼란스럽다. 내일이면 이 넓은 지역을 향해 세운 계획이 무너지고 나의 목숨을 잃을지도 모른다. 하지만 지금 먼저 그리스도의 말씀을 떠올려 본다. 그분에게는 하늘과 땅의 모든 권세가 있다. 그분은 모든 민족에게 가서 제자로 삼으라고 명령하셨다. 땅끝까지 함께 하여 주겠다고 약속하셨다. 가장 완전하고도 가장 능력 있는 분이 그렇게 말씀하셨다면 그대로 믿어야 한다. 그분이 나를 이곳에 보내셨을 때는 분명히 무슨 목적이 있을 것이다. 아무 목적도 없이 나를 이곳에 보내셨을 리가 없다. 그렇다!

나는 오늘 밤 이곳을 빠져나가려던 계획을 포기한다.

그리고 다음 날 일어나서 전도하였습니다. 드디어 리빙스턴은 아프리카를 변화시켰습니다.

"…내가 너를 구속하였고 내가 너를 지명하여 불렀나니 너는 내 것이라"(사 43:1).

이런 믿음이 아브라함에게만 리빙스턴에게만 가능합니까? 아닙니다. 우리도 그런 믿음을 가질 수 있습니다. 우리가 인생살이에서 어떤 일을 겪어도 하나님을 신뢰하기만 한다면 우리도 아브라함과 같은 믿음의 삶을 살 수 있습니다.

그러나 이렇게 믿음이 있는 아브라함도 단번에 축복의 길에 들어서지 않았습니다. 하나님 말씀에 즉각 순종하며 결단했던 그도 시련을 통과해야 했습니다. 본문의 사건은 아브라함이 그의 아들 이삭을 바치려 한 후에 일어났습니다. 아들을 바친다는 것은 얼마나 큰 아픔인지 모릅니다. 사랑하는 독자, 늦게 본 자식을 제물로 바치라는 명령은 그야말로 청천벽력이었을 것입니다. 기가 막혔을 것입니다. 그러나 그가 강건한 신앙을 가지고 확신한 것이 있었습니다. 하나님은 당신의 약속을 이행할 것이고, 만약 필요하다만 죽은 자 가운데서 이삭을 살리실 수 있다고 믿었습니다. 그래서 아브라함은 엄청난 명령을 받고도 이유와 과정을 생각하거나 계산하지 않았습니다.

지금 시련 가운데 있습니까? 아브라함 같은 신앙을 가진다면 같은 축복도 보장되어 있습니다. 하나님은 믿음의 시련 중에도 우리를 축복하고 인도해 주십니다.

한 농부가 바쁘게 둥지를 짓고 있는 어미 새를 발견했습니다. 잘라다 버린 나뭇가지 위라서 새끼를 치기에는 위험했습니다. 농부는 어미 새를 위해서 둥지를 부숴 버렸습니다. 그러자 어미 새는 그곳에다 새로 둥지를 지었습니다. 새가 둥지를 지으면 농부가 부수기를 반복하며 3일째 되는 날, 새는 드디어 농부의 부엌 문 가까이에 있는 큰 가지에 둥지를 짓기 시작했습니다. 그제야 농부는 안심하였습니다.

살아가다 보면 누구나 뜻 모를 어려움을 당할 때가 있습니다. 그러나 우리는 그럴 때도 원망하거나 절망하지 말고 오히려 하나님의 뜻을 곰곰이 살펴 믿음을 더욱 튼튼히 해야 합니다. 하나님은 우리를 잘 아시고, 우리가 가야 할 길도 정확히 알고 계시며, 무엇보다 우리를 깊이 사랑하시기 때문입니다.

만일 여러분이 선장이라면 고요한 바다만 항해해서는 일등 선장이 될 수 없을 것입니다. 군대에 갔다 온 사람이 한 번도 총을 쏘아 본 적이 없다면 진정한 군인이라고 할 수 없습니다. 비록 힘들고 어려워도 풍랑을 이겨낼 때 일등 선장이 되고, 전장에 나가서 전쟁을 치러 본 사람이 강한 군인이 될 수 있습니다. 마찬가지로 시련과 역경을 떠나서는 강건한 그리스도인이 될 수 없습니다.

"점점 남방으로 옮겨갔더라"(9절).

아브라함은 하나님이 인도하시는 여정 전체를 볼 수도 알 수도 없었습니다. 그러나 항상 자기 앞에 놓인 길에 집중하며 인도함을 받았습니다. 그것은 한 번에 한 걸음씩 인도하시는 하나님의 손길을 따르는 것입니다. 오늘날 우리 앞에 펼쳐지는 도전도 똑같습니다. 아브라함이 하나님을 신뢰하고 미지의 세상을 향해 나아간 것처럼, 오늘 우리도 하나님을 신뢰하며 힘차게 달려 나가야 합니다.

아브라함은 장차 보여줄 땅을 향해 떠나라고 하실 때 그대로 순종했습니다. 자기가 가는 곳이 어디인지도 모르고 순종한 것입니다. 만일 우리가 하나님을 신뢰하고 주님께서 순종하여 인도해 주시는 길로 나아가면, 마침내 하나님께서 예비하신 목적지에 반드시 도착할 것입니다.

내 생각과 다를 때

마태복음 21:23-32

●　●　●

아들과 딸을 둔 어머니가 있었는데, 두 자녀 모두 혼인하여 미국에서 살고 있었습니다. 오랜만에 자녀들을 보려고 미국으로 갔습니다. 먼저 L.A.에서 살고 있는 딸네 집으로 갔습니다. 딸과 사위가 어머니를 반겨 주었습니다. 밤늦게까지 밀린 얘기를 나누고 잠들었는데, 다음 날 아침에 어머니는 깜짝 놀랄 일을 보았습니다. 딸은 자고 있는데 사위가 일찍 일어나 혼자 아침 식사를 만들어서 먹고 샌드위치 도시락을 싸서 출근하는 것입니다. 딸을 아껴 주는 사위가 기특하고 대견했습니다.

그 다음에 샌프란시스코에 있는 아들네 집에 갔습니다. 역시 아들과 며느리가 반겨 주었습니다. 다음 날 아침, 어머니는 다시 한번 놀랐습니다. 금이야 옥이야 받들어 키워서 미국 유학까지 보낸 아들이 궁상맞게 제 손으로 아침을 지어 먹고 샌드위치 도

시락을 싸서 들고 출근하는 모습을 본 것입니다. 아들이 한없이 측은하고 한편 며느리가 몹시 괘씸했습니다.

두 남자가 같은 행동을 했지만, 그것을 본 어머니의 반응은 전혀 달랐습니다. 두 사람을 보는 잣대가 달랐기 때문입니다. 이렇게 서로 다른 잣대를 가지면 자기 분열이 일어납니다. 이런 예는 얼마든지 더 있습니다. 내가 운전할 때는 횡단보도를 늦게 건너는 행인을 욕하고, 내가 횡단보도를 건널 때는 빵빵대는 운전사를 욕합니다. 남이 천천히 차를 몰면 소심 운전이고, 내가 천천히 몰면 안전 운전입니다. 왜 그럴까요? 근본 원인은 자기중심적 주관성입니다.

미국에서 사전 하면 웹스터사전을 떠올릴 만큼 대니얼 웹스터(1782~1852)는 사전 편집자로 유명합니다. 그뿐 아니라 언론인, 변호사, 정치인으로도 한 시대를 풍미했던 사회 지도자입니다. 많은 사람이 인생과 처세술을 배우려고 그를 찾았습니다. 어느 날 한 사람이 이 천재에게 물었습니다. "웹스터 선생님, 이제까지 당신에게 떠올랐던 생각 중에서 가장 위대한 것은 무엇이었습니까?" 짧은 침묵 뒤에 웹스터가 담담히 대답했습니다. "전능하신 하나님에 관한 생각입니다."

하버드 대학의 존 롤스 교수는 그의 《정의론》에서 정의는 선험적으로 주어지는 것이 아니라 구성원의 합의로 이루어진다고 했습니다. 이때 구성원들은 무지의 베일 상태에서 정의의 원칙을 선택해야 한다고 말합니다. '무지의 베일'이란 자신의 위치나 입장을 전혀 고려하지 않은 상태를 의미합니다. 자신의 이익에 맞추어 선택하는 것을 막기 위한 장치입니다. 이를 통해 공동체 전체의 가장 올바른 이익을 찾아낼 수 있습니다.

미국에서 직장 채용 시험을 볼 때 이름, 출신 학교, 출신 지역, 인종, 신장, 몸무게 등 개인 정보를 다 가리고 시험과 면접을 치른 후에 인사 기록부에 기록한다는 말을 들었습니다. 요즘은 우리나라도 그렇게 많이 합니다. 가장 객관적인 선발을 위해서입니다. 그러니까 무지의 베일을 쓰고 있다면 자신에게 무엇이 이익이 되는지를 모르는 상태에서 선택하게 되므로 공동체에 가장 이익이 되는 선택을 할 수 있다는 것입니다.

우리 그리스도인에게는 무엇이 가장 올바른 선택이고 하나님이 원하는 것일까요?

세 사람이 미국의 그랜드 캐니언을 여행했습니다. 첫 번째 미술가가 그 장관을 쳐다보고 "이곳은 웅장한 하나의 그림이다. 이것을 내 화폭에 옮겨 놓을 수 있다면 얼마나 좋을까?"라고 말하며 감탄했습니다. 두 번째 신학자는 "놀라운 하나님의 솜씨다. 정말 하나님의 솜씨는 오묘하다"라고 찬양했습니다. 세 번째 카우보이는 그것을 바라보고 '여기서 소를 잃어버리면 찾을 수가 없겠구나'라고 생각했습니다. 어떤 시각을 갖는가가 참으로 중요합니다.

예수님 당시의 종교 지도자들의 문제는, 자신만의 생각과 사고에 사로잡혀서 하나님의 계획도 하나님의 뜻도 받아들이지 않았다는 것입니다. 그들의 생각과 하나님의 말씀이 부합되면 말씀을 따르지만, 그들의 생각과 다른 말씀이 주어지면 자기들의 뜻대로 행했습니다. 이러한 배경 속에서 자신들의 전통과 교권만을 고집하였기에 대제사장과 장로들은 예수님께서 성전에서 가르치실 때 예수님의 권위에 대해 충돌한 것입니다. 그들은 예수님께 무슨 권위로 이런 일을 행하며, 누가 그렇게 말할 권위를 주었는지 물었습니다.

예수님은 악한 교권자들의 죄악을 교훈하기 위하여 두 아들의 비유를 말씀하셨습니다.

어떤 아버지에게 두 아들이 있었습니다. 큰아들에게 포도원에 가서 일하라고 하자 가겠다고 말했으나 가지 않았고, 작은아들은 가기 싫다고 했으나 후에 뉘우치고 포도원에 가서 일했습니다. 두 아들 가운데 아버지의 뜻대로 행한 아들은 말로만 대답한 맏아들이 아니라 뉘우치고 포도원에서 일한 둘째 아들이라고 말씀하셨습니다. 예수님은 이 비유를 말씀하신 후에 '세리와 창기들이 너희들보다 먼저 하나님 나라에 들어가리라'라고 하셨습니다. 모든 사람에게 놀라움을 주는 말씀이었습니다.

이 비유에서 맏아들은 당시의 제사장과 장로들로, 저들은 하나님의 말씀을 가장 잘 순종하고 아는 척하지만 실제로는 실행하지 않는 악한 자들이었습니다. 오히려 처음에 세리나 창기는 하나님의 계명을 범하는 죄의 길로 나갔으나 뉘우치고 회개하여 하나님의 뜻을 행하므로 구원을 얻었습니다. 중요한 것은 많이 아는 것이 아니라 세리와 창기처럼 '회개하고 돌아왔느냐?'입니다. 하나님의 뜻을 행하고 있느냐가 중요합니다. 하나님은 회개하고 돌아와 하나님의 뜻을 받들어 순종하는 사람을 기뻐하십니다.

처세에 능한 맏아들

맏아들의 맹세는 허상입니다. 체면이고 위선입니다. 대답은 하지만 실천은 없습니다. 담임목사로 부임하여 위임식을 앞두고 있을 때였습니다. 서울에서 목회할 때 섬기던 교회 집사님을 우연히 만났는데, 위임식이 언제냐고 물으며 꼭 오겠다고 했습니다. 바쁘실 텐데 마음만이라도 고맙다고 했더니 '아무리 바빠도 가야지요' 하면서 유난히 온다고 하길래 감사하다 했는데, 정작 당일에 많은 분이 다녀갔지만 그 사람은 안 보였습니다. 못 온 이유야 있었겠지만, 그때 참 실없다는 생각을 했습니다. 말이 아니라 행함이 중요합니다.

맏아들은 아버지가 포도원에 가서 일하라 할 때 아버지의 심기를 어지럽히지 않으려고 공손하게 "네" 하고 대답했습니다. 그러나 진심이 없는 행동은 위선이며, 다분히 처세적입니다. 순종하는 것 같지만 순종하지 않았고, 겉으로는 순종하는 좋은 맏아들처럼 보이지만 실상은 아버지의 명령을 거역하고 있었습니다. 아니, 처음부터 순종할 마음이 없었습니다. 지식으로는 순종하였고 말로도 순종하였습니다. 형식적으로, 예절 바르게 순종하였습니다. 누가 왜 그랬는지 묻는다면 이렇게 대답했겠지요. "노인의 마음을 섭섭하게 할 수 없으니 간다고 말씀을 드렸습니다." 그러나 이것은 문제가 있습니다. 절대로 올바르지 않은 일입니다.

오늘도 마찬가지입니다. 한다고 하면서 하지 않습니다. 거룩하다고 하면서 거룩한 것이 없습니다. 사랑한다고 하면서 사랑하지 않습니다. 봉사한다고 하나 말뿐입니다. 준다고 했지만 내게 오는 것은 아무것도 없습니다. 말만 하고 허세와 허상으로 살아가는 것입니다.

중학교 때 배운 사자성어 '조삼모사'(朝三暮四)는 '아침에 3개, 저녁에는 4개'는 뜻으로, 별반 차이도 없지만 가벼운 눈속임으로 남들을 속일 때 자주 쓰입니다. 중국 전국시대 송나라에 저공이라는 사람이 살았습니다. 그는 원숭이를 너무도 좋아한 나머지 많은 원숭이를 집에서 직접 길렀습니다. 그러다 보니 원숭이 숫자가 점점 많아져서 먹이를 마련하는 것도 부담이 되어 줄여야겠다고 결단했습니다. 다만 갑자기 줄이면 원숭이들이 반발할 터이니 어떻게 하면 좋을까 고민하다가 꾀를 냈습니다. 원숭이들을 모아 '아침에는 도토리를 3개, 저녁에는 4개를 주겠다'고 원숭이들은 아침에 도토리가 3개뿐이면 배고프지 않겠냐며 아우성쳤습니다. 이에 저공은 '그럼 아침에 4개, 저녁에 3개를 줄게' 하며 원숭이들을 달래자, 원숭이들은 아침에 한 개를 더 먹을 수 있다는 생각만 하며 좋아했다고 하는 데서 유래된 말입니다.

아는 것도 없고 되는 것도 없고 한 것도 없는데 마치 다 된 것처럼 적당히 넘어갑니다. 훌륭한 것 같으나 내실이 없습니다. 말은 잘하는데 실상은 없습니다. 섬기고 사랑하자고 말하지만 정작 섬김과 사랑은 없습니다. 기도하자고 하지만 기도가 없습니다. 봉사하자고 하는데 봉사가 없습니다. 어려운 사람을 도와야 한다고 목소리를 높이면서 정작 돕지는 않습니다. 심지어는 신앙생활도 없습니다. 경건의 모양은 있으나 경건의 능력이 없습니다.

여러분, 하나님의 의로우신 심판대 앞에 어떤 모습으로 서겠습니까? "너는 무엇을 했니? 그 많은 날 간다고만 했지 간 일이 있느냐? 한다고만 했지 한 일이 있느냐?"라고 물으시는 주님 앞에 "아닙니다" 대답할 만한 믿음, 믿음의 행동을 쌓아 가시길 바랍니다.

마케도니아 황제 알렉산더와 관련된 일화가 있습니다. 알렉산더 대왕이 거느리고 있는 사병 중에 그와 이름이 같은 군사가 하나 있었습니다. 그런데 그는 문제를 많이 일으켜서 매번 그 이름 때문에 왕에게 불명예가 돌아가곤 했습니다. 그것을 알고 알렉산더는 은밀하게 그의 막사를 찾아갔습니다. 그날도 만취하여 주변의 물건을 부수고 행패를 부리고 있었습니다. 알렉산더 대왕은 그를 조용한 곳으로 불러냈습니다. "내가 누구인지 아느냐?" 그제야 정신이 들어서 대왕 앞에서 벌벌 떨며 인사했습니다. 알렉산더 대왕이 물었습니다. "네 이름이 분명히 알렉산더인가?" "예, 그렇습니다." 그의 대답에 알렉산더 대왕이 고함을 쳤습니다. "네 이름을 바꿔라. 그러지 않으려면 행실을 바꿔라!"

그렇습니다. 하나님의 자녀로서 이름을 바꾸든지 행실을 바꾸든지 해야 합니다. 우리는 '성도'라고 하는 거룩한 이름을 가지고 있습니다. 믿는 사람의 소행 하나하나에 따라서 하나님께 욕이 돌아가기도 하고 영광이 돌아가기도 합니다. 하나님의 자녀라면 그에 합당한 신분이 있고 행동이 있는 법입니다. 그 이름에 합당한 생활을 할 때 비로소 하나님 아버지께 영광이 됩니다.

제2차 세계대전 당시 있었던 일입니다. 연합군은 지원병 중에서 독일에 보낼 스파이를 뽑아 훈련을 시켰습니다. 독일식 음식, 군복, 언어, 이름, 생활 습관을 맹훈련했습니다. 그들은 외모만이 아니라 의식구조도 독일화하여 완전히 독일 사람이 되었다고 인정될 때 비로소 스파이가 될 자격이 부여받습니다. 그들의 이름은 마이크 스미스가 아니라 프리드리히 한스이고, 고향은 일리노이주 시카고가 아니라 독일의 프랑크푸르트였습니다. 스스로가 그렇게 의식화되어야 합니다.

그들은 훈련의 마지막 단계에서 수십 킬로미터나 되는 먼 길을 무거운 짐을 지고 고된 행군을 합니다. 피곤에 지쳐 깊이 잠들었을 때, 한밤중인 2~3시경에 갑자기 낯선 사람이 손전등을 들고 곤히 잠든 훈련병을 깨우면서 "네 이름이 뭐냐?"라고 묻습니다. 그때 "마이크 스미스입니다"라고 대답하면 실격이고 "프리드리히 한스입니다"라고 엉겁결에라도 독일말로 대답하면 합격하여 정식 스파이가 됩니다. '나는 독일 군인이다'라는 생각이 잠재의식에도 깊이 박혔을 때 스파이로서의 교육이 끝난다고 합니다.

우리 믿는 사람들도 예수님으로 가득 차 있어서, 어디에서 보아도 크리스천으로 보여야 합니다. 우리의 생각, 행실에서 그리스도가 보이는 삶이 되어야 합니다. 모든 생각을 예수님께로 집중할 때만 그것이 가능합니다. 이러한 삶이야말로 자신의 몸을 거룩한 산제사(롬 12:1-2)로 드리는 삶입니다. 우리 마음에 있는 세상의 정과 욕심을 모두 십자가에 못 박고 주님만 생각하며 사는 자는 하나님께서 복 주십니다. 이 복을 받아 누리는 삶이 되어야 합니다.

우직하고 정직하고 솔직한 둘째 아들

본문 말씀의 둘째 아들은 아버지가 일하라고 했을 때 하려던 일이 있었나 봅니다. 아버지한테 "안 가요"라고 한 대답은, 조금 거칠기는 하지만 정직한 답이었습니다. 또 안 가겠다고 말하고 가지 않았으니 정당하기도 합니다. "내가 할 일은 내가 하고 아버지가 할 일은 아버지가 해야 합니다. 나는 내가 할 일을 하렵니다." 정당한 대답입니다. 그러나 결국 뉘우치고 포도원에 일하러 갔습니다. 여기에서 '뉘우치다'는 헬라어로 '메타노이오'인데 '돌이키다, 회개하다'라는 뜻입니다. 핵심은 뉘우쳤다는 데 있습니다. 그는 생각을 바꾸었습니다.

아마도 둘째 아들은 '지금까지 옳다고 생각했고 나 스스로도 정당하다 여겼지만, 그것은 나만 생각한 것이고 아버지 마음은 헤아리지 못했다'라고 생각했을 것입니다. 자기 생각만 하느라 아버지의 마음, 그 마음을 생각하지 못했습니다. 자기중심적 생각에 사로잡혀 있었습니다. 그러고는 얼마 지나지 않아 뉘우치고 생각을 바꾸었습니다.

누구나 자기 생각이 있고 원하는 것이 있습니다. 그러나 그보다 중요한 것은 주님이 무엇을 원하시는가입니다. 오늘 본문의 유대 지도자들도 나름대로 생각하는 메시아 상이 있었습니다. 그러나 그들이 생각했던 것과는 전혀 다른 모습으로 다가오시자 예수님을 메시아로 받아들이지 않았습니다.

낚시꾼들이 낚시를 하고 있었습니다. 그런데 한 사람이 오른손에 낚싯대를 들고 왼손에는 25센티미터짜리 자를 들고 있었습니다. 낚시꾼은 고기를 잡을 때마다 왼손에 들고 있던 자로 물고기 길이를 재고는 그보다 크면 버리고 작으면 그릇에 담았습니다. 보통은 큰 고기를 잡는데 말입니다. 옆에서 이를 지켜보던 사람이 이상하게 여겨 왜 그러느냐고 물었습니다. 그는 "우리 집 프라이팬은 지름이 25센티미터거든요. 그보다 큰 것은 요리할 수가 없습니다"라고 대답했습니다. 얼마나 바보 같은 일입니까?

대제사장과 바리새인 같은 종교 지도자들도 자신들만의 생각에 너무 깊이 사로잡혀 있었습니다. 그래서 진리를 볼 수 없었습니다. 여러분, 믿음이란 무엇일까요? 자기의 뜻과 계획을 하나님께 아뢰어 하나님께서 그것을 실현해 주시는 것이 믿음일까요? 모든 일이 내 생각과 계획대로 이루어지는 것이 믿음의 삶일까요?

아닙니다. 하나님의 말씀 앞에서 자신의 뜻과 계획을 내려놓는 훈련을 하는 것이 믿음입니다. 믿음은 내 계획을 하나님의 인도하심에 의탁하는 것입니다. 내가 납득되지 않아도 하나님이 인도하심을 신뢰하는 것입니다.

이해보다 신뢰

"예수께서 돌이키시며 베드로에게 이르시되 사탄아 내 뒤로 물러가라 너는 나를 넘어지게 하는 자로다 네가 하나님의 일을 생각하지 아니하고 도리어 사람의 일을 생각하는도다 하시고"(마 16:23).

예수님께서 온 인류의 죗값을 치르기 위해 십자가를 진다는 것을 제자들에게 알려 주셨습니다. 십자가는 잔혹한 형벌입니다. 십자가 위에 양손 양발을 못으로 박고, 머리에는 가시로 만든 관을 씌웁니다. 의식을 잃었다가 찾았다가 하며 엄청난 고통 가운데 죽어가는 형벌입니다. 제자 베드로는 그렇게 하시지 말라고 간청했습니다. 인간적인 관점에서 보면 스승이 그 같은 고통을 당한다고 하니 말리는 것이 당연합니다. 그러나 주님은 엄히 책망하며 "사탄아! 내 뒤로 물러가라. 너는 나를 넘어지게 하는 자다. 네가 하나님의 일을 생각하지 않고 사람의 일을 생각하는구나"라고 하셨습니다.

여기에 중요한 교훈이 있습니다. 하나님의 일을 먼저 생각하는 것은 하나님이 기뻐하시는 일이고, 사람의 일을 하나님의 일보다 먼저 생각하는 것은 사탄이 좋아하는 일이라는 것입니다. 우리는 어떠한 상황에서 살아가든 하나님의 일을 먼저 생각하여 하나님을 기쁘게 해드리며 하나님의 축복을 누리며 살아가야 합니다.

일본의 유명한 성자 가가와 도요히코(賀川豊彦)는 20대 초반에 폐결핵으로 시한부 인생을 살아갔습니다. 절망에 몸부림치며 기도하다가 '그래, 죽음을 기다리기보다 남은 시간을 하나님께 바치자'라고 생각하고 빈민굴에 들어가 가난한 사람들과 소외된 사람들을 위하여 헌신하였습니다. 놀랍게도 그는 50여 년을 넘어 더 살았고, 《사선을 넘어서》라는 감명 깊은 책까지 쓸 수 있었습니다.

뉴욕대학 부속병원 재활센터 벽에 걸려 있는 무명 시인의 신앙

고백입니다.

큰일을 이루기 위해 힘을 주십사 하나님께 기도했더니, 겸손을 배우라고 연약함을 주셨습니다. 많은 일을 하려고 건강을 구했더니, 보다 가치 있는 일을 하라고 병을 주셨습니다. 행복해지고 싶어 부유함을 구했더니, 지혜로워지라고 가난을 주셨습니다. 세상 사람들의 칭찬을 받고자 성공을 구했더니, 뽐내지 말라고 실패를 주셨습니다. 풍요로운 삶을 누릴 수 있도록 모든 것을 달라고 기도했더니, 모든 것 누릴 수 있는 삶 그 자체를 선물로 주셨습니다. 구한 것 하나도 주어지지 않은 줄 알았는데, 내 소원 모두 들어주셨습니다. 하나님의 뜻을 따르지 못한 삶이었지만, 미처 표현 못 한 기도까지 모두 들어주셨습니다. 나는 가장 많은 축복을 받은 사람입니다.

우리의 원함으로 하나님을 움직이는 삶이 아니라 하나님이 나를 인도하고 움직이시도록 나를 드리는 삶을 사시기를 바랍니다. 여러분의 삶이 주님이 말씀하시는 대로 순종하는 삶이기를 바랍니다. 때로는 내 생각과 달라도 아버지가 원하시니 순종하며 가는 것입니다. 내가 아무리 바쁘고 원하지 않아도 아버지가 원하시니 가는 것이 믿음입니다. 우리 모두 이 믿음으로 승리하는 신앙이 되어야 합니다. 〈주님 말씀하시면〉이라는 제목의 찬양이 있습니다.

주님 말씀하시면 내가 나아가리다

주님 뜻이 아니면 내가 멈춰 서리다

나의 가고 서는 것 주님 뜻에 있으니

오 주님 나를 이끄소서

뜻하신 그곳에 나 있기 원합니다

이끄시는 대로 순종하며 살리니

연약한 내 영혼 통하여 일하소서

주님 나라와 그 뜻을 위하여

오 주님 나를 이끄소서

하나님의 이끄심을 최우선순위에 두고 내 뜻에서 하나님 뜻으로, 내 생각에서 하나님의 생각으로 바꾸어야 합니다. 평생에 정당하다고 생각했던 것이더라도 오늘 하나님이 아니라 하시면 그 생각을 바꾸어야 합니다. 주님께서 원하시는 것이라면 내 생각이 정당하다고 생각되더라도 뉘우치고 아버지의 뜻에 순종해야 합니다. 거기에 주님의 축복이 있습니다. 주님은 창기냐 세리냐를 묻지 않습니다. 뉘우침이 있는 사람이 하나님의 자녀입니다. 뉘우치고 하나님의 뜻에 순종하는 사람이 참으로 복된 사람입니다.

시험이 찾아올 때

야고보서 1:1-4

• • •

어떤 가정의 며느리가 믿지 않는 시어머니 때문에 매우 힘들게 살았습니다. 시어머니가 늘 '교회 가지 마라, 예수 믿어도 별것 없다' 하면서 며느리를 핍박했습니다. 그래도 며느리는 시어머니를 위해서 늘 기도하고 찬송을 부르며 위로받았습니다. 교회 식구들이 그것을 알고 시어머니에게 전도를 갔습니다. "할머니, 예수님 믿고 교회 나오세요. 며느님이 할머니를 위해 늘 눈물로 기도하고 있어요." 그랬더니 시어머니가 말했습니다. "흥, 그것 다 내숭 떠는 거예요. 나도 며느리가 노래 부를 때 가만히 들어 봤는데 늘 시어미를 이겨 먹자는 노래만 해요." 전도 대원들이 깜짝 놀라 물었습니다. "아니, 무슨 노래를 부르는데요?" 시어머니가 말했습니다. "거, 뭐라더라? 너 시어밀 당해 범죄치 말고 너 용기를 다해 늘 물리쳐라 너 시어밀 이겨 새 힘을 얻고, 이런 노래예요." 며느리가 불렀던 것은 342장, "너 시험을 당해"였습니다.

어떻습니까? 여러분도 시험 들 때가 있지 않습니까? 어떻게 우리같이 약한 자들이 한 번도 시험에 들지 않고 100퍼센트 성공적인 신앙생활만 하겠습니까? 어떻게 어릴 때부터 한 번도 슬럼프에 빠지지 않고 죽는 날까지 아름답게 신앙생활을 하겠습니까? 어떻게 처음 믿었던 그 순수하고도 열심 있는 믿음이 10년, 20년, 30년 지나도 변하지 않을 수 있겠습니까?

시험이 오고 슬럼프에 빠지면 우리는 반드시 낙심에 빠집니다. 중요한 것은 시험이 오고 슬럼프에 빠질 때 우리가 낙심하지 않고 승리할 방법이 무엇인가 하는 것입니다. 주님은 제자들에게 시험에 들지 않도록 기도하라고 하셨습니다. 여러분도 기도함으로 승리하시길 바랍니다.

우리가 인생길을 걸어가다 보면 우리 눈앞에 언제나 평탄한 길만 나타나지는 않습니다. 때로는 가파른 길이, 또 때로는 좁디좁은 길목이 나타날 수도 있습니다. 그럴 때마다 이런 생각이 듭니다. '왜 나에게 이런 엄청난 시련이 임했는가? 왜 나만 이런 고통을 당해야 하는가!' 그러나 그렇지 않습니다. 사도 바울이 고린도전서 10장 13절에서 한 말씀을 우리가 기억하고 있습니다.

"사람이 감당할 시험 밖에는 너희가 당한 것이 없나니…"

트럭 운전기사의 이야기입니다. 하루는 한 번도 가 본 적 없는 깊은 산길을 달리고 있었습니다. 산길은 매우 험하고 꼬불꼬불했습니다. 그는 정신을 바짝 차리고 천천히 산기슭의 가파른 길을 내려오고 있었습니다. 그러다가 극히 좁디좁은 길목을 만났습니다. 산비탈 아래는 천 길 낭떠러지로 쳐다보기만 해도 아찔했습니다. '이 큰 트럭을 몰고 저 좁은 길목을 과연 통과할 수 있을까?' 하는 마음이 들면서 더욱 긴장되었습니다. 그 순간 그의 눈앞에 큼지막한 팻말이 있는 것이 보였습니다. 그 팻말에는 '당신도 이 길을 무사히 통과할 수 있습니다. 모든 기사가 이미 이곳을 안전하게 통과했습니다.' 그 글을 읽는 순간 그의 마음에 안도감이 들었고, 침착하게 운전하여 좁은 길목을 무사히 통과하였습니다.

다른 사람들도 똑같이 시험을 당하면서 살아왔습니다. 남들도 이겨낸 시험입니다. 그러므로 얼마든지 이길 수 있습니다. 넉넉히 감당할 수 있습니다. 지금 어려운 시험에 처해 있습니까? 겁먹지 마십시오. 우리도 얼마든지 이겨낼 수 있습니다.

《낮은 데로 임하소서》의 주인공 안요한 목사님은 앞을 전혀 보지 못하는 시각장애인입니다. 한번은 어느 고등학교에 초청받아 강연하러 갔습니다. 강단 위로 가다가 거기 놓인 마이크에 머리를 세차게 부딪쳤고, 그 소리가 스피커를 통해서 강당 전체에 울려 퍼졌습니다. 그 모습을 지켜보고 있던 학생들은 너무나도 안타까웠습니다. 그런데 정작 당황해야 할 당사자인 안요한 목사님은 마이크를 손에 잡더니 말문을 열었습니다. "여러분, 미안합니다. 아침에 너무 급하게 오느라 안경을 빼놓는 바람에 눈앞에 있는 마이크를 보지 못하고 실례했습니다." 그 말을 듣고 학생들모두 '와하하' 하며 박장대소했습니다. 앞을 보지 못하는 목사님이 안경을 빼먹고 와서 보지 못했다고 하니, 웃음이 나올 수밖에 없지 않습니까? 그는 자기가 당하는 시련을 부끄럽게 여기지 않았습니다. 오히려 자기가 시각장애인임을 하나님께 감사하면서 산다고 했습니다. 그 시련을 통해서 하나님을 진실로 사랑할 수 있게 되었기 때문이라고 합니다. 그는 시험을 통해 하나님을 보았습니다.

우리가 잘 아는 헬렌 켈러는 삼중고를 겪었습니다. 보지 못했습니다. 듣지도 못했습니다. 말하지도 못했습니다. 그런데 그가 일평생을 살아간 후 숨을 거둘 때 마지막으로 이렇게 말했습니다. "아! 참으로 나의 인생은 너무나 아름다웠습니다."

시련이 하나님을 더욱 의지하게 했다는 신앙고백입니다.

시험을 만났습니까? 두려워하지 마십시오. 남들도 이겨냈습니다. 그러니 이번 시험을 통하여 더욱 주님을 바라보실 수 있기를 바랍니다. 반드시 축복의 자리가 될 것입니다.

야고보서는 '사람은 평생 시험을 만나며 살아가는 존재다'라고 정의하고 있습니다. "너희가 여러 가지 시험을 당하거든"(2절)이라는 말씀은 시험을 한두 번 혹은 한두 가지 겪는 것으로 끝나는 것이 아니며, 여러 가지의 시험이 우리를 기다리고 있다는 뜻입니다. 사실 여러 가지 시험이 우리 신앙생활을 더 어렵게 만들기도 합니다. 우리를 무너지게 하기도 하고 낙심하게 하기도 합니다. 그래서 시험은 우리의 인생에서 불청객입니다. 환영받지 못한 인생의 불청객입니다.

시험이란 무엇인가?

야고보서 1장 2절, 13절에는 '시험'이라는 말이 두 가지 의미로 사용되고 있습니다. 한글 성경에는 그것이 분명하게 구별되지 않지만 원문에서는 분명하게 구별됩니다.

2절, "내 형제들아 너희가 여러 가지 시험을 당하거든 온전히 기쁘게 여기라"에서 말하는 '시험'은 헬라어 '페이라스모이스'로, 외부로부터 야기되는 '시련'(trial)을 가리킵니다. 시련은 단순히 테스트(test)하기 위해 오는 것입니다. 13절 "사람이 시험을 받을 때에 내가 하나님께 시험을 받는다 하지 말지니 하나님은 악에게 시험을 받지도 아니하시고 친히 아무도 시험하지 아니하시느니라"에서 말하는 '시험'은 헬라어 '페이라조메노'로써 유혹(temptation)에 해당합니다. 우리 내부에서 일어나는 죄에 대한 유혹을 의미합니다.

그렇다면 이 두 가지 '시험'의 차이점은 무엇일까요? '페이라스모이스'는 하나님께서 주시는 시련입니다. 시련은 우리의 신앙을 연단하여 보다 굳센 신앙을 가지게 합니다. 그러나 '페이라조메노스'는 유혹입니다. 사탄이 주는 것이며 하나님께로부터 우리를 멀어지게 하며 악에 빠지게 하는 데 그 목적이 있습니다. 우리가 예수 그리스도를 나의 구세주로 고백하여 하나님의 자녀가 되었어도, 또 구원의 확신으로 가슴 벅찬 신앙생활을 하더라도 시련과 유혹이 있기 때문에 신앙생활이 힘들게 여겨지는 것입니다.

하나님은 우리가 온전한 믿음의 사람이 되기를 원하십니다. 우리를 온전한 믿음의 사람, 성숙한 그리스도인으로 만들기 위하여 오늘도 '여러 가지 시험'을 만나게 하십니다. 그러므로 우리가 살다가 여러 가지 시련을 당하더라도 결코 낙심하거나 원망하거나 불평하거나 좌절하거나 포기하지 말아야 합니다. 그것은 하나님께서 우리를 더욱 온전하게 하고 성숙한 신앙인으로 만들어 가시는 과정이기 때문입니다.

그렇다면 여러 가지 시험을 받을 때 우리가 어떻게 해야 할까요?

기뻐하라

하나님은 우리에게 말씀하십니다.

> "내 형제들아 너희가 여러 가지 시험을 당하거든 온전히 기쁘게 여기라"(2절).

무슨 일이든 그 속뜻을 알면 아무리 어렵고 힘들어도 즐거운 마음으로 할 수 있습니다. 구약의 욥은 이것을 확실히 알았습니다. 그래서 시험을 당했을 때도 하나님을 원망하거나 불평하지 않았습니다. 하나님의 속뜻을 알았기 때문입니다. 자녀의 시험을 당할 때도 원망하지 않았습니다. 건강의 시험을 당했을 때도 불평하지 않았습니다. 오히려 그는 하나님께 찬양과 영광을 돌렸습니다. 그래서 건강하고 승리의 삶을 사는 성도는 이러한 영적인 원리를 깨달아야 합니다. 욥의 고백입니다.

"…주신 이도 여호와시요 거두신 이도 여호와시오니 여호와의 이름이 찬송을 받으실지니이다…"(욥 1:21).

식물학자들은 바람이 세차게 불면 나뭇가지가 심하게 흔들리는데 오히려 그때 나무의 뿌리가 더 땅속 깊이 내려간다고 말합니다. 나무가 평온할 때 성숙하고 온전해지는 것이 아니라 큰 바람이 불 때 오히려 더 튼튼해진다는 말입니다. 그렇다면 우리의 신앙은 언제 더 온전해질 수 있을까요? 우리 믿음이 언제 더 성장할까요? 평온할 때가 아니라 신앙의 어려움이 있을 때입니다. 우리가 어려운 일을 만나면 오히려 우리가 더 성숙해집니다.

순금의 원재료는 동광석입니다. 돌덩이에 불과한 광석이 섭씨 1,000도 이상의 용광로에서 세 번 살아남아야 순금이 됩니다. 동광석을 처음 제련하면 동, 그다음이 은, 마지막에 제대로 된 금이 나옵니다.

그래서 금 세공사는 너무 빠르지도 않고 늦지도 않은 최적의 시간에 금을 용광로에서 꺼내려 신경을 곤두세우며 용광로 안을 지켜봅니다. 마찬가지로 하나님은 우리가 고난의 용광로 속에 빠져 있을 때 빨리 건져내지도 늦게 건져내지도 않으십니다. 고난을 통해서 우리 안에 있는 죄악의 찌꺼기들을 제거하고 예수 그리스도를 닮은 성숙한 인격으로 연단하며 가장 좋은 때에 건져내십니다. 베드로 사도가 말했습니다.

"사랑하는 자들아 너희를 연단하려고 오는 불 시험을 이상한 일 당하는 것같이 이상히 여기지 말고 오히려 너희가 그리스도의 고난에 참여하는 것으로 즐거워하라 이는 그의 영광을 나타내실 때에 너희로 즐거워하고 기뻐하게 하려 함이라"(벧전 4:12-13).

고난은 우리를 연단하여 하나님의 사람으로 빚는 과정입니다. 켄 가이어는 《십자가를 바라보라》(*Shaped by the Cross*)에서 이렇게 말합니다.

> 누가 우리를 괴롭히든지 우리의 고통은 하나님이 뭔가를 만들어 내시는 원재료입니다. 조각가가 돌을 깎아 작품을 만들듯 하나님도 우리 안의 자아를 깨트려 그분의 명작으로 완성하십니다. 예수님이 장차 누릴 기쁨 때문에 십자가의 고통을 참으신 것처럼, 우리도 그분의 형상을 닮은 사람으로 변할 것을 믿고 나아가면 기쁨으로 고난의 길을 갈 수 있습니다. 고난은 하나님이 우리를 빚으시는 과정의 일부입니다.

돌덩이 하나가 조각가의 손에 맡겨지면 셀 수 없는 망치질을 통해 깨어지고 다듬어져 걸작품이 되듯, 아무 볼품없는 돌덩이 같은 내가 하나님의 손에 붙잡혀서 말씀과 성령의 연장으로 다듬어지면 하나님이 기뻐하시는 모습으로 변화됩니다. 그래서 고난은 변장한 축복입니다. 다윗은 시편 119편 71절에 다윗은 "고난 당한 것이 내게 유익이라 이로 말미암아 내가 주의 율례들을 배우게 되었나이다"라고 고백했습니다.

인내하라

> "…하나님은 미쁘사 너희가 감당하지 못할 시험 당함을 허락하지 아니하시고 시험 당할 즈음에 또한 피할 길을 내사 너희로 능히 감당하게 하시느니라"(고전 10:13).

또 한 가지 확신할 것은, 하나님은 우리가 감당할 수 없는 시련을 주지 않으신다는 사실입니다. 그리고 시험 당할 때쯤에는 반드시 피할 길도 열어 주십니다. 우리에게 감당할 만큼만 주십니다.

한 아버지가 어린 아들을 데리고 쇼핑센터에 갔습니다. 아들이 시장바구니를 들고 아빠 뒤를 졸졸 따라다니면 아빠는 사고 싶은 물건들을 골라 아들의 장바구니에 넣었습니다. 한두 개는 거뜬했지만, 물건이 많아지니 점점 장바구니가 처지기 시작했습니다. 아들은 무거운 장바구니를 낑낑거리며 들고 아빠를 따라다녔습니다. 그 광경을 본 한 아주머니가 아이를 측은하게 여기며 "애야, 그거 무겁지 않니?" 하고 묻자 아이가 뜻밖의 대답을 했습니다. "아니요. 우리 아빠는 제가 들을 수 있을 만큼만 주세요."

그렇습니다. 시련이 닥쳐오고 있습니까? 그럴 때 '하나님께서 나의 신앙을 연단하기 위해서 나에게 이런 시련을 주시는구나! 이것은 내게 주시는 축복이 분명하다. 하나님께서 나를 인도해 주실 것이다' 하고 믿으시길 바랍니다. 이런 마음 가지고 시련 앞에 당당히 맞설 수만 있다면 우리도 성경 속의 수많은 믿음의 사람들처럼 시련을 극복하고 하나님께서 원하시는 믿음의 사람들이 될 것입니다.

그러므로 하나님의 속뜻을 이해하시기 바랍니다. 그리고 반드시 길을 열어 주신다는 사실도 잊지 마시기 바랍니다.

아브라함은 아들 이삭을 바치라는 시험을 받았지만 피할 길을 열어 놓고 시험하시는 하나님의 속뜻을 알았습니다. 그리고 믿음으로 하나님께 아들 이삭을 기꺼이 바쳤습니다. 그랬더니 하나님은 수풀에 뿔이 걸린 숫양을 미리 준비해 놓으시고 복에 복을 더하셨습니다. 주님을 믿고 힘들어도 참고 기다렸기에 받은 복입니다.

> "이는 너희 믿음의 시련이 인내를 만들어 내는 줄 너희가 앎이라"(3절).

여러 가지 시련을 당할 때 인내해야 합니다. 오래 참음의 신앙이 필요합니다. 그동안 참지 못해서 믿음 생활에서 실패한 인생을 많이 봐 오지 않았습니까?

요즘 가장 큰 문제는 어려움을 잘 참지 못한다는 것입니다. 옛날에는 힘들고 어려워도 참았는데 요즘은 조금만 힘들면 그만둡니다. 삶을 포기합니다. 생활이 어렵다고 참지 못하고 범죄를 저지르거나 스스로 목숨을 끊습니다. 직장에서 해고되었다고, 카

드빛 때문에, 친구가 배신했다고, 친구가 애인을 빼앗았다고 참지 못하고 넘어지고 맙니다.

우리가 어떤 건축물의 도면을 볼 때 단면만 보면 안 됩니다. 전체를 볼 줄 알아야 합니다. 인생의 도면도 마찬가지입니다. 단면만 보면 찾고자 하는 곳을 찾을 수 없습니다. 그러므로 무엇을 보든 단편적으로만 보지 말고 종합적으로 보실 수 있기를 바랍니다. 이것을 신학에서는 '통전적 신학'이라고 말합니다. 통전적으로 볼 수 있으면 오래 참아낼 수 있습니다.

시련이 닥쳐올 때 말씀을 기억하고 믿고 기도하면 하나님께서 이기게 하실 것이 분명한데도 막상 부딪치면 말처럼 그렇게 쉽지 않습니다. 왜 그럴까요? 우리의 시선이 땅을 향해 있기 때문입니다. 자신만 바라보기 때문입니다. 환경을 바라보기 때문입니다. 안목이 너무 짧기 때문입니다. 그러나 인내하면 길이 보입니다. 자신의 시선과 환경을 뛰어 넘어 일어나게 될 일을 바라보는 넓은 안목이 필요합니다.

꼬마가 연못에서 배를 타고 있었는데 그 배가 점점 연못을 벗어나 떠내려가려는 찰나였습니다. 어떤 어른이 지나가다가 그것을 보고는 배 너머로 돌을 던지기 시작했습니다. 배가 흔들리자 아이는 놀라서 "뭐 하시는 거예요?" 하고 소리쳤습니다. 그러나 아이는 알지 못했습니다. 배를 지나 수면 위로 떨어진 돌이 물결을 일으켜서 배를 육지 쪽으로 밀어내고 있다는 것을요.

인간의 짧은 안목으로 바로 앞에 있는 것만 바라보지 마십시오. 근시안적 안목으로 환경을 바보지 마십시오. 먼 미래를 보십시오. 그리고 하나님의 약속을 기억하십시오. 주님만 바라보며 주님께 맡기십시오. 그럴 때 시련을 이길 수 있습니다. 하나님께서 일하심을 보게 될 것입니다. 용기를 가지고 시련 앞에 당당히 맞서 이기시기를 바랍니다. 그리하여 승리의 노래를 부르는 은혜가 있기를 바랍니다.

온전하고 부족함이 없게

"인내를 온전히 이루라 이는 너희로 온전하고 구비하여 조금도 부족함이 없게 하려 함이라"(4절).

어려움을 당하더라도 조금씩 인내하다 보면 우리도 서서히 온전해질 수 있습니다. 그러면 어떻게 해야 인내할 수 있을까요? 나 자신을 보면 부족하고 문제가 많아 힘들지만, 상황을 보면 어렵게 느껴지지만, 전능하신 하나님 바라보면 견딜 수 있습니다. 하나님은 감당할 만한 시험만 주신다고 했습니다. 하나님은 시험을 피할 길을 예비하여 우리가 능히 이기게 하십니다.

시험은 믿음의 인내를 기르는 좋은 기회입니다. 인내 없이 성공적으로 살아간 사람은 없습니다. 시련을 미리 당하고 미리 배우면 그다음 시련이 쉬워집니다. 내가 지금 겪는 시험은 나를 망치고 낙제시키려는 것이 아니라, 합격하고 진급하여 점점 더 완성된 사람으로 만들기 위한 것입니다. 그래서 기뻐해야 하고, 끝까지 인내해야 합니다.

시련에 대한 여러분의 근본적인 태도가 달라지길 바랍니다. 시선이 달라지기를 바랍니다. 보는 눈이 중요합니다. 내가 어떻게 보는가에 따라 인생이 달라집니다. 어둡게 보면 어두워지고 밝게 보면 밝아집니다. 그것이 믿음입니다. 우리의 믿음대로 될 것입니다.

인내가 없으면 아무것도 성취할 수 없습니다. 고등학생이 공부가 힘들다고 포기하면 어떻게 대학에 갈까요? 기도하다 포기하고 자기 마음대로 하면 어떻게 하나님의 뜻을 이루겠습니까? 운동선수가 훈련 중에 포기하면 어떻게 메달을 따겠습니까? 등반가가 산에 오르다가 힘들다고 포기하면 어떻게 정상에 오르겠습니까?

아브라함을 떠올려 보십시오. 하나님께서 아브라함에게 고향, 친척, 아버지의 집을 떠나라고 하셨습니다. 왜 그렇게 말씀하셨습니까? 한 번도 가본 적이 없는 낯선 곳에 가서 일평생 고생하라고 그러셨습니까? 아닙니다. 하나님은 아브라함과 그의 후손들에게 젖과 꿀이 흐르는 축복의 땅을 주려고 그렇게 명하셨습니다.

창세기 22장에서 하나님은 또 아브라함을 시험하셨습니다. 사랑하는 독자 이삭을 번제로 드리라고 하셨습니다. 왜 그런 말씀을 하셨을까요? 아브라함의 순종하는 믿음, 귀한 믿음을 만백성에게 보여주심으로써 아브라함을 믿음의 조상으로 세우기 위해서였습니다. 그에게 믿음의 조상이 되는 놀라운 축복을 주려고 시험하신 것입니다. 아브라함의 후손이 하늘의 별과 같이 바다의 모래알과 같이 땅의 티끌과 같이 창대해지는 놀라운 자손의 축복을 이루어 주려고 아브라함을 시험하셨습니다.

지금 시험을 만났습니까? 하나님은 여러분을 위해 놀라운 축복을 예비하고 계십니다. 좌절하지 마십시오. 이스라엘 백성들처럼 너무 조급하게 생각하지 마십시오. 본문 4절에서 인내를 이루되 온전히 이루라고 했습니다. 끝까지 견디는 자가 구원을 얻기 때문입니다. 힘들어도 참으십시오. 하나님이 반드시 복에 복을 더하실 것입니다. 인내를 이루되 온전히 이루어 나가는 우리가 되기를 바랍니다.

에이브러햄 링컨이 대통령으로 있을 때 종종 워싱턴 D.C.의 뉴욕 애비뉴 교회에 출석하였습니다. 그 교회의 조셉 목사님은 링컨 대통령의 성경을 볼 기회가 있었습니다. 그 낡은 성경에서 특별히 손자국이 많고 눈물 자국이 난 페이지가 있었는데, 시편 37편 7절 "여호와 앞에 잠잠하고 참고 기다리라…" 하는 말씀이었습니다. 그렇게 기다림 끝에 오는 축복을 확신하고 잠잠히 참고 기다릴 줄 알았기에 그가 역사에서 위대한 인물로 높임을 받는 것입니다.

그러니 여러분도 하나님께서 은혜를 베푸실 때까지 참고 기다리십시오. 그리고 하나님께서 베푸시는 은혜를 받을 수 있는 수준까지 성숙해 가도록 참고 기다리겠다고 결심하십시오. 참기 힘든 순간이 오면 죄인을 끝까지 참고 기다려 주시는 하나님을 바라보며 끝까지 인내하는 모두가 되시기를 바랍니다.

때로는 하나님께서 나를 깨시는 순간들이 있습니다. 시험과 시련이 몰려올 때가 있습니다. 그러나 그 시험은 축복의 통로, 은혜의 통로입니다. 하나님은 우리가 미워서 시험을 주시는 분이 아닙니다. 우리를 사랑하여 독생자까지 아낌없이 주신 분입니다. 하나님은 큰 축복 속에 우리가 풍성한 삶을 누리게 하시기 위해서 일시적으로 우리에게 시험을 주십니다. 그것을 알고 인내를 이루되 온전히 이루어서 하나님이 예비하신 축복 속에 풍성한 삶을 누리는 여러분이 되시길 바랍니다.

만나 주시는 하나님

출애굽기 3:1-5

•　•　•

난생처음 백화점에 간 시골 할아버지가 엘리베이터 앞에서 신기한 듯 이것저것 구경하고 있었습니다. 마침 엘리베이터 문이 열리고 한 할머니가 엘리베이터 안으로 쏙 들어갔습니다. 그리고 잠시 후 그 문이 다시 열리는데 예쁜 아가씨가 내리는 것입니다. 할아버지는 깜짝 놀랐더니 옆에 있던 손자의 손을 잡고 뛰기 시작했습니다. 놀란 손자가 물었습니다. "할아버지 왜 그러세요?" "네 할머니도 저기 넣었다가 끄집어내야겠다!" 할아버지 눈에 엘리베이터는 사람이 바뀌는 신기한 기계였습니다.

예수님은 더 신기합니다. 예수님의 은혜는 신비합니다. 예수님 안에 들어갔다 나오면 죄인이 의인이 되고, 낡은 인생이 새로워집니다. 성경의 기독교 역사상 수많은 사람이 예수님을 만나자마자 새로워졌습니다.

우리나라 기독교 역사에서 위대한 인물 가운데 손양원 목사님은 '사랑의 원자탄'으로 유명합니다. 그는 사랑하는 두 아들을 살해한 공산당 학생을 용서해 주기를 탄원하고 그를 양아들로 삼아 사랑을 베풀었습니다. 주님의 사랑을 몸으로 실천한 분입니다. 장남과 차남이 동시에 죽었을 때 그가 하나님께 드린 감사 기도는 모든 이에게 감동을 주고 심금을 울립니다.

"한 아들의 순교도 귀하거늘 두 아들이 순교하게 해주심에 감사합니다. 예수 믿다가 죽는 것도 복이거늘 전도하다가 순교함에 감사합니다. 미국 가려고 준비하던 아들이 미국보다 더 좋은 천국에 갔으니 감사합니다."

손양원 목사님이 이렇게 훌륭한 목사님이 될 수 있었던 것은 또 다른 훌륭한 목사님과의 만남에서 시작되었습니다. 바로 손양원 목사님이 전도사 시절인 스물두 살 때 경남성경학교에서 만난 주기철 목사님입니다. 그때 주위 사람들이 "주기철 목사님이 지구라면 손양원 전도사는 그 주위를 도는 달과 같았다"라고 이야기할 정도로 주 목사님에게서 철저한 신앙을 배웠습니다.

누구를 만나느냐가 이렇게 중요합니다. 누군가를 만나 망하기도 하고, 반대로 누군가를 만나 흥하기도 합니다. 그 사람을 만나 살 사람이 죽기도 하고, 죽을 사람이 살기도 합니다. 누구를 만나느냐가 그 사람의 일생이 됩니다.

인생은 만남에서부터 시작합니다. 삶은 만남으로 가득 차 있습니다. 환경과 만나고 사람들과 만납니다. 행복을 만나고 불행을 만나며, 성공을 만나기도 하고 실패를 만나기도 합니다. 슬픔을 만나고 기쁨을 만납니다. 이 세상은 순간순간마다 무엇인가를 만나지 않을 수 없는 곳입니다.

잘 만나 축복을 받은 사람은 복 중의 복을 받은 사람입니다. 특히 사람에게는 인복(人福)이 있어야 합니다. 아무리 역경과 환난 시련과 고통을 당해도 사람을 잘 만나 어려움을 극복하고 승리하는 경우를 많이 봅니다. 훌륭한 부모를 만나고 좋은 남편과 아내를 만나고 진실한 친구를 만나고 좋은 스승을 만나는 것은 큰 복입니다.

그러나 더 큰 복은 하나님 아버지를 만나고, 주님을 구세주로 만나고, 성령의 역사하심과 만나는 것입니다. 그리고 은혜 있는 교회, 생명이 넘치는 교회, 성령이 역사하는 교회를 만나고 능력 있는 주의 종을 만나는 것도 성도에게는 가장 값진 축복입니다.

우리는 본문 말씀에서, 하나님을 만나므로 하나님께 귀한 도구로 쓰임을 받은 한 인간 모세를 만날 수 있습니다. 모세는 장인인 미디안 제사장 이드로의 양 떼를 돌보고 있었습니다. 모세는 그의 삶 가운데 40년 동안을 목자로 지내며 좋은 목초지를 찾아 여기저기로 양들을 몰고 다니면서 단조롭고 평범한 하루하루를 보냈습니다. 목자의 생활이란 사실 낭만적이지도 흥미진진하지도 않습니다. 여느 때처럼 양들을 돌보던 모세가 양 떼를 광야 서편으로 몰아 하나님의 산 호렙에 이르렀을 때, 특별한 사건이 일어났습니다.

모세는 평소에 다니던 길로 양들을 몰아가고 있었습니다. 그런데 주님의 사자가 떨기나무 불꽃 가운데서 그에게 나타난 것입니다. 그가 보니 떨기나무에 불이 붙었으나 나뭇가지가 사라지지 않았습니다. 모세는 "내가 돌이켜 가서 이 큰 광경을 보리라"라고 말했습니다. 여호와께서는 떨기나무 가운데서 그를 부르셨습니다. "모세야, 모세야!" 모세는 그 음성에 "내가 여기 있나이다"라고 답하였습니다. 하나님께서는 "이리로 가까이 오지 말라 네가 선 곳은 거룩한 땅이니 네 발에서 신을 벗으라"라고 말씀하셨습니다. 모세는 하나님을 만났습니다.

모세를 만나 주시는 하나님

우리는 어떤 의미에서 모세처럼 일상의 주어진 일들을 대하며 평범하게 살아가고 있습니다. 모세가 하나님을 만나는 사건과 같은 삶을 뒤흔드는 사건을 만나지 않았더라면 그 방식 그대로 계속 살았을 것입니다. 모세가 나무를 그냥 지나쳤다면 그 사건도 무수히 많은 사건 가운데 묻혀 버렸을지도 모릅니다. 그러나 하나님을 만나는 사건이 모세의 삶을 바꿔 놓은 것처럼, 우리와 하나님과의 만남이 오늘 우리를 이 믿음의 자리에 있게 했습니다.

하나님은 떨기나무의 불로 모세를 찾아가셨습니다. 우리에게는 어떤 모습으로 찾아오실까요? 그 만남의 사건이 질병이라는 모습으로 찾아왔는지도 모릅니다. 질병은 많은 사람에게 주님을 만나게 하는 은혜의 방편이었습니다. 만약 병에 걸리지 않았다면 하나님을 만나거나 신앙에 대해서는 생각도 해 보지 않은 채, 삶을 마감할 때까지 그렇게 살아가는 존재였는지도 모릅니다. 그러나 어느 날 질병이 찾아오고 병상에 눕는 위기 가운데 삶을 되돌아보며 주님을 만나는 은혜의 자리에 있게 된 것입니다.

갑작스러운 사고가 하나님을 만나는 사건이 될 때도 있었을 것이고, 사랑하는 자녀의 질병, 배우자의 죽음, 사업상의 어려움, 불경기, 부도 등 예견하지 못했던 인생의 고난과 실패가 하나님을 만나게 하는 만남의 사건일 때도 있었을 것입니다.

한 농촌 마을에 무식하고 난폭한 한 농부가 있었습니다. 그는 아내의 신앙생활이 아주 못마땅했습니다. 그러던 어느 날 농부는 부흥회에 참석하느라 밤늦도록 집에 돌아오지 않는 아내를 찾아 교회에 들어섰습니다. 마침 아내는 예배당 맨 뒷자리에 앉아 있었습니다. 화가 머리끝까지 치민 농부는 여인의 머리채를 감아쥐고 밖으로 끌어냈습니다. 그리고 어둠 속에서 무지막지하게 여인을 팼습니다.

그런데 정신을 차리고 보니, 그 여인은 자신의 아내가 아니라 면장의 부인이었습니다. 홧김에 잘못 본 것입니다. 농부는 면장의 부인에게 크게 사죄하고 용서를 빌었습니다. 그때 면장 부인이 한 가지 제안을 했습니다. "당신을 용서하겠습니다. 그러나 한 가지 조건이 있어요. 예수를 믿겠다고 약속해 주세요." 농부는 그 제안을 받아들이지 않을 수 없었습니다. 그리고 그때부터 열심히 교회에 출석해 구원받았습니다.

하나님은 우리의 삶을 한동안 멈춰 서게 하고 영적인 문제에 민감하게 만드는 사건들을 만나게 하시며 그 안에서 우리를 만나 주십니다. 이것은 하나님의 은혜입니다.

베드로를 만나 주시는 예수님

누가복음 5장은 예수님과 베드로의 만남을 말씀해 줍니다. 누가복음 5장 3절은 "예수께서 한 배에 오르시니…"라는 말씀으로 시작됩니다. 여기서 한 배는 고기를 잡지 못한 시몬 베드로의 빈 배였습니다. 예수님께서는 예루살렘의 왕족이나 귀족, 정치가를 찾아가지 않으셨습니다. 갈릴리 마을 갑부를 찾아가지도 않으셨습니다. 로마의 권력가를 찾아가신 것도 아닙니다. 빈 배를 찾아오셨습니다. 그렇게 예수님과 베드로의 만남은 바로 실패의 밤중에 이루어졌습니다.

사람들은 한평생을 살아가면서 늘 자신의 배가 넉넉히 채워지길 원하지만 그렇지 못할 때가 많습니다. 하룻길을 걸어도 험한 계곡과 태산준령을 넘게 되거늘, 하물며 사람이 한평생 살다가 왜 실패의 순간이 없겠습니까? 낮만이 아니라 밤, 빛만이 아니라 그림자가 왜 없겠습니까? 건강의 빈 배를 안고 "천부여 의지 없어서 손들고 옵니다" 하며 주님 앞에 나올 때가 있을 것이고, 사업의 빈 배를 안고 몸부림할 때가 있고, 사랑의 빈 배를 안고 허탈과 허무에 빠지는 사람도 있을 것입니다.

그때, 반드시 기억하십시오. 인생의 밤은 우리가 절망하고 낙심해야 할 순간이 아니라 주님이 찾아오시는 기회라는 것을. 캄캄한 밤은 주님을 만날 수 있는 절호의 기회입니다.

무신론 철학자 니체는 기독교를 '약자의 종교'라고 비판하고 나사렛 예수는 '인생의 걸레들만 데리고 다녔다'라면서 혹평했습니다. 사실일 수 있습니다. 그러나 니체가 몰랐던 사실이 있습니다. 우리 주님은 약한 자를 들어 강한 자를 부끄럽게 하시며, 인생의 걸레들을 불러 하나님 나라 면류관으로 삼으시는 분입니다.

여러분! 실패를 두려워하지 마십시오. 고난을 두려워하지 마십시오. 문제를 무서워하지 마십시오. 믿음의 사람은 실패 때문에 망하지 않습니다. 실망하지 않으면 승리할 수 있습니다. 주님께서 말씀하셨습니다. "믿으면 영광을 보리라!" 그렇습니다. 인생의 밤은 주님을 만나는 신비의 시간입니다. 밤이 문제가 아니라, 앞이 보이지 않는다고 눈을 감아 버리는 것이 문제입니다. 그 밤에 조용히 눈을 열고 하늘을 바라보십시오. 주님이 보이기 시작할 것입니다.

예수님은 베드로의 빈 배를 찾아오셨고 베드로는 주님께 그 배를 내어놓았습니다. 바로 여기에 새 역사가 일어나고 기적이 창조되는 신비가 있었습니다. 예수님께서 베드로의 배를 사용하시므로 모든 것이 달라졌습니다. 내 인생의 배에 예수님을 태운 그때부터 모든 것이 달라지는 것을 믿으시기 바랍니다.

어쩌면 베드로는 예수님이 찾아오셨을 때 자신의 빈 배에 금은보화를 가득 담아 주시기를 원했는지도 모릅니다. 그래서 빚도 갚고 가족들을 기쁘게 해주고 싶었을 것입니다. 그러나 예수님께서는 고기를 담고 금은보화를 담아야 할 그 배, 빈 배에 당신이 타셨습니다. 그리고 말씀을 가르치셨습니다.

이것이 축복입니다. 여기에 진리가 있습니다. 예수님은 베드로의 빈 배를 채우기 전에 먼저 영혼의 빈 배, 말씀의 빈 배를 채우길 원하셨습니다. "네 삶에 기도가 비었구나! 성령을 채워라. 은혜가 비었구나. 은혜를 채워라" 말씀하십니다. 문제는 믿음이고 말씀입니다. 영혼의 그릇이 문제였습니다.

그런데 나는 이때의 주님께 묻고 싶은 게 있습니다. "주님, 갈릴리 바다에 빈 배가 한둘이 아니었을 텐데, 하필 왜 베드로를 찾아가셨습니까? 예수님 제자가 한둘이 아니었건만 하필 왜 베드로를 찾아가셨습니까?" 왜일까요? 그것은 하나님의 각별하신 은혜일 수밖에 없습니다.

어떤 사람이 과속으로 달리다가 단속하던 경찰에게 속도위반으로 붙잡혔습니다. 자기뿐이 아니라 그곳을 지나가는 자동차 대부분이 과속으로 달리는데 하필 자기가 잡힌 것입니다. 너무 억울하다는 생각에 교통경찰한테 항변했습니다. "왜 나만 잡아요?" 그러자 경찰관이 이렇게 대답하더랍니다. "선생님, 낚시꾼이 바다에 고기가 많다고 다 잡던가요?" 단속 경찰관에게 붙잡히면 벌금을 물지만, 주님께 붙잡히면 인생이 달라집니다.

유명한 화가 피카소의 작품 중에 값을 따질 수 없을 정도로 매우 가치 있는 예술품이 있는데 〈황소머리〉라는 조각 작품입니다. 그런데 그 작품의 재료는 쓰레기장에 가서 얻어 온 낡은 자전거입니다. 피카소는 이 작품과 관련하여 "쓰레기는 위대한 가능성을 가졌다"라고 말한 적이 있습니다. 쓰레기조차 누구의 손이 닿았느냐, 누구를 만났느냐에 따라 그 가치가 달라집니다. 쓰레기장에 버려진 고물 자전거가 피카소의 손이 닿을 때 놀라운 가치를 가진 작품으로 바뀌었습니다.

우리 인생에 주님의 손길이 닿으면 인생의 값이 달라집니다. 버려진 인생이 예수님을 만나면 삶의 능력이 달라집니다. 하나님을 만나지 못하고 자기를 의지하고 살아가다 보면 자신이 꽤 괜찮은 존재인 줄로 압니다. '나는 꽤 괜찮은 존재야!'(I'm something.) 그러다가 문제를 만나면 그때 절망하며 고백합니다. '나는 아무것도 아니야!'(I'm nothing.) 그러나 그 절망의 순간에도 예수님께서 나를 위하여 십자가에서 피 흘려 죽으셨다는 이 놀라운 사실을 깨달을 때, 내가 전능한 그분의 자녀라는 사실을 깨달을 때, 그리고 주님 앞에서 내가 어떤 존재인가를 발견할 때 우리는 새롭게 고백하게 됩니다. '내게 능력 주시는 자 안에서 내가 모든 것을 할 수 있다!'(I can do everything.)

자신이 꽤 괜찮은 신앙인이라 생각하고 종교인으로 살아가던 로이 로버츠(Roy Robert)라는 해군이 있었습니다. 그는 진주만에서 복무할 때 동료들과 함께 성경 공부를 하였는데, 자신이 좋아하는 성경 구절을 하나씩 말하는 시간이 있었습니다. 그는 오래 믿었다고 했지만 외울 수 있는 구절 하나도 없었습니다. 가까스로 찾아낸 구절이 요한복음 3장 16절이었는데 바로 앞 사람이 그 구절을 말해 버렸습니다. 순간 그는 너무도 부끄러워 정신적 공황에 빠졌고 자신이 발가벗고 서 있는 듯한 부끄러움을 느꼈습니다. 그날 밤 성령님은 "너는 가짜다. 너는 아무것도 아니다"(You're a fake, You're Nothing.) 하며 꾸짖는 것 같았습니다.

그는 다음 날 아침 7시 55분에 폭격 소리를 듣고 깨어났습니다. 360대의 일본군 함대의 비행기가 그가 탄 배와 군사 시설들을 공격하고 있었습니다. 그는 급히 동료 승무원들과 함께 기관총이 장착된 곳으로 달려갔습니다. 그런데 그들에게 있었던 것은 훈련용 가짜 총탄뿐이었습니다. 일단은 일본군 비행기를 위협하려고 가짜 총탄을 맹렬하게 쐈습니다. 그 가짜 총탄을 쏘면서 생각했습니다. '로이! 이렇게 가짜 총탄을 발사하는 것이 이제까지 네가 살았던 방법 아니었니?' 그는 가짜 총탄을 쏘면서 자신의 부끄러운 신앙생활을 한탄하며 결심했습니다. "하나님! 제가 이곳에서 살아남는다면 앞으로 남은 인생은 주님을 위해 더 진실하게 살겠습니다." 그 후 그는 네비게이토 선교회를 창설한 도슨 트로트맨을 도와 수많은 사람을 구원으로 이끌었습니다. 지금 이 순간에도 주님은 여러분을 만나려고 여러분을 부르고 계십니다.

미끼를 들고 고기를 잡던 베드로는 주님의 장엄한 부르심 앞에 자신이 기꺼이 하나님 나라의 미끼가 되기로 결심했습니다. 그물을 들고 바다로 나갔던 베드로는 그물을 버려두고 자신이 하나님 나라의 그물이 되기로 결심했습니다.

한 남녀가 서로 끔찍이 사랑을 했습니다. 양가의 반대가 심했으나 그들은 어떤 역경과 시련도 사랑으로 극복하리라 맹세하며 꿈 같은 신혼 생활을 시작했고, 얼마 후 예쁜 딸아이를 낳았습니다. 아내는 독실한 기독교 신자로 무종교인 남편을 전도하기 위해 사랑과 헌신으로 섬김을 다했습니다. 그러나 종교적인 문제로 부부 관계에 틈이 생기며 불화가 싹트기 시작했습니다. 그런

와중에 병을 얻은 아내는 시름시름 앓기 시작했고 끝내 일어나지 못했습니다.

임종 직전 양가의 부모와 남편이 둘러앉아 있을 때, 핏기 없는 얼굴에 웃음을 띠며 양가 어른들이 손잡는 모습을 보고 싶다고 했습니다. 그리고 사랑하는 남편에게 편지 한 장을 쥐어 주고는 눈을 감았습니다. 남편은 아내의 마지막 편지를 눈물을 흘리며 읽었습니다. '여보, 당신을 너무 사랑했어요. 예수 믿고 하늘나라에서 꼭 다시 만나요.' 흰 천에 덮인 채 실려 나가는 아내의 시신을 보자 연애 시절 결혼하면 꼭 예수를 믿겠다고 한 약속이 생각났습니다. 그는 아내의 머리맡에 놓였던 성경을 집어 들고 보낼 수 없는 답장을 했습니다. '여보, 나 예수 믿어서 천국에서 당신을 꼭 만날 거야.

인생에는 반드시 만남과 이별이 있습니다. 만날 때는 기쁘고 즐겁고 행복하지만 이별할 때는 슬프고 아쉽고 안타깝습니다. 더욱이 다시 만날 기약이 없는 이별이란 가슴을 도려내듯 아프고 불행합니다. 그러나 믿음을 가진 성도들은 땅에 있는 우리의 장막이 무너지면 하나님께서 지으신 집 곧, 하늘에 있는 영원한 집이 있는 줄 알기에(고후 5:1) 슬퍼하지 않아야 합니다.

우리 삶을 위기로 이끄는 사건이 있습니까? 지금 위기 가운데 있습니까? 불꽃 속에서 하나님을 만났던 모세처럼, 빈 그물을 걷으며 예수님을 만났던 베드로처럼 여러분도 그 주님을 만나실 수 있기를 바랍니다. 지금 이 순간에도 하나님은 우리와 만나기를 원하십니다. 우리를 만나고자 원하시는 주님, 넘치도록 충만

하게 하시는 하나님을 만나 그 은혜를 누리는 여러분이 되시기
를 바랍니다.

영혼의 침체기를 만날 때

열왕기상 19:1-14

● ● ●

동네 꼬마 아이들이 야구를 하고 있었습니다. 그 시합을 구경하던 어느 신사가 1루 베이스에 있던 아이에게 물어 보았습니다. "지금 점수가 어떻게 되니?" 아이는 대답했습니다. "10대 0으로 우리가 지고 있어요." 신사가 다시 말했습니다. "그런데 너는 전혀 절망하는 표정이 아니구나?" 그러자 이 아이가 의아한 듯 대답했습니다. "절망이라뇨, 우리가 왜 절망해야 하죠? 우린 아직 한 번의 공격도 안 했는데요?"

본문 말씀에서 엘리야가 낙심한 것은 외부적 환경보다는 문제를 바라보는 시각 때문이었습니다. 그는 문제의 심각성을 보면서 그 문제를 해결하시는 하나님은 보지 못했습니다.

숯과 다이아몬드는 그 원소가 똑같이 탄소입니다. 하지만 하나는 검은 목탄 덩어리에 불과하고 다른 하나는 찬란한 빛을 내는 값비싼 보석입니다. 탄소가 땅속 깊은 곳에서 높은 온도와 엄청난 압력을 견뎌내면 다이아몬드가 되고 그냥 타버리면 숯이 됩니다. 똑같은 원소가 하나는 아름다움을 상징하는 다이아몬드가 되고 다른 하나는 시커먼 숯덩어리가 되는 것입니다. 여러분은 문제라는 탄소를 만났을 때, 낙심이라는 숯덩어리를 만들 수도 있고, 영광스러운 승리라는 다이아몬드를 만들 수도 있습니다.

1808년 어느 날, 영국 맨체스터의 유명한 의사 제임스 해밀턴 앞에 지치고 슬픈 표정을 한 사람이 나타났습니다. "어디가 아프십니까?" 묻자 그는 한숨을 쉬며 대답했습니다. "세상 사람들이 테러할까 봐 겁이 나서 살 수 없습니다. 또 매일 우울해서 견딜 수 없습니다. 아무 데서도 행복을 찾을 수 없고 도무지 즐거운 일이라곤 없습니다. 저는 정말 무엇 때문에 사는지 알 수 없습니다. 선생님이 도와주시지 않으면 금방 죽어 버릴 것만 같습니다."

의사가 그의 상태를 보고 조언했습니다. "지금 하는 일에서 약간 벗어나 변화를 주면 어떨까요? 마음을 편하고 느슨하게 가지고 신나게 웃고 즐거워하면 마음의 병이 나을 것입니다." 그러면서 "오늘 저녁에 광대 그리말디의 공연을 보면 어떨까요? 이 세상에 그처럼 사람들을 재미있게 해주는 사람은 없을 것입니다. 아마 당신의 우울증을 날려 줄 거예요" 하고 조언했습니다. 환자는 아까보다 훨씬 고통스러운 표정으로 말했습니다. "선생님, 제가 바로 그리말디입니다.!"

누구나 그럴 수 있습니다. 오늘을 살아가는 우리 또한 낙심하며 넘어질 때가 있고 절망의 깊은 수렁에 빠져 인생을 포기하고 싶을 때도 있을 것입니다. 그러나 좀 실패했다고, 몇 번 넘어졌다고 그대로 주저앉는 것은 하나님의 자녀다운 행동이 아닙니다. 하나님이 살아 계심을 믿는다면 그러지 못할 것입니다.

엘리야 선지자도 그리말디처럼 극심한 우울증으로 고생하다가 하나님의 은혜로 치료되었다는 말씀이 본문에 나옵니다. 엘리야가 얼마나 심각한 우울증에 걸렸는지는 본문 4절에 잘 나타나 있습니다.

> "자기 자신은 광야로 들어가 하룻길쯤 가서 한 로뎀나무 아래에 앉아서 자기가 죽기를 원하여 이르되 여호와여 넉넉하오니 지금 내 생명을 거두시옵소서 나는 내 조상들보다 낫지 못하니이다 하고."

영적 침체에 빠진 엘리야

얼마 전까지만 해도 천하를 호령하던 엘리야가, 아합 왕의 아내 이세벨이 자신을 죽이려고 한다는 말을 듣고 사환과 함께 브엘세바로 도망쳤습니다. 그리고 로뎀나무 아래 앉아서 하소연하였습니다. '하나님 나를 죽여 주십시오. 지금 죽는 것이 낫습니다. 두렵고 무섭습니다. 여자 손에 죽는 것보다 하나님 손에 죽는 것이 낫습니다.'

사람은 누구나 영적 침체를 경험합니다. 믿음이 좋은 사람도 믿음이 부족한 사람도 영적 침체를 경험합니다. 수백 명 거짓 선지자와 겨루던 자신감도, 하늘에서 불을 내리던 기도의 자신감도 엘리야에게서 사라졌습니다. 그리고 두려움이 그 자리를 채웠습니다. 선지자 엘리야의 일생 가운데 가장 힘들었을 때는 아합을 피하여 숨어 지냈던 3년이 아니었습니다. 그가 깊은 영적 침체에 빠졌을 때였습니다.

당시 이스라엘 백성들은 엘리야를 목자로 삼고 엘리야를 따랐습니다. 영적인 문제가 발생하면 엘리야에게 가서 해결을 받았습니다. 그런데 막상 엘리야 자신에게 영적인 문제가 발생하자 엘리야는 누구에게도 말할 수 없었고 누구에게도 도움을 받을 수 없었습니다. 그러니 엘리야의 고통이 얼마나 컸겠습니까? 엘리야는 그 낯선 영적인 분위기를 이기지 못하고 하나님 앞에 죽기를 구하였습니다.

침체의 이유

엘리야 같은 위대한 선지자가 왜 이런 침체에 빠졌을까요?

첫째, 엘리야도 사람이기 때문에 그렇습니다. 엘리야가 위대한 일들을 행했지만 그도 분명히 사람입니다. 엘리야가 다른 사람들과 다른 삶을 살았지만 그도 역시 사람이었습니다. 사람은 완전할 수 없습니다. 누구나 다 약한 존재입니다.

엘리야는 어떤 사람이었습니까? 하나님의 능력의 종이요, 믿음의 종이요, 기도의 종이었습니다. 구약의 수많은 선지자 중에서도 대표적인 선지자입니다. 엘리야를 빼놓고는 선지자들을 말할 수가 없을 정도로 강력한 영적 리더십으로 이스라엘 민족을 이끌었던 지도자입니다. 또 하나님은 엘리야를 통해서 수많은 기적을 보여주셨습니다. 엘리야는 당시 이스라엘 민족 가운데 퍼져 있던 우상숭배의 중심인 바알을 몰아내기 위해 거짓 선지자 수백 명과 영적인 대결을 벌여 승리했습니다. 그가 하늘을 향해 강력하게 기도하자 하늘에서 불이 내렸고, 엘리야는 바알 선지자들을 다 죽였습니다. 엘리야가 간절히 기도했더니 3년 6개월 동안 가물어 메마른 땅에 단비가 내렸습니다. 하나님은 엘리야를 통해서 사르밧 과부의 양식이 떨어지지 않도록 기적을 만들어주셨습니다. 엘리야는 누구도 견줄 수 없는 대단한 선지자였습니다.

그러나 다른 한편으로 보면 엘리야는 한 연약한 인간이었습니다. 기적을 일으키고 불을 내렸던 위대한 하나님의 종이지만, 그는 여전히 연역한 한 인간이었습니다.

절망에 빠진 사람이 목사님을 찾아갔습니다. "저는 인생의 실패자입니다. 제가 해야겠다고 마음먹은 것의 절반도 성취하지 못했습니다. 그러니 뭔가 저에게 힘이 되는 말씀을 해주세요." 목사님은 한참을 생각하더니 이렇게 말했습니다. "성도님, 〈뉴욕 타임즈〉 1970년판 연감의 930쪽을 보십시오. 그러면 마음의 평화를 얻을 수 있을 겁니다." 그 말을 듣고 그는 그 길로 도서관에 가서 그 기사를 찾아보았는데, 그 기사는 미국의 야구사 상 가장 훌륭한 선수라는 타이콥의 연간 타율이 3할 6푼 7리밖에 안 된다는 것이었습니다. 그는 다시 목사님한테 가서 물었습니다. "타이콥의 타율이 3할 6푼 7리였다는 기사밖에는 없던데요?"

목사님이 대답했습니다. "바로 그겁니다. 그처럼 훌륭한 선수도 세 번 타석에 서서 안타를 한 번밖에 치지 못했습니다."

그렇습니다. 위대한 사람도 실수합니다. 엘리야가 아무리 대단한 기적을 행하고 불을 내리는 선지자였지만 그도 우리와 같이 연약한 사람이었습니다. 하나님과 함께하여 능력을 얻었고, 바알 우상을 섬기는 선지자 450명과 자기 혼자서 대결할 정도로 담대하고 신념에 찬 사람이었습니다. 그러나 이세벨의 칼날이 무서워 멀리 도망했고 하나님께 목숨을 거둬 달라고 억지를 부리기도 했던 연약한 사람이기도 합니다. 사람은 누구나 실패도 하고 무서움도 타고 낙심하기도 하고 두려워하기도 합니다. 세계를 움직이는 위대한 인물이면서도 자기 몸 하나를 가누지 못해서 고민하는 것이 우리 사람입니다. 불의 선지자 엘리야도 낙심했습니다.

하나님은 이런 엘리야에게 천사를 보내셨습니다. 낙심하여 누워 있는 엘리야를 어루만지며 일어나서 먹으라고 위로하셨습니다. 그는 머리맡에 있던 숯불에 구운 떡과 물 한 병을 먹고 마시고 다시 누웠습니다. 하나님의 사자가 다시 와서 어루만지며 '일어나 먹고 힘을 내어 네가 갈 길을 가라'고 하였습니다. 이처럼 하나님은 당신의 사람들이 지쳐서 넘어질 때 찾아가서 어루만져 주고 먹을 것과 마실 것을 주며 새 힘을 얻게 하십니다. 하나님은 우리가 낙심할 때에 우리에게 새 힘을 주십니다. 엘리야는 하나님이 주시는 힘으로 40주 40야를 행하여 하나님의 산 호렙에 이르렀다고 하였습니다. 우리 가운데도 이런 경험을 한 이들이 많으리라 생각합니다. 피곤하고 지쳐서 쓰러졌을 때 하나님의 능력의 손길이 나를 어루만져 주시므로 오늘 이 믿음의 자리에 있는 분도 계실 것입니다.

한경직 목사님이 하신 간증이 기억납니다. 목사님이 북한 신의주에서 교회 일을 보실 때의 일입니다. 교회에 어려운 일이 너무 많았는데 잘 해결되지는 않아서 안타까워 울며 기도하다가 지쳐 쓰러졌습니다. 꿈인지 생시인지 분간하기 어려운데, 하늘에서 큰 손이 내려와 좌우편을 붙들어 넘어져 있는 목사님을 붙들어 일으키고, 앞으로 넘어지려 하니까 앞에서도 큰 손이 붙들어 주시는 것을 체험했습니다. 그 순간 새 힘을 얻어 이때까지 목회 일을 계속해 왔다고 이야기하셨습니다.

그렇습니다. 위대한 하나님의 사람도 넘어지고 쓰러질 때가 있습니다. 그러나 하나님의 사람은 완전히 넘어지지는 않습니다. 하나님의 능력의 손이 우리를 붙들어 세워 주시기 때문입니다.

영적으로 침체되는 둘째 이유는 잘못된 두려움입니다.

"이세벨이 사신을 엘리야에게 보내어 이르되 내가 내일 이맘때에는 반드시 네 생명을 저 사람들 중 한 사람의 생명과 같게 하리라 그렇게 하지 아니하면 신들이 내게 벌 위에 벌을 내림이 마땅하니라 한지라"(2절).

이세벨은 승리의 기쁨을 맛보고 있는 엘리야에게 사람들을 보내 그를 죽이겠다고 협박했습니다. 이 말을 들은 엘리야는 두려움을 느꼈고, 그 두려움이 그에게 영적 침체를 가지고 왔습니다. 그런데 이것은 잘못된 두려움입니다. 왜 그렇습니까? 생명의 주권자는 이세벨이 아니고 하나님이시기 때문입니다. 엘리야는 그 순간 생명의 주권자가 하나님임을 망각했습니다. 그가 진정한 생명의 주인은 하나님이라는 올바른 지식 위에 견고하게 서 있었다면 이세벨을 두려워하지 않았을 것입니다. 이세벨로 인하여 느낀 두려움은 거짓 두려움이었습니다. 엘리야는 그 거짓에 속았습니다. 사탄은 지금도 거짓 두려움의 가라지를 성도들의 마음에 뿌리고 다닙니다. 막연한 두려움, 거짓 지식에 근거한 잘못된 두려움의 씨를 뿌립니다.

자신에게 불가능은 없다고 호기를 부리던 영웅 나폴레옹이 한창 득세하던 때였습니다. 참모 하나가 나폴레옹에게 질문을 했습니다. "천하를 호령하는 장군께도 두려울 때가 있습니까?" 그러자 나폴레옹은 뜻밖의 대답을 했습니다. "한 번씩 이발사를 불러다 면도할 때가 제일 무섭다네. 면도칼이 목줄기를 훑을 때는 오싹하단 말이야. 그래서 부하를 시켜, 이발사의 아들 하나를 끌어다 놓고 그 아이의 목을 잡고 있게 한다네. 이발사가 내 목을 베는 날에는 그 아들 녀석도 같이 죽는 거지."

여러분은 어떻습니까? 혹 어두운 밤과 같은 캄캄한 터널을 통과하고 있지는 않습니까? 한 치 앞도 짐작할 수 없고 소망을 찾을 수 없는 캄캄함 속에 있지는 않습니까? 그러나 잊지 마십시오. 곧 새벽이 옵니다. 여러분의 터널도 하나님의 역사로 끝이 날 때가 있습니다. 그 하나님을 기대하시기 바랍니다. 진리의 허리띠를 매십시오. 진리에 올바로 서야 거짓 두려움을 이길 수 있습니다.

침체를 극복하는 방법

엘리야는 어떻게 영적 침체에서 벗어났을까요?

첫째, 휴식했습니다.

> "로뎀나무 아래에 누워 자더니 천사가 그를 어루만지며 그에게 이르되 일어나서 먹으라 하는지라"(5절).

지친 엘리야는 로뎀나무 아래 누워서 잠이 들었습니다. 그때 천사가 나타나서 엘리야를 어루만지며 깨웠습니다. 그에게 숯불에 구운 떡과 물 한 병을 주고 먹고 마시게 하고 다시 눕혔습니다. 엘리야는 그것을 먹고 다시 깊이 잠들었습니다. 실컷 쉬었습니다. 휴식을 취한 후 엘리야는 힘을 얻어서 하나님의 산 호렙을 향해 갔습니다. 그는 40주 40야를 행하여 하나님의 산 호렙에 이르렀습니다.

사람은 영적인 존재지만 몸을 가지고 있습니다. 그래서 사람에게 몸과 정신의 휴식도 필요합니다. 휴식하라는 말은 일하지 말라는 말이 아닙니다. 열심히 일하고 지치면 쉬라는 말입니다. 여러분도 영적인 침체에 빠졌을 때 잠시 휴식의 시간을 가지면서 자신을 돌아보시기 바랍니다.

넌센스 문제입니다. 유명한 가수가 노래 부르다 죽었는데, 왜 죽었을까요? 심장마비? 감전? 아닙니다. 악보에 쉼표가 없어서 숨을 못 쉬어 죽었다고 합니다. 여러분, 쉴 때는 쉬어야 합니다. 휴식하는 시간은 마치 나무꾼이 도끼날을 가는 것과 같습니다. 휴식은 새로운 도약을 위한 재충전의 시간입니다.

둘째, 산에 갔습니다.

"이에 일어나 먹고 마시고 그 음식물의 힘을 의지하여 사십 주 사십 야를 가서 하나님의 산 호렙에 이르니라"(8절).

그는 천사가 전해 준 떡과 물을 마시고 휴식으로 기력을 회복한 후에는 곧바로 40일을 밤낮으로 걸어서 호렙 산으로 갔습니다. 푹 쉬고 난 후에는 무서우리만큼 집중하여 40일 주야를 걸어서 호렙 산에 가 한 동굴에 들어갔습니다. 오늘날로 말하면 하나님의 성전에 찾아간 것입니다. 호렙 산이 어디입니까? 호렙 산은 이스라엘 백성의 성산입니다. 모세가 하나님의 부르심을 받은 장소일 뿐만 아니라 하나님께서 모세에게 십계명을 주신 장소이기도 합니다.

여러분도 마음이 답답하고 낙심되고 우울할 때 하나님의 성전으로 나오시기 바랍니다. 이런 말이 있습니다. "자동차를 타지 마십시오. 모든 치명적인 사고의 20퍼센트가 자동차 사고로 일어나기 때문입니다. 집에 있지 마십시오. 모든 사고의 17퍼센트가 집에서 일어나기 때문입니다. 횡단보도를 걷지 마십시오. 모든 사고의 14퍼센트가 횡단보도를 건너다가 일어나기 때문입니다. 비행기나 배, 열차를 타고 여행하지 마십시오. 왜냐면 모든 사고의 16퍼센트가 바로 이와 같은 여행으로 일어나기 때문입니다. 그러나 예배 중에 일어나는 사고는 0.001퍼센트 불과합니다. 성전에 있는 것이 가장 안전합니다. 그러므로 성전의 모든 예배에 자주 참석하십시오." 세계적인 코로나 상황에서도 영과 진리로 드리는 예배의 자리를 놓치지 말라는 말씀입니다.

셋째, 하나님과 만났습니다.

본문 9-14절을 보면, 엘리야가 하나님을 만나기 위해서 하나님의 산 호렙을 찾은 후, 바람과 지진과 불의 징조 가운데 세미한 음성으로 나타나신 하나님을 만났습니다. 하나님을 만나고 싶습니까? 바람이나 지진이나 불과 같은 엄청난 사건 속에서 하나님을 찾기보다 세미한 음성에 귀를 기울이십시오. 여러분의 마음을 하나님께 향하고 그분의 음성에 귀를 기울이십시오. 여러분의 지친 영, 혼, 몸에 새 힘을 주실 것입니다.

우리 교회에서 부흥회를 할 때면 항상 조심하는 것이 있습니다. 설교 전에 강사 목사님께 너무 많은 말을 하지 않습니다. 쓸데없는 곳에 힘을 빼지 않도록, 말씀 전하는 것에 방해되지 않도록 하기 위해서입니다. 식사도 되도록 단출하게 진행합니다. 성도들이 대접하기를 원해도 성도들을 이해시키고 접대를 조절합니다. 말씀에 집중하시도록 하기 위해서입니다. 그리고 어떻게 평생 그렇게 목회를 잘하셨는지 목회 교훈을 묻습니다. 목사님들 대부분은 "내가 한 것이 아닙니다"라고 답합니다. 정말 그 말이

맞습니다.

목회하거나 신앙생활을 하는 중에 빠지기 쉬운 가장 흔한 시험은, 마치 나 혼자 목회를 이끌어 가고 신앙생활을 주도한다는 착각에 빠지는 것입니다. "교인들이 왜 이렇게 따라 주지 않을까요?" "이 사람들은 도대체 왜 내 마음을 몰라줄까요?" "왜 이렇게 헌신하지 않고 왜 이렇게 순종하지 않을까요?" "교회에 주인의식을 가진 사람이 왜 이토록 부족할까요?"라고 말하며 착각, 자기 의에 빠져들 때가 있습니다.

지금 엘리야의 마음도 그렇습니다. 10절과 14절에서 반복하여 "…내가 만군의 하나님 여호와께 열심이 유별하오니 이는 이스라엘 자손이 주의 언약을 버리고 주의 제단을 헐며 칼로 주의 선지자들을 죽였음이오며 오직 나만 남았거늘 그들이 내 생명을 찾아 빼앗으려 하나이다"라고 말합니다. '오직 나만 남았거늘', 즉 자기 혼자 다 한다는 말입니다. 이런 착각 속에서 자기 동정과 연민에 빠지는 것입니다. 그러자 하나님이 말씀하십니다.

"그러나 내가 이스라엘 가운데에 칠천 명을 남기리니 다 바알에게 무릎을 꿇지 아니하고 다 바알에게 입 맞추지 아니한 자니라"(왕상 19:18).

'너 말고도 아합의 핍박 속에서도 열심히 신앙생활 하는 사람, 바알에게 무릎 꿇지 않은 7천 명을 남겨 놓았으니 착각하지 마라' 하는 뜻입니다. 왜 하필 7천 명일까요? 7은 완전수요, 1,000

은 한없이 많다는 뜻입니다. 그런데 왜 너는 혼자인 것처럼 고독에 빠져 있냐고 하십니다.

수탉 한 마리가 농장에 살았습니다. 그는 아침마다 자기가 해를 뜨게 한다고 생각했습니다. 매일 아침 일찍 일어나서 축사 지붕 꼭대기에서 '꼬끼오' 하고 울면 곧 태양이 솟아올랐기 때문입니다. 다른 동물들도 수탉을 고맙게 여겨서 "태양을 다시 뜨게 해주어서 고맙다"라고 말하거나 "정말 멋진 일을 하는구나. 너는 태양을 뜨게 했어!"라고 말하곤 했습니다.

수탉은 가끔 '내가 병에 걸리면 어떡하지?'라는 생각을 했습니다. 그뿐이 아니었습니다. '만일 내가 죽기라도 하면 어떡하지? 내가 죽고 나면 누가 태양을 다시 떠오르게 할까? 만일 아무도 태양이 다시 뜨게 하지 못한다면, 그래서 태양이 떠오르지 않는다면 어떡하지? 온 세상이 캄캄해지고 추워질 것이고, 그러면 풀도 나무도 다 죽을 것이고, 농장의 동물들도 모두 죽고 말겠지? 그러니 어떻게 해서든 나는 매일 아침 축사 지붕 꼭대기에서 울어야 해!'라고 생각하고 또 생각했습니다.

그러던 어느 날, 수탉은 늦게까지 그런 생각을 하다가 늦잠을 자고 말았습니다. 동물들은 수탉을 기다렸으나 나타나지 않았습니다. 그런데 그 사이 태양이 솟아올랐습니다. 이 모습을 지켜본 다른 동물들은 화를 냈습니다. "그동안 우리는 수탉이 해를 뜨게 하는 줄 알았잖아. 속았네!"

우리는 어리석은 수탉처럼 내가 마치 우주를 운행이라도 하는 것처럼 착각하기도 합니다. 내가 모든 것을 다하고 혹여 내가 잘못되면 천지개벽이라도 될 것처럼 생각합니다. 사업도 다 내가 하고, 가족과 회사 식구들도 다 내가 먹여 살리고, 내가 자식들의 미래를 만든다고 착각합니다. 아닙니다. 모두 하나님이 하십니다. 그것을 미처 깨닫지 못하면 작은 일에도 낙심하고 절망합니다. 내 손이 미치지 못하면 이제 세상 끝났다고 여깁니다. 그러다 조금 잘되면 교만해집니다. 절대로 그렇게 생각하지 마십시오. 하나님이 계시고 그 하나님이 하십니다. 고통도 영원하지 않으며 승리도 영원하지 않습니다. 모든 것이 하나님 손에 달려 있습니다.

아무리 절망감이 몰려와도 그 느낌에 굴복하지 말고, 영원히 변하지 않는 하나님의 은총을 의지하시기 바랍니다. 사실 절망감도 내 생각, 내 느낌, 내 시각일 뿐입니다. 그 순간에도 하나님의 은혜는 변함이 없습니다. 두려워하지 말고 하나님의 은혜 안에 사시기를 바랍니다.

보십시오. 엘리야는 절망적인 상황에서 다시 일어났습니다. 오늘 우리도 엘리야처럼 다시 일어날 수 있습니다. 엘리야처럼 멋진 승리를 거둘 수 있습니다. 오늘 우리에게 이김을 주시는 하나님을 굳게 붙들고 날마다 인생의 길에서 승리하는 여러분이 되기를 바랍니다.

은혜 기억하기

디모데전서 1:12-17

· · ·

옛날 어느 나라의 왕이 사냥을 나갔다가 지혜롭고 충성스러워 보이는 목동을 만나 그를 왕궁으로 데리고 와서 일을 시켰습니다. 왕이 생각했던 대로 그는 자신의 몫을 잘 감당해 나갔고, 마침내 왕의 신임을 받아 왕궁의 재산 관리인이 되었습니다. 다른 신하들은 하찮은 목동 출신이 왕의 신임을 받고 중직에 오른 것 때문에 그를 시기하고 질투하기 시작하여 그의 허물을 찾기 시작했습니다. 그러나 그는 매사에 신중했고 진실하여 허물을 찾을 수가 없었습니다.

그러던 중에 신하들은 그의 이상한 행동 하나를 찾아냈습니다. 그는 가끔씩 왕궁 꼭대기에 있는 창고에 몰래 들어갔다 한참 만에 돌아오곤 하였는데, 창고 근처에 아무도 접근하지 못하게 하고 열쇠도 자기만 간직하고 있었습니다. 신하들은 그가 왕의 재물을 빼돌렸을 것이라 여기고 이 사실을 왕에게 고하자, 왕은 그 말을 듣고 엄히 조사할 것을 명령했습니다. 신하들이 그에게서 열쇠를 받아 창고 문을 열고 그 속을 샅샅이 뒤져 보았으나, 한쪽 구석에 다 낡아 빠진 조끼 한 벌과 너덜너덜한 장화 한 켤레가 놓여 있을 뿐이었습니다. 왕은 목동 출신의 신하에게 물었습니다. "그대는 왜 그 보잘것없는 누더기 옷과 다 떨어진 장화를 보물처럼 감추어 두었는가?" 그 신하는 이렇게 대답했습니다. "왕이시여, 제가 왕의 부르심을 받았을 때 가진 것이라고는 그 두 가지밖에 없었습니다. 저도 사람인지라 때로는 왕의 은혜를 잊어버리고 제 마음대로 살고 교만해지려 합니다. 그럴 때마다 저의 부족한 과거를 보고 제 마음을 바로잡고 왕의 은혜를 다시금 생각하였습니다."

옛말에 "머리 검은 짐승은 거두는 게 아니다"라고 했듯, 사람들은 섭섭함은 오래 기억하고 은혜는 쉽게 잊어버리며, 과거 또한 미화하기 쉽습니다. 그런데 본문 말씀에서 은혜를 잊지 않고 자신의 부끄러운 과거를 미화하지도 감추지도 않은 사도 바울의 성숙한 신앙을 만나게 됩니다.

죄인 중의 괴수

디모데전서를 쓸 당시는 바울이 다메섹 도상에서 주님을 만나고 회심하여 주의 사도가 된 지 30여 년의 긴 세월이 흐른 후였습니다. 주님의 위대한 사도요 교회의 최고 지도자로서 과거 자신의 부끄러운 모습을 덮어 버릴 만도 하고 굳이 말하지 않아도 되는데, 그는 마지막의 순간까지 부끄러운 과거를 인정하고 고백합니다. 자신은 예수님을 제대로 알기 전에 복음의 박해자였음을 고백하며, 그런 자신을 15절에서 "… 죄인 중에 내가 괴수니라"라고 말했습니다.

그렇습니다. 죄를 알아야 은혜도 알 수 있습니다. 교도소에 수감된 사람들을 보면 머리가 얼마나 좋은지 모릅니다. 새 죄수가 들어와서 그가 무슨 죄를 지었는지를 들으면 형량을 맞춥니다. 전부 다 변호사요 검사요 판사입니다. 그뿐만이 아니라 정치도 매우 잘 알고, 세계가 돌아가는 것 너무 잘 압니다. 모르는 게 없는 것 같습니다. 그러나 그렇게 많이 알면서 정작 모르는 것 한 가지가 있습니다. 자기가 죄인이라는 것을 모릅니다. '내 죄 때문에 내가 이렇게 되었다'라고는 아무도 생각하지 않고 '재수가 없어서 잡혔다, 나보다 더한 죄를 짓고도 잘 사는 사람도 많은데 나는 운이 없어서, 실수해서 이렇게 되었다'라고 생각한다는 것입니다. 감옥 안에서 감옥 바깥 세상을 다 안다 해도 그게 무슨 소용이 있습니까?

우리도 알기만 해서는 소용이 없습니다. 그 품에 있어야 합니다. 주님이 우리를 위하여 이 땅이 오셨음을 알고 그 품에서 우리가 죄인임을 알아야 합니다. 주님 밖에서 주님을 아는 것은 감옥 안에서 세상을 아는 것과 마찬가지입니다.

성경에 가장 큰 은혜도 받고 쓰임도 받고 축복도 받은 다윗은, 자신이 죄인임을 아는 데서 그 은혜와 축복이 왔습니다. 남의 죄는 아무리 알아도 소용이 없습니다. 내가 죄인임을 알아야 하나님과 나와의 만남이 열리고 은혜를 받게 됩니다.

> "우리 주의 은혜가 그리스도 예수 안에 있는 믿음과 사랑
> 과 함께 넘치도록 풍성하였도다"(14절).

우리 모두는 죄로 인해 죽을 수밖에 없었습니다. 그러나 그리스도의 사랑과 구원의 은혜로 새사람이 되고 하나님의 귀한 자녀가 되었으며, 귀한 사명까지 받은 복된 사람이 되었습니다. 모든 것이 은혜 덕분입니다. 그러나 우리는 그 은혜를 자주 망각하며, 교만하여 잘못된 길로 갈 때가 많이 있습니다. 이에 본문 말씀을 통하여 우리의 삶을 비추어 보는 시간이 되기를 바랍니다.

변화의 본이 되는 그리스도인

우리는 사도 바울이 어떻게 회개하고 예수를 믿어 구원받았는지, 또 어떻게 주님의 위대한 사도가 되었는지 성경을 통해 잘 알수 있습니다. 사도 바울의 경우는 특별합니다. 예수 믿게 된 사람들 전부가 사도 바울의 경우와 같지 않습니다. 그러나 주님께서 오래 참으시며 우리가 주를 믿게 하고 영생 얻을 사람들에게 본이 되게 하려 하신 것은 사실입니다. 사도 바울은 모든 믿는 사람들에게 본이 되었습니다.

그는 16절에서 "그러나 내가 긍휼을 입은 까닭은 예수 그리스

도께서 내게 먼저 일체 오래 참으심을 보이사 후에 주를 믿어 영생 얻는 자들에게 본이 되게 하려 하심이라"라고 고백합니다. '내가 긍휼히 여김을 받은 것은 예수 그리스도께서 장차 그를 믿고 영원한 생명을 얻으려는 사람들에게 나를 본보기로 삼으시려고 먼저 내게 모든 일에 참아 주셨기 때문입니다'라는 뜻입니다.

여기서 우리는 바울의 회심이 많은 다른 사람들의 회심에 직접 관계가 있다는 사실을 뚜렷하게 볼 수 있습니다. 바울은 그와 같은 계급의 사람들, 같은 문화적 배경에 있는 사람들, 곧 헬라의 철학자나 유대의 랍비들에게 큰 영향을 미쳤습니다. 그들은 다소의 사울이 매혹된 이 종교가 무엇인지, 유대교에 열심이던 그가 도대체 무엇 때문에 변했는지 알 수가 없었습니다. 바울은 회심하자마자 다른 사람들 눈에도 완전히 다른 사람이 되었습니다.

1827년 미국 인디애나 주지사의 아들로 태어나 변호사가 되었고 남북전쟁 때에는 북군의 장군이었던 루 월리스(Lew Wallace)는, 한 친구와의 대화에서 예수가 하나님의 아들이 아닌 사람의 아들임을 밝히는 소설을 쓰기로 작정하였습니다. 메시아니 초능력적인 인물이니 하는 허구를 다 벗기고 순수한 인간 예수를 조명하는 것이 그의 집필의 목적이었습니다. 그가 소설을 쓰기 시작했으나 막상 예수 그리스도에 대해 아는 것이 거의 없었습니다. 그가 아는 것이라고는 그의 친구가 들려준 "기독교는 얼마 후에 이 세상에서 존재를 감출 것이다"라는 비관적인 말 한마디뿐이었습니다.

그는 소설을 쓰기 위해 예수님의 생애를 추적하고 연구하며 성경을 읽는 동안에 그리스도의 신성을 믿게 되었고, 그가 하나님의 아들임을 시인하였습니다. 예수의 부활도 믿게 되었습니다. 월리스는 자신에게 일어난 변화를 고스란히 소설의 주인공에게 투영시켰습니다. 그 소설이 바로 1880년에 출간된 《벤허》입니다. 1959년에는 영화로 만들어져 많은 이들에게 큰 감명을 주었습니다. 부활하신 예수 그리스도를 만나면 변하지 않을 자가 없습니다.

한국 초대교회 역사 가운데 이런 이야기가 있습니다. 연동교회 초대 장로인 고찬익 장로님의 일화입니다. 그는 본래 노름꾼에다 술꾼이며 사기꾼이었습니다. 한번은 관가에 끌려가서 매를 잔뜩 맞고 말이 나오지 않아 벙어리 신세가 되었습니다. 빚 독촉까지 받은 그는 자살을 기도했습니다. 독약을 먹었으나 구사일생으로 살아났습니다. 그때 연동교회에서 시무하던 게일 선교사의 전도를 받았습니다. 야곱의 이야기를 담은 '네 이름이 무엇이냐?'라는 제목의 전도지를 받았습니다.

그날 밤 고찬익은 꿈에 "네 이름이 무엇이냐?"라는 음성을 들었습니다. 말을 못 하고 "…라고 …고 …고" 하다가 나중에는 떨리는 음성으로 "내 이름은 '고'가이고 싸움꾼, 술꾼, 망나니올시다. 누구신지 모르지만, 저를 용서하여 주시옵소서!"라고 울면서 대답하였습니다. 그때 흰옷을 입은 사람이 나타나서 "이제부터 너는 내 아들이다"라고 말하고는 사라졌습니다.

꿈에서 깨어난 그는 전도지를 읽고 또 읽었습니다. 그런데 갑자기 혀가 풀리고 말이 나오기 시작하였습니다. 그 뒤 고찬익은 게일 선교사로부터 복음을 듣고 새사람이 됐습니다. 나중에는 손수 지은 신발을 들고 사람들을 찾아다녔습니다. "나는 도적에다 싸움꾼, 사기꾼이었습니다. 하지만 이제는 새사람이 되었습니다. 제가 만든 신발을 드리겠습니다. 예수 믿으세요"라고 말하면서 전도했습니다. 사람들은 그의 변화를 보고 하나님의 힘이 아니고는 그런 일이 있을 수 없다고 생각했습니다. 복음의 능력이 사람을 변화시킨 것입니다.

우리가 구원받은 사람이 되었다면 적어도 내 주변에 있는 사람들이 내가 변화한 사실을 볼 수 있어야 합니다. 학생이면 학생들에게, 선생님이면 같은 선생님들에게, 상인이라면 같이 장사하는 사람들에게, 공무원이면 같은 동료 공무원들에게, 군인은 같은 군인들에게, 공장에서 일한다면 공장에서 함께 일하는 사람들에게 구원받은 사실이 어떤 면으로든 나타나야 합니다.

또한 바울의 회심의 이야기는 다른 사람들에게 큰 격려가 됩니다. 그는 자기가 어떻게 회개하고 예수 믿어 구원받게 되었는지 말하기를 조금도 부끄러워하지 않고 이야기했습니다. 주님을 알게 된 후에 그의 삶이 너무나 놀랍게 변화된 것을 스스로 경험하였기 때문입니다.

사도행전 26장에 보면, 바울은 벨릭스 총독과 아그립바 왕 앞에서도 주저하지 않고 자기에게 일어난 일을 증언합니다. 그 이야기를 듣고 아그립바 왕은 "네가 적은 말로 나를 권하여 그리스도인이 되게 하려 하는도다"라고 말했습니다. 그러자 바울은

"당신뿐만 아니라 오늘 내 말을 듣는 모든 사람도 다 이렇게 결박된 것 외에는 나와 같이 되기를 하나님께 원하나이다"라고 대답하였습니다. 이것이 그리스도인의 신앙생활입니다.

김익두 목사는 젊은 시절 장안에서 유명한 깡패였습니다. 16세에 과거에 응시했다가 낙방한 후 고향으로 내려와 사업을 시작했지만, 그마저도 실패했습니다. 그때부터 술을 마시고 노름하고 주먹을 휘둘렀습니다. 어느 날 거리를 지나가는데 금발의 서양인이 김익두에게 전도지를 주며 "예수 믿고 천당 갑시다"라고 했습니다. 김익두는 전도지를 받아 들고서 선교사가 보는 앞에서 거기에 코를 확 풀고 던졌습니다. 그러자 선교사가 "당신, 전도지로 코 풀면 코 썩습니다"라고 했습니다.

집 와서 잠을 자려는데 코가 간질간질했습니다. 선교사의 말이 생각났습니다. 정말 코가 썩는 것 같아서 밤새 잠을 못 잤습니다. 다음 날 스왈렌 선교사를 찾아가서 어떻게 하면 코가 썩지 않냐고 물었습니다. "예수 믿고 구원받으면 됩니다." 깡패 김익두는 예수 믿고 구원받았습니다.

그 후 김익두는 자신이 더 이상 깡패가 아니라 예수님을 믿고 거듭난 자가 되었다는 것을 알리기 위해 자기가 아는 자들에게 김익두가 죽었다는 부고를 돌렸습니다. 사람들이 그놈 참 잘 죽었다고 생각했는데 다음 날 거리에 나가 보니 김익두가 멀쩡히 살아 있는 것입니다. 다만 그의 모습이 변했습니다. 표정이 온화하고 미소가 있었습니다. 입만 열면 욕이 나왔는데 부드러운 음성으로 변했습니다. 그의 변화가 믿기지 않았던 주막의 주모가 김익두에게 구정물을 퍼부었습니다. 그는 구정물을 닦아내며 말했습니다. "당신은 옛날의 김익두가 죽었다는 사실을 기뻐하시오. 만일 그가 살았다면 당신은 지금 성치 못했을 거요. 하지만 지금의 김익두는 옛날과는 다른 새로 태어난 사람이라오." 물과 성령으로 거듭난 성도는 날마다 성령님의 인도와 다스림 가운데 살아야 합니다. 육신의 안경이 아닌 성령의 안경을 써야 합니다. 그것은 바로 빛이신 주님을 따르는 자의 모습입니다. 빛 되신 예수님을 모신 자들은 더 이상 어둠의 자녀가 아닙니다. 그러므로 빛의 자녀답게 살아야 합니다.

"예수를 알기 전에는 희망 없던 내가 예수를 알고 난 후에는 희망이 생겼습니다." "전에는 내 생활에 기쁨이 없었는데 예수 믿은 후에 기쁨이 넘칩니다." "전에는 사람을 사랑하지 못했는데 예수님이 마음에 오신 후로는 모두를 사랑할 수 있게 되었습니다. 이 모두가 내 힘이나 노력이 아니라 주님의 은혜입니다." "하루하루 보람 없이 살던 내가 예수를 알고 나서는 매일의 삶이 보람되고 감격스럽습니다." 이런 간증이 다른 사람들에게 얼마나 큰 힘이 되는지 모릅니다. 예수를 믿으면 저렇게 될 수 있다고 하는 희망을 안겨 줍니다.

여러분이 회개하고 예수를 믿는 것이 다른 사람들에게 어떤 영향을 끼쳤습니까? 바울은 회개한 후에 그 사실을 열심히 증거했습니다. 쉴 사이도 없이 일했습니다. 간절히 기도했습니다. 열심히 말씀을 전파하였습니다. 매를 맞는 것도 돌에 맞는 것도 감옥에 갇히는 것도, 아니 죽음까지도 바울의 열심을 막을 수 없었습니다. 바울 자신이 먼저 구원받았고, 자기가 구원을 받은 것처럼 한 사람이라도 더 구원해야겠다는 열심이 그를 사로잡고 있었기 때문입니다. 그래서 그는 조용히 입을 다물고 있을 수가 없었습니다. 하나님의 사랑은 그에게 있어서 불과 같았습니다. '나는 복음을 전하지 않을 수 없다. 만일 내가 복음을 전하지 아니하면 내게 화가 미칠 것이다' 하는 확신이 있었습니다.

바울은 '죄인 중에 괴수'라고 한 말대로 죄인이었습니다. 그러나 주님의 은혜로 구원받은 다음에는 생명까지 걸고 전도에 열심을 내며 많은 사람을 구원의 길로 인도하였습니다. 예수님을 만나 예수님께서 삶의 참 구주인 것을 발견했을 때 예수님의 제자 가운데 한 사람은 당장 그의 형제에게 가서 이 놀라운 사실을 말했습니다. 이것이 귀합니다.

누구든 예수님을 만났으면 그 예수님을 가족, 친구, 형제자매에게 전해야 합니다. 주님의 은혜가 여러분 마음속에서 불타기 시작했으면 여러분의 주위의 사람들도 같은 불이 타게 해야 합니다. 바울은 죄인 중에서 괴수였으나 주님의 은혜도 가장 많이 받았습니다. 그는 한때 죄를 범하는 데 앞장을 서서 달렸지만, 은혜 받고 전도하는 데도 앞장을 섰습니다.

퇴근한 김 씨가 포장마차에 들러 오뎅 국물에 소주를 한 잔 마시고 있었습니다. 그런데 포장마차 옆으로 운전사도 없는 빈 차가 한 대 굴러가고 있었습니다. 놀란 김 씨는 얼른 일어나 굴러가는 차의 문을 열고 들어가 사이드 브레이크를 힘껏 잡아당겼습니다. 차가 안전하게 섰다고 생각하는 순간 번쩍 불꽃이 튀었습니다. 누군가 냅다 따귀를 때린 것입니다. 그리고 누군가 외쳤습니다. "남은 힘들게 밀고 가는데 왜 훼방이야! 네가 고장 난 차 수리해 줄 거야?" 우리의 잘못된 열심이 누군가에게 훼방이 되지는 않는지 잘 생각해야 합니다.

어떤 사람이 교회 종소리가 시끄럽다고, 교인들이 교회에 다니는 것이 보기 싫다고 교회로 올라가는 길을 막아 밭을 만들고는 참깨와 고추를 심었습니다. 그러나 참깨와 고추는 모두 말라 죽어 버렸습니다. 다른 것을 다시 심어도 죄다 말라 죽었습니다. 그는 1년 내내 헛수고만 했습니다.

교인들이 다니는 길을 가시덩굴로 막아 놓은 사람도 있었습니다. 가시덩굴을 피해서 옆으로 돌아서 가면, 그 길도 또 아카시아, 찔레 같은 가시덩굴을 심어, 멋모르고 나섰다가 온몸에 가시가 찔려 교인 몇 사람은 고생도 꽤 하였습니다. 그런데 길을 막은 그 사람은 평평한 넓은 길에서 공연히 낙상하여 팔이 부러지고 이가 부러졌습니다. 그 자손들도 여러 가지 재앙을 받았습니다.

이런 신앙의 훼방꾼이 있습니다. 받은 은혜를 쏟는 사람이 있습니다. 바울 역시 복음의 훼방자였습니다. 입술로 하나님을 훼방하는 죄를 지었습니다. 그뿐만 아니라 박해자였습니다. 그의 손으로 죄를 지었습니다. 그리스도를 미워하고 그의 백성을 미워하였습니다. 스데반을 돌로 쳐 죽이면서 증인들이 옷을 벗어 청년 사울의 발 앞에 둘 정도였습니다. 그는 예루살렘의 핍박을 피해 유대와 사마리아 지방으로 피한 성도들을 쫓아다니면서까지 그들을 잡아 옥에 가두었습니다. 사울 시절의 바울은 한마디로 비방자요 박해자요 폭행자요 십자가의 원수였습니다. 여전히 살기가 등등하여 예수 믿는 사람을 잡아 오려고 다메섹으로 가는 길에서 주님을 만났습니다. 긍휼하심을 입은 후에 주를 믿어 영생 얻을 사람들에게 본이 되었습니다.

이렇게 하나님께는 훼방자요, 주님의 교회에는 박해자요, 자기 자신에 대해서도 폭행자였던 죄인 중의 괴수 사울을 불러 하나님의 큰 일꾼으로 삼아 주셨는데, 지금도 그와 같은 일을 안 하시겠습니까? 바울은 구원받은 후 가장 훌륭한 성도가 되었습니다. 하나님은 그가 교회의 지도자가 되게 하시고, 죄인들은 주님 앞으로 인도하는 놀라운 일을 하게 하셨습니다. 이것이 하나님의 은혜입니다.

우리가 성경에서 보는 것처럼, 바울이 자기 구원에 있어서 공헌한 것은 아무것도 없습니다. 주님을 믿는 믿음뿐이었습니다.

> "내가 가진 의는 율법에서 난 것이 아니요 오직 그리스도를 믿음으로 말미암은 것이니 곧 믿음으로 하나님께로부터 난 의라"(빌 3:9).

여러분도 우리 한 사람 한 사람에게 베풀어 주시는 하나님의 놀라운 은혜를 받아 온전히 변하며 새사람 되고, 하나님이 베풀어 주신 은혜 때문에 주님의 일을 더 잘 감당하여 다른 사람들에게 본이 되시기를 바랍니다.

무너질 때 붙잡을 것

이사야 22:5-14

• • •

전문가들이 말하는 지진 대피 요령이 몇 가지 있습니다. 당황하지 않는 것이 가장 중요하고, 건물이 흔들릴 때는 계단을 이용해서 무조건 밖으로 대피해야 합니다. 엘리베이터는 정전의 위험이 있으니 사용하면 안 됩니다. 건물이 무너질 때나 흔들릴 때 엘리베이터를 타는 것은 아무런 도움이 안 된다는 말입니다.

덮였던 것을 벗기매

"그가 유다에게 덮였던 것을 벗기매 그날에야 네가 수풀 곳간의 병기를 바라보았고"(8절).

이 말씀은 그 배경을 이해하지 못하면 무슨 말인지 쉽게 이해할 수 없습니다.

이스라엘 백성들이 므낫세 왕 때, 즉 이사야 선지자 시대에 평안의 시대를 누리고 있었습니다. 그때 그들은 '모든 일이 잘되어 가고 있다, 우리는 매우 행복하고 하나님이 우리를 도와주고 계신다'라고 생각하면서 인생의 즐거움에 취해 살았습니다. 인생의 즐거움에만 취한 것이 아니라 세상의 일락에 빠져 소와 양을 잡아먹고 포도주에 취하여 '내일 죽으리니 오늘 먹자' 하는 풍조속에 살아갔습니다.

그럴 때 선지자들이 나타나서 그래서는 안 된다며 그들의 안일과 허랑방탕을 꾸짖었습니다. 이스라엘 백성들은 그 말을 듣고는 '모든 일이 다 잘 되어가고 평안한데 왜 헛소리하느냐, 왜 우리를 괴롭히느냐' 하면서 선지자들의 말에 코웃음 치면서 계속인생을 즐기고 있었습니다. 바로 이런 상황, 인생을 즐기면서 쾌락 속에 빠져서 모든 것이 잘 되어 간다고 생각하면서 먹고 마시던 그 상황을 성경은 '그들의 눈이 덮였다'라고 말씀한 것입니다.

그렇다면 "그가 유다에게 덮였던 것을 벗기매"라는 말씀은 무슨 의미일까요? 새번역 성경에서는 "유다의 방어선이 뚫렸다"라고 말씀합니다. 이것은 이스라엘 백성들이 이처럼 방탕한 삶에 빠져 있을 때 갑자기 어떤 일이 일어났다는 뜻입니다. 안일과 방종 속에 빠져 있을 때, 갑자기 앗수르라는 대국이 이스라엘에 쳐들어왔습니다. 다시 말하면, '모든 것이 잘되어 가고 있다. 모든 것이 평안하다'라고 했는데, 갑자기 국제 정세가 변하여 앗수르 군대가 쳐들어와서 이스라엘 지방의 일부를 점령하고 이제 예루살렘 성을 향하여 밀려오고 있다는 소식을 들은것입니다. 이런 일이 벌어지자, '모든 것이 평안하다, 모든 것이 잘되고 있다'라고 하던 이스라엘 백성들은 잠에서 깨어나고 정신을 차렸습니다. 이 사실을 '그들의 눈에 덮였던 것이 벗겨졌다'라고 말씀한 것입니다.

이제 그들은 무엇인가 잘못되었다고 느끼고 허둥대기 시작했습니다. 어찌할 바를 알지 못하면서 현실을 어떻게 잘 타개해 볼까 우왕좌왕하고 있었습니다.

이런 일은 오늘날 우리도 얼마나 많이 겪고 있는지 모릅니다. 우리나라에 IMF가 오기 전에 우리나라는 OECD에 가입하고는 세계 선진국의 대열에 섰다고 얼마나 좋아했는지 모릅니다. 그러면서 모든 사람이 마치 낭비하는 것이 미덕인 것처럼 살기 시작했고, 술집과 유흥업소가 늘어났습니다. '아, 모든 것이 잘되고 있다. 우리는 선진국이 됐다. 그러니 소를 잡고 양을 잡고 포도주를 마시고 이 삶을 즐기자!'라고 생각했습니다. 우리 눈에 무엇인가 다 덮여 있었던 것입니다.

그러나 그 어려움을 겪으면서 사람들의 눈을 덮고 있던 것이 벗겨지기 시작했습니다. '뭔가 잘못됐구나. 우리가 잘못 가고 있구나' 하고 말입니다.

무너진 곳이 많은 것도 보며

그러면 눈에 덮였던 것이 벗겨졌을 때, 이스라엘 백성들은 무엇을 보았을까요?

"너희가 다윗 성의 무너진 곳이 많은 것도 보며…"(9절).

앗수르 군대가 쳐들어오자, 그들은 자신들을 지켜 주고 보호하려고 둘러쳐 있는 다윗 성, 다시 말해서 예루살렘 성을 황급히 둘러보았습니다. 다윗 성이 많이 허물어져 있고 구멍 난 곳도 많았습니다. 더 이상 앗수르 군대를 방어할 수 없는 허물어져 가는 성임을 발견했습니다. 이전에는 그 사실을 알지 못했습니다. 왜 그랬습니까? 그들의 눈에 무엇인가 덮여 있었기 때문입니다.

이 말씀은 우리에게 중요한 사실을 알려 줍니다. 다윗 성은 이스라엘 백성들이 자기를 지키고 적의 공격을 막으려고 쌓은 성벽입니다. 그런데 다 허물어져 가고 있었습니다. 앗수르 군대 때문이 아닙니다. 그들은 아직 예루살렘에 도착하지도 않았습니다. 바로 이스라엘이 자기만족과 자만에 빠져 살아갔기 때문입니다. 안일과 방탕에 빠져 졸지에 닥칠지도 모르는 재앙에 대하여 아무런 대비도 하지 못하고 그저 즐기고만 있었기 때문입니다. 누군가는 그것을 발견하고 "성에 구멍이 났습니다. 성이 허물어지고 있으니 매우 위험합니다"라고 말했을 것입니다. 그 말을 듣고도 '설마 무슨 일이 생기겠어?' 하면서 내버려 두었기에 이 지경에 이르렀습니다. 여러분, 인생에서 '설마'가 얼마나 치명적인 결과를 초래하는지 아십니까?

오래전에 삼풍백화점이 무너진 것도, 성수대교가 무너진 것도,

가까운 충남 보령의 죽도에 몰아닥친 해일에 많은 사람이 휩쓸려 간 것도 바로 그 '설마' 때문입니다. 큰 재앙이 닥쳐올 줄 알았더라면 어떤 대가를 치르든지 막았을 것입니다. 그러나 설마 하는 생각 속에 아무것도 대비하지 않았기에 이런 일이 닥치고 말았습니다.

영적으로도 마찬가지입니다. 사탄, 마귀는 '설마, 설마' 하다가 우리의 영혼이 지옥에 떨어질 때까지 우리가 설마 속에 살아가기를 원합니다. 심지어 교회를 다니면서도 '설마 지옥이 있을까?' 하고 회개를 미루고 살다가 결국 사탄의 덫에 걸려서 그 삶이 영원히 황폐하고 지옥 백성이 될 수도 있음을 우리는 알아야 합니다. 이스라엘 백성들도 '설마' 하는 동안 성벽이 부스러지기 시작했고, 마침내는 벽돌이 무너져 내리고 성이 구멍이 나기 시작했습니다.

이 예루살렘 성벽이 하루아침에 무너져 내리지는 않았을 것입니다. 아주 천천히, 매우 느리게, 우리가 눈치를 채지 못하도록 천천히 침식당했습니다. 그러다가 마침내 눈에 가려졌던 것이 벗겨져서 비로소 보게 되자 감당할 수 없을 만큼 성이 무너진 것이 드러난 것입니다.

모든 것이 그렇게 망해 갑니다. 개인도 회사도 나라도 그렇게 망하는 것입니다. 월남이 망할 때도 그렇게 서서히 망해 갔습니다. 건강도 그렇게 잃어버립니다. 아주 느리게, 우리가 눈치챌 수 없을 만큼 천천히 진행되어 회복할 수 없을 만큼 파괴되고서야 우리 눈앞에 나타납니다. '술 한 잔 마시면 좀 어때, 주일 한 번쯤

예배를 쉬면 좀 어때' 하는 생각, 이런 과정을 통해서 파멸은 아주 느리고 교묘하게 진행되어 결국은 멸망의 자리입니다. 예루살렘 성벽이 그렇게 무너졌습니다.

암이라는 질병도 그렇습니다. 암은 눈치를 챌 때쯤은 이미 늦은 경우가 많다고 합니다. 보통 의학자들의 말에 의하면, 암은 대개 7~10년 정도 진행된 후에 그 존재를 느낀다고 합니다. 그래서 암을 치료하는 것도 깨닫고 나서는 늦습니다.

오늘날 우리들의 여러 습관이, 버릇이, 성격이 이렇게 암과 같이 조그마한 틈새가 벌어지기 시작해서 아무도 눈치채지 못하도록, 아무도 이것이 심각한 일인 줄 깨닫지 못하도록 진행하다가, 결국은 육신의 암이 되고 내 삶의 암이 되고 마는 것입니다.

성벽을 무너뜨린 것은 앗수르가 아닙니다. 성벽을 무너뜨린 것은 우리 자신의 나태와 안일과 세상 유혹과 방탕이었습니다.

성경을 보면, 이스라엘 예언자들은 평안할 때 이스라엘 백성들에게 회개와 각성을 외쳤습니다. 이게 무슨 말입니까? 평안할 때, 좋을 때 회개하고 각성하라는 말입니다. 그러나 백성들은 평안할 때는 선지자들의 외침을 외면했고, 심지어 선지자들이 자신들을 저주한다고 잡아서 때리거나 죽이기도 했습니다. 평안할 때 하나님을 찾지 않고 바르게 행동하지 못하였기 때문에 결국 망하고 말았습니다. 성이 무너진 것도, 앗수르가 쳐들어와서 나라가 쑥대밭이 된 것도, 바벨론에 잡혀가서 포로가 된 것도 다 그들이 평안할 때 선지자들의 말에 귀를 기울이지 않았기 때문입니다.

캐나다에 서식하는 야생 오리 수십만 마리는 겨울철이 되면 추위를 피해 남쪽으로 이동합니다. 오리들이 쉬어 가는 곳은 나이아가라강입니다. 오리들은 호수처럼 평온한 강에서 재잘거리기도 하고 먹이를 찾기도 하고 잠을 자기도 합니다. 그러나 그 평온함 속에는 무서운 함정이 있습니다. 강 하류에 나이아가라 폭포가 있고 그곳의 급류는 걷잡을 수 없을 정도로 거셉니다. 폭포는 거대한 입을 벌린 채 오리들을 노리고 있습니다. 오리들이 그것을 간파하고 날아오르려 할 때는 이미 늦습니다. 급류는 오리의 비상(飛翔)을 허락하지 않습니다. 결국 수많은 오리가 폭포에 휩쓸려 50여 미터의 낭떠러지로 추락합니다. 방심한 오리들은 거센 폭포의 제물이 되고 맙니다.

사탄의 유혹도 마찬가지입니다. 사탄은 평화롭고 한가한 틈을 노립니다. 그래서 베드로전서 5장 8절에서 우리에게 경고합니다.

> "근신하라 깨어라 너희 대적 마귀가 우는 사자같이 두루 다니며 삼킬 자를 찾나니."

오늘 인생길에 어려움 당하는 사람도 있지만 모든 것이 잘 돌아가고 있는 사람도 있습니다. 지금 이 순간 평안한 사람도 있을 것입니다. 그런 이들에게 권면합니다. 하나님 앞에 더 가까이 나아오기를, 세상의 일락에서 벗어나서 더욱 하나님을 붙드시기를 바랍니다. 하나님께 더 기도하길, 하나님이 없으면 죽을 것처럼 믿음으로 살기를 바랍니다. 평안 가운데 살더라도 늘 새로 시작하는 마음, 처음 그 마음으로 살지 않으면, 우리도 평안할 때 방탕하다가 결국 망한 이스라엘 백성들의 전철을 밟을 수도 있습니다. 평안할수록, 기쁨이 넘칠수록, 더 하나님께 감사하고 하나님을 바라보는 여러분이 되시기를 바랍니다.

이스라엘의 해결 노력

이스라엘은 다윗 성이 무너진 고난을 해결하기 위해 무엇을 어떻게 했습니까?

> "네가 수풀 곳간의 병기를 바라보았고…너희가 아랫못의 물도 모으며 또 예루살렘의 가옥을 계수하며 그 가옥을 헐어 성벽을 견고하게도 하며…너희가 또 옛 못의 물을 위하여 두 성벽 사이에 저수지를 만들었느니라…"(8-11절).

그들은 커다란 일이 터지자 이제야 분주하게 조치를 취했습니다. 곳간의 병기가 얼마나 있는지를 보고 병기를 계수했습니다. 성이 포위됐을 때를 대비하여 물을 저축하려고 땅을 파서 저수지를 만들었습니다. 심지어 백성들의 집을 헐어 성의 허물어진 곳을 쌓아 올렸고, 적군이 쳐들어왔을 때 전략으로 이용하기 위하여 수로를 만들고 성과 성 사이에 저수지를 만들었습니다. 앗수르의 침공을 막기 위해서 여러 가지 조치를 하며 동분서주했습니다. 이런 여러 노력으로 앗수르의 침략에 대비했지만 결국

망하고 말았습니다.

유명한 설교가 스펄전(Charles H. Spurgeon) 목사도 목회하면서 어려운 때가 있었습니다. 힘든 일을 당하여 낙심한 상태에서 교인의 집을 심방하였습니다. 그 집에는 소가 있었는데 담에 갇혀 있으면서 고개를 쳐들고 멀리 초원을 바라보고 서 있었습니다. 스펄전 목사가 주인에게 물었습니다. "저 소는 왜 저렇게 고개를 쳐들고 있습니까?" 주인이 대답했습니다. "초원의 풀을 먹고 싶은데 담을 넘어갈 수 없으니, 주인이 문을 열어 주기만 기다리며 바라보고 있는 것입니다." 스펄전 목사님은 그때 깨달았습니다. '환경 때문에 일이 막히고 사람 때문에 막혀 있는 시간들이야말로 고개를 들고 하나님이 예비해 놓으신 더 좋은 것들을 바라볼 시간이로구나!' 모든 것이 막혔다 싶을 바로 그때가 하나님을 바라보아야 할 때입니다.

꼭 기억하십시오. 인간의 꾀와 노력으로는 우리 앞에 당한 재난을 결코 비켜 갈 수가 없습니다. 이스라엘의 모든 노력이 왜 실패로 돌아갔을까요? 그들은 눈이 벗겨져 그들이 위험에 처했다는 현실을 보았지만, 그들의 문제가 어디에 있는지를 깨닫지 못했기 때문입니다. 자신들의 문제가 무엇 때문인지를 몰랐기 때문입니다. 그들은 그 문제가 오직 군사적인 문제요 경제적인 문제라고만 생각했습니다. 그러나 실상 그들의 문제는 신앙적인 문제요 도덕적인 문제였습니다.

우리가 수학 문제를 풀 때도 원리를 모르면 그 문제를 풀지 못합니다. 지금 이 상황은 도덕적인 문제이고 신앙적인 문제인데,

이스라엘 백성들은 그것을 경제적인 문제, 군사적인 문제로 생각하고 해결하려니 결코 해결할 수가 없었던 것입니다.

오늘날 우리들도 그렇습니다. 여러분은 지금까지 수많은 문제를 만났고, 앞으로도 만날 것입니다. 돈만 있으면 된다고 생각하는 사람이 많습니다. 건강하다면, 건강만 회복되면 된다고 생각합니다. 우리에게 무기가 많이 있으면 이길 수 있다고 생각합니다. 직장에서 어떤 사람만 없으면 해결될 것으로 생각합니다. 승진만 하면 해결된다고 생각합니다. 우리 자식이 대학만 가면 모든 것이 해결될 줄 압니다.

여러분, 모든 것이 충족되면 만족할까요? 아닙니다. 우리가 어떤 문제를 가지고 있든 간에 여러분이 생각하는 것에는 해결의 실마리가 없습니다. 이스라엘 백성들도 우리처럼 해결되겠다고 생각했습니다. 그런 그들에게 하나님께서 뭐라고 말씀하셨습니까?

"그날에 주 만군의 여호와께서 명령하사 통곡하며 애곡하며 머리털을 뜯으며 굵은 베를 띠라 하셨거늘"(12절).

회개하라는 말씀입니다. 철저하게 자신들의 잘못을 인정하고 돌아서는 결단을 하라는 말씀입니다. 안일과 나태와 세상적 삶에서 돌이켜서 하나님 앞에서 살라 하시는 말씀입니다. 그런데 그들은 어떻게 했습니까? 그들은 그렇지 못했습니다. 13절의 말씀에 귀를 기울여 보십시오.

"너희가 기뻐하며 즐거워하여 소를 죽이고 양을 잡아 고기를 먹고 포도주를 마시면서 내일 죽으리니 먹고 마시자 하는도다"(13절).

더 늦기 전에 먹고 마시자 하며, 될 대로 되라는 철학을 가지고 있었습니다.

오늘날 우리는 어떻습니까? 이 세상의 문제는 경제 문제가 아닙니다. 영적인 문제입니다. 세상 사람들의 영적인 회개가 없이는 이 세상의 문제는 계속해서 인류의 재난이 될 것입니다. 많은 사람이 우리의 불행을 경제적으로 정치적으로 사회적으로 해결해 보려고 합니다. 돈을 더 모으고 더 열심히 일하고 명예를 구하고 공부도 해 보지만, 이런 것으로는 우리의 불행을 결코 해결할 수 없습니다. 오직 영적으로 바로 서고 가치관을 바르게 세우며 인생관이 변해야 합니다. 그러지 않는 한 돈도 명예도 아무 소용이 없습니다. 오히려 우리 문제를 더 교묘하게 꼬이게 할 것입니다.

하나님과의 관계 문제

이 문제에는 실은 더 깊은 곳에 근본 원인이 있는데, 바로 하나님과의 관계 문제입니다.

술집에 가서 꼭 소주를 두 병씩 마시고 가는 사람이 있었습니다. 주인이 왜 두 병씩 마시느냐 물으니 "나에게는 둘도 없는 친구가 있었어요. 그 친구가 죽으면서 '내 몫까지 마셔 주게'라고 해

서 친구 몫까지 두 병을 마시는 것입니다"라고 대답했습니다. 그
런데 어느 날은 와서 한 병만 마시는 것입니다. 주인이 놀라서 왜
한 병만 마시느냐고 물었습니다. "의사 말이, 간이 나빠져서 술
을 계속 마시면 죽는다고 하더라고요. 그래서 술을 끊었습니다."
주인은 이해가 되지 않아서 다시 물었습니다. "하지만 한 병을 마
시고 있잖아요." 그러자 그 남자가 대답했습니다. "이 한 병은 죽
은 친구 몫입니다."

이 세상 사람들의 모든 죄악이 이런 핑계, 이런 길, 이런 방법으
로 계속 진행됩니다. 핑곗거리를 만들어 가면서까지 세상의 일락
에 빠져들어 죄를 짓고 있다는 것입니다.

저수지를 만들고 무기를 점검하는 이스라엘 백성들에게 하나
님께서 말씀하셨습니다.

> "…너희가 이를 행하신 이를 앙망하지 아니하였고 이 일
> 을 옛적부터 경영하신 이를 공경하지 아니하였느니라"(11
>
> 절).

이스라엘이 이 일을 행하신 이 곧 여호와를 공경하지 않았다고
말씀합니다. 앗수르가 예루살렘으로 쳐들어온 것은 하나님이
하신 일이었습니다. 그러므로 이스라엘은 이런 일을 일으키신 하
나님의 의도가 무엇인가를 깨달아서 그 뜻에 합당한 삶을 살면
앗수르를 물러가게 하신다는 것을 알아야 했습니다. 그들은 어

려운 일을 당했을 때 몸부림치며 노력했지만, 그 모든 문제의 근본이자 세상만사를 주관하며 역사의 수레바퀴를 움직이시는 하나님께로 돌아오지 않았으므로 아무것도 해결할 수 없었던 것입니다.

우리에게도 어려운 일이 생깁니다. 그러면 내 방법으로 이렇게도 하고 저렇게도 하며 우리 힘으로 많은 수단과 방법을 강구합니다. 더 좋은 사람, 더 좋은 전문가, 더 큰 은행, 더 많은 돈, 더 좋은 병원을 찾아갑니다. 그러나 우리의 문제 곧 인간의 근본적인 문제는 인간의 어떠한 힘으로 고칠 수가 없습니다. 오직 우리를 지으신 하나님, 우리의 주인이신 하나님께로 돌아가야만 해결됩니다.

이 사실을 깨닫지 못한 이스라엘 백성은 그 노력이 수포로 돌아갔고 결국 앗수르에 멸망 당했습니다.

"그날에 주 만군의 여호와께서 명령하사 통곡하며 애곡하며 머리털을 뜯으며 굵은 베를 띠라 하셨거늘"(12절).

진정한 회개를 하라는 말씀입니다. 하나님 앞에 돌아오라는 말씀입니다. 근본적으로 하나님 말씀대로 살지 않으면 안 된다는 말씀입니다. 내 삶의 방식이, 내 인생관이 하나님 뜻대로 바뀌지 않으면 우리 앞에 닥친 문제와 어려움은 절대 해결되지 않습니다. 지금 우리에게 정말로 필요한 것은 돈이 아닙니다. 자식이 명문 학교에 진학하는 것도 아닙니다. 우리가 하나님의 용서를 받는 것, 그 하나님 앞에 감사하면서 하나님을 위해서 살아가는 길 밖에는 없습니다.

내 삶의 성벽에 균열이 생겼습니까? 앗수르가 쳐들어왔습니까? 해결책이 있습니다. 하나님께로 돌아가는 것입니다. 오직 그분만을 붙잡고 십자가 대속의 공로를 의지하십시오. 주님을 붙드십시오. 주님과 함께하십시오. 그럴 때 진정으로 우리의 모든 문제, 경제 문제든 건강 문제든 가족 문제든 혹은 죽음의 문제든 다 해결되기 시작할 것입니다.

하나님은 우주의 주관자이십니다. 참새 한 마리도 하나님이 허락하지 않으면 떨어지지 않는다고 성경은 말씀합니다. 오직 그분을 바라보십시오. 그분을 구하십시오. 성이 무너질 때 더욱더 주님을 바라보는 여러분이 되시기를 주님 이름으로 바랍니다.

모든 것이 잘될 때

사삿기 8:22-28

· · ·

한 여행객이 알프스산맥의 정상에 올랐습니다. 거기 서 있는데 갑자기 안내원이 크게 소리를 질렀습니다. "Down, please! Kneel down, please!"(무릎을 꿇으시오. 무릎을 꿇으시오. 그렇지 않으면 바람에 날아갑니다.) 그는 재빨리 무릎을 꿇어 위기를 모면하였습니다. 그렇습니다. 정상에 오른 사람은 조심해야 합니다. 끊임없이 겸손하게 무릎을 꿇어야 정상에 머물 수 있습니다. 등반가인 오은선 씨도 이렇게 말했습니다. "나는 정상에서 5분 이상 머문 적이 없습니다. 살아서 돌아가는 것, 그것이 최고의 등반입니다." 정상에서 교만해서는 안 된다는 말입니다.

본문에 나오는 사사 기드온은 사사로 부름 받기 전에는 무명이요 겁이 많은 사람이었습니다. 그뿐만 아니라 그의 아버지 요아스는 집에 바알 신과 아세라 신의 단을 만들어 놓고 우상을 섬기는 사람이었습니다. 그러던 그가 어느 날 여호와의 사지를 만나 "큰 용사여 여호와께서 너와 함께 계시도다" 하는 말을 듣고 돌아가서는 용기를 내어 하나님의 명령대로 바알의 단을 훼파하고 아세라 상을 찍어 냈습니다. 그런 기드온을 하나님이 기뻐하며 함께하므로 이스라엘의 대적인 미디안 족속을 물리치게 하고 민족의 지도자로 우뚝 서게 하셨습니다. 기드온의 인생에 황금기가 찾아온 것입니다.

여호와께서 다스리시리라

기드온의 용사 300명만으로 미디안과의 전쟁에서 대승을 거둔 이스라엘 백성들은 감격하고 흥분했습니다. 이스라엘을 절망 속에서 구해 주신 분은 하나님이었습니다. 적은 군대를 가지고 비교조차 할 수 없는 큰 군대를 물리치게 하신 분도 하나님이었습니다. 기드온에게 용기와 통솔력을 주시고 승리의 전략을 주신 분도 하나님이었습니다. 그런데 이런 기적적인 승리의 영광 속에 이스라엘의 관심은 하나님이 아니라 기드온에게 쏠려 있었습니다.

> "그때에 이스라엘 사람들이 기드온에게 이르되 당신이 우리를 미디안의 손에서 구원하셨으니 당신과 당신의 아들과 당신의 손자가 우리를 다스리소서 하는지라"(22절).

백성들은 기드온이 왕이 되기를 바랐습니다. 기드온이 마음만 먹으면 얼마든지 왕이 될 수도 있었습니다. 그러나 기드온은 이런 집단적인 열광에 휩쓸리지 않았습니다. 백성들의 반응은 기드온에게, 아니 누구에게나 달콤한 유혹이었을 것입니다. 자기 국민에게서 권세와 특권을 부여받는 것은 굉장한 일이므로 이런 요청을 받는다면 누구든 한번 나서 보고 싶은 충동이 들게 마련입니다.

그러나 기드온은 그렇게 하지 않았습니다. 단호하게 사양했습니다. 백성을 통한 달콤한 유혹을 단호하게 거부했습니다. 그의 단호함에는 철저하게 하나님이 통치자라는 사실을 드러내고 있습니다.

> "기드온이 그들에게 이르되 내가 너희를 다스리지 아니하겠고 나의 아들도 너희를 다스리지 아니할 것이요 여호와께서 너희를 다스리시리라 하니라" (23절).

얼마나 훌륭한 대답입니까? 얼마나 아름다운 모습입니까? 기드온은 이스라엘의 승리가 전적으로 하나님께 있다는 사실을 잘 알고 있었습니다. 모든 전쟁은 여호와께 달려 있다는 사실을 알고 있었습니다. 그래서 모든 영광과 존귀를 하나님께 돌렸습니다. 참으로 훌륭한 신앙의 모습을 보여 주고 있습니다. 우리가 본 받아야 할 아름다운 신앙이라고 말 할 수 있습니다. 그런데 만약 기드온의 역사가 여기에서 끝났다면 그는 말 그대로 이스라엘 역사상 가장 위대한 인물로 남아 있었을 것입니다.

기드온의 금에봇

안타깝게도 그의 이야기가 여기서 끝나지 않았습니다. 기드온은 백성들에게 사소한 요청을 하나 했습니다.

"…내가 너희에게 요청할 일이 있으니 너희는 각기 탈취한 귀고리를 내게 줄지니라…"(24절).

백성들은 기쁜 마음으로 귀고리를 모아 기드온에게 줬습니다. 모인 금이 1,700세겔이라고 했습니다. 지금의 계량법으로 계산해 보면 19.38킬로그램입니다. 1돈이 3.75그램이니까 5,168돈이며, 한국금거래소 계산에 의하면 현재 기준으로 살 때 약 16억 5,300만 원, 팔 때는 15억 4,000만 원 정도의 액수입니다.

기드온은 금을 받아서 에봇을 만들었습니다. 에봇은 대제사장이 입는 조끼 모양의 상의(上衣)입니다. 특별히 하나님의 뜻을 묻고자 할 때 대제사장은 에봇을 입고 우림과 둠밈으로 판결을 구하였습니다(출 28:6-30). 그는 실로에 가서 대제사장을 만날 필요 없이 자기 처소에서 하나님의 뜻을 알아보기 위해 에봇을 만든 것입니다. 그러나 이것은 월권으로 자기 분수를 모르는 행위였습니다.

하나님께서 레위인 중에서 제사장을 세우셨고, 그들을 통해 하나님께 제사를 드리게 하고 당신의 뜻을 나타내 주셨습니다. 에봇은 오직 제사장만 입을 수 있고, 제사장만을 위한 옷이었습니다. 그런데 지금 기드온은 제사장도 아니면서 화려한 금에봇을 입고 직접 하나님과 소통하겠다는 의도를 드러냈습니다. 하나님이 세우신 사사였지만 혼자서 대제사장 역할까지 하려는 것이었습니다. 이것은 명백한 교만이며, 분수를 모르는 행위입니다.

성경에는 공적을 쌓은 교만에 바진 예가 많습니다. 솔로몬 다음으로 명성을 떨친 웃시야의 오랜 치세 아래 유다의 국력은 그 절정에 이르렀습니다. 웃시야는 군사력과 경제력을 크게 신장시켰습니다. 그는 블레셋족과 아라비아족을 정복하였고 암몬족으로부터 조공을 받았으며 전 국토를 요새화하고 군대를 재편성하였습니다. 전군(全軍)에 방패, 창, 투구, 갑옷, 활, 물매를 마련해 주었고, 활을 쏘고 큰 돌을 던지는 무기를 기술자에게 고안하게 하여 예루살렘 성 망대들과 성 귀퉁이마다 설치해 놓게 하였습니다(대하 26:14-15). 그는 왕으로서, 행정가로서, 또 군의 총사령관으로서 탁월한 수완을 발휘하여 왕국 분열 이래 유다의 국토를 가장 넓게 다스렸습니다.

그런데 그의 능력 때문에 교만 방자해져서 제사장들만이 할 수 있는 일인 제단의 분향을 자기 마음대로 하고자 했습니다. 대제사장 아사랴와 용감한 사제 80명이 뒤따라 들어가 웃시야 왕을 가로막고 말했습니다. "웃시야 왕이여, 여호와께 분향하는 일은 왕이 할 일이 아니오. 분향하는 일은 선별된 아론의 후손 사제들이 할 일이오. 이 성소에서 나가시오. 이렇게 하나님을 거역하셨으므로 여호와 하나님의 영광이 왕을 떠나셨소." 이 말을 들고 웃시야는 화를 냈습니다. 그때 그의 이마에 나병이 생기기 시작하여 그는 나병 환자로 여생을 보내야 했습니다. 여호와의 성전에 들어갈 수 없는 몸이 되었고 별궁에서 홀로 나병을 앓으며 지내야 했습니다(대하 26:18-21).

사람은 산에서는 발을 헛디뎌서 넘어지지 않으나 개밋둑 같은 언덕에서는 넘어지는 수가 있습니다. 그러므로 조심해야 합니다. 기드온은 모아 온 금귀고리로 에봇을 만들어 고향 오브라에 두었습니다. 이것은 영적인 음란죄입니다. 그들의 믿음을 여호와 하나님께 두지 못하도록 만들어, 결국 온 이스라엘이 그것을 음란하게 위하였으므로 그것이 기드온과 그 집에 올무가 되었습니다.

> "기드온이 이미 죽으매 이스라엘 자손이 돌아서서 바알들을 따라가 음행하였으며 또 바알브릿을 자기들의 신으로 삼고 이스라엘 자손이 주위의 모든 원수들의 손에서 자기들을 건져내신 여호와 자기들의 하나님을 기억하지 아니하며"(삿 8:33-34).

기드온이 죽자 어떤 일이 일어났습니까? 백성들은 기다렸다는 듯이 바알을 열렬히 숭배하기 시작하였습니다. 하나님을 기억하지도 않았습니다. 이스라엘의 신앙을 무너뜨린 것입니다.

기드온은 젊은 날 바알 신앙을 부수며 종교 개혁을 단행했습니다. 백성들로부터 환호받으며 인기인이 되자 자기 우상화의 죄를 지었으며, 결국 그것으로 말미암아 후대 공동체에 악영향을 끼치고 말았습니다. 기드온이 사는 날 동안 평안한 것 같았습니다. 그러나 그 평안은 참 평안이 아니었습니다. 평안이 참 평안이 아니었습니다. 그러므로 누구나 선 줄로 생각하면 넘어질까 조심해야 합니다.

> "근신하라 깨어라 너희 대적 마귀가 우는 사자같이 두루 다니며 삼킬 자를 찾나니"(벧전 5:8).

시험에는 장사가 없습니다. 시험은 눈꺼풀을 흐리게 하는 능력이 있어 누구나 시험에 빠지게 합니다. 사람은 다 약하기 때문에 누구나 시험에 빠집니다. 믿음의 조상이라고 불리는 아브라함도 시험에 빠진 일이 있지 않습니까? 그러므로 조심하라고 하는 경고는 누구에게나 필요합니다. 달콤하게 다가오는 유혹에 눈꺼풀이 닫히지 않도록 조심해야 합니다.

여러 해 전에 어느 장로님과 대화를 나누는 중에, 장로님이 늘 기도만 하면 하나님께서 우리 교회가 4부 예배를 드리는 모습을 환상으로 보여주신다면서 성전이 가득 찬 모습을 볼 때마다 가슴이 벅차다고 했습니다. 참 감사한 말씀입니다. 며칠 뒤에 그 장로님이 이렇게 말씀했습니다. "오늘은 이런 생각이 들었습니다. '호사다마'라고, 그럴 때 마귀가 틈타고 교회 성장을 막으려고 훼방을 놓겠지요. 누가 그 마귀가 될지 모르고 내가 될 수도 있으니 우리가 더 경성(警醒)해야 하겠습니다."

모든 것이 잘될 때가 더 위험하다

그렇습니다. 위험은 항상 잘 달릴 때 나타납니다. 자동차가 속도를 낼 때 더 위험한 것처럼, 성장의 때에 더 조심하고 더 기도해야 합니다. 그런 점에서 기드온의 오늘 모습은 우리에게 큰 교훈을 줍니다. 기드온은 외부로부터의 공격에서는 승리했지만, 내부로부터는 영적으로 타락해 가고 있었습니다. 그러므로 조심해야 합니다. 모든 일이 다 잘되고 평안할 때 우리의 심령이 죄에 빠지고 넘어지기 쉽기 때문입니다.

다윗도 전쟁할 때는 죄를 범하지 않았습니다. 그러다 직접 나가 싸울 필요가 없게 되고 궁전에 머물면서 낮잠을 잘 수 있는 여유가 생기고 나라가 평안할 때 죄를 범하고 넘어졌습니다. 우리는 누구나 다 넘어질 수 있습니다. 그러므로 모든 것이 잘될 때 오히려 넘어질까 조심해야 합니다. 영적으로 가장 충만한 순간조차도 시험에 빠질 가능성이 있습니다. 그러므로 선 줄로 생각할 때 넘어질까 조심해야 합니다.

사람마다 약점이 있는데 사탄은 언제나 그 약점을 공격합니다. 약한 데를 찌릅니다. 그 이유는 자신의 그 약점을 보호하기 위해 하나님의 뜻을 생각하기 보다 자신의 뜻을 앞세우기 때문입니다. 사탄은 자기를 보호해야 한다는 본능으로 작용하여 하나님의 뜻을 거스르게 합니다. 그래서 사탄은 가장 약점을 공격합니다. 쇠사슬이 아무리 길고 강해도 그 가운데 고리 하나가 약해서 끊어지면 결국 그 쇠사슬은 쓸모없어지고 맙니다.

시험을 만날 때

어느 목사님이 들려준 이야기입니다.

자기가 섬기는 교회의 한 여집사님이 어려움을 많이 당했습니다. 아들이 집을 나가 괴로움을 겪는 중에 남편이 교통사고까지 당했습니다. 딱하고 안타까운 마음에 목사님이 여집사님을 위로하노라고 "집사님 가정을 위해 기도하고 있습니다"라고 했습니다. 그러자 그가 되물었습니다. "목사님 뭐라고 기도하십니까?" 당돌한 질문에 순간 당황했지만 잘 대답했습니다. "하나님께서 은총을 주시어 집사님의 고난을 면하게 해 달라고 기도합니다." 그 집사님이 뜻밖의 대답을 했습니다. "목사님, 그렇게 기도하지 마세요. 저는 이 시련을 통해서 하나님께서 내게 주시는 은혜를 다 받으려고 합니다. 그래서 끝까지 참고 견뎌낼 겁니다. 그러니 목사님, 제가 그 축복을 결국 다 받아서 오늘 당하는 이 고난이 헛된 고난으로 끝까지 않게 해 달라고 기도해 주세요."

생각해 보니 옳은 이야기입니다. 여러분도 "내가 당하는 이 고난이 헛된 것으로 돌아가지 않게 해주세요. 그리하여 크고 놀라운 축복, 하나님께서 약속하고 예비하신 축복을 꼭 받을 수 있게 해주세요"라고 기도할 수 있기를 바랍니다. 이것이 오늘 시험을 당하는 자의 올바른 자세입니다. 시험은 당하는 것이 아니라 이기는 것입니다. 손해를 보는 것이 아니라 유익한 것입니다. 약하게 하는 것이 아니라 강하게 하는 것입니다.

바다가 너무 조용하면 썩는다고 합니다. 바다에 작고 큰 파도가 쳐야 신선함이 유지되고, 이를 통해 공기 중의 산소가 바다 깊숙이 들어가야 깊은 바다의 물고기가 살 수가 있다는 것입니다. 그래서 태풍도 반드시 필요합니다. 겨울에 바람이 없으면 좋은 것 같아도 나뭇가지가 썩고 나무가 죽습니다. 바람이 불기 때문에 나무 끝까지 수분과 영양이 공급되어 봄에 싹을 틔우는 것입니다. 그런 까닭에 하나님께서는 겨울에도 찬바람을 주십니다. 그것이 하나님의 섭리입니다.

우리 인생도 마찬가지입니다. 너무 순탄하고 형통하면 믿음이 썩을 수 있습니다. 그래서 하나님께서 때로는 우리에게 고난, 역경의 풍랑을 주셔서 우리의 믿음을 훈련하십니다.

"고난 당하기 전에는 내가 그릇 행하였더니 이제는 주의 말씀을 지키나이다"(시 119:67).

고난 당하기 전에는 마음대로 죄를 짓고 살았는데, 고난을 당한 후에는 정신을 바짝 차리고 말씀대로 살게 되었다는 것입니다. 그러므로 고난은 오히려 하나님 앞에서 살도록 우리를 일깨워 주시는 하나님의 은혜입니다.

추운 겨울, 아기를 안고 길을 가던 한 여인이 외딴길에서 쓰러졌습니다. '나와 아기는 이제 죽는구나…' 이렇게 생각할 때 마침 마차 한 대가 지나갔습니다. 여인은 목청껏 소리를 질렀습니다. "아저씨, 살려 주세요. 우리가 죽게 생겼어요." 마부가 내려서 얼어 죽어가는 여인과 아기를 보더니, 여인을 밀쳐 넘어뜨리고 아기를 빼앗은 후 마차에 올라타고 달리기 시작했습니다. 아기를 빼앗긴 여인은 아기를 돌려 달라고 소리치며 마차를 따라갔습니다. 마차는 여인이 놓치지 않을 만한 속도로 계속 달렸습니다.

그렇게 달리며 20분 정도 지났을 때 마차가 멈추었습니다. 마부가 내려서 여인에게 말했습니다. "미안합니다. 하지만 그때 당신은 얼어 죽어가고 있었고, 마차에 태워도 살기 힘들어 보였습니다. 그래서 일부러 움직이게 한 것이니 이해해 주십시오." 마부의 지혜로운 행동 덕분에 여인과 아기 모두 살았습니다. 20분간의 고통은 여인을 살리기 위한 것이었습니다.

하나님께서 때로는 우리에게 어려움을 주십니다. 내 가정과 내 일터에, 내 인생에 풍랑이 몰아치는 것은 하나님께서 우리를 훈련하게 하려고, 정신 차리게 하려고, 우리를 살리려고 하심이 아닐까요? 이때 우리가 원망하고 불평하면 마귀에게 걸려듭니다. 그러나 그 순간에도 끝까지 인내하고 하나님을 바라보면 마침내 승리할 것입니다. 그러므로 여러분은 그럴 때 더욱 주님의 십자가를 붙드실 수 있기를 바랍니다.

여러 해 전에 한일장신대 졸업식에 이사로 참석하여, 당시 정장복 총장님의 설교를 아주 감명 깊게 들었습니다.

"사랑하는 졸업생 여러분, 그대들을 보내는 여러분의 모교는 여러분에게 순풍만이 있기를 바랍니다. 그러나 순풍은 우리의 희망일 뿐입니다. 역풍과 순풍은 창조주 하나님의 손에 있습니다. 역풍이 있어야 땀 흘리는 긴장이 있고 필요한 지혜를 찾게 됩니다. 저의 간절한 부탁입니다. 순풍은 순풍대로 즐기고 역풍은 역풍대로 즐기면서 여러분에게 주어진 삶의 가치를 새롭게 인식하십시오. 하나님의 위대한 섭리를 쳐다보십시오. 여러분을 포기하시지 않고 붙들고 이모저모로 연단하시는 깊은 뜻을 헤아리십시오. 순풍을 만나면 기쁨과 감사의 찬송을 잊지 마십시오. 그리고 역풍을 만나면 십자가 위의 주님의 눈동자에서 여러분의 눈을 떼지 마십시오. 자신을 붙들고 있는 목자가 누구인지를 언제나 잊지 말고 그 손을 놓지 마십시오."

세상이 나를 유혹할 때, 눈을 들어 십자가의 주님을 바라보십시오. 그래서 아무리 마귀가 우리를 넘어뜨리려 해도 주님의 능력의 오른팔에 꼭 붙들려 승리하는 삶을 살아가시길 바랍니다.

봉하지 않은 편지

느헤미야 6:1-9

• • •

미국에서 최고 인기 스포츠인 미식축구는 선수가 공을 잡고 뜁니다. 아무리 빨리 달려도 상대 선수에게 안 잡히기가 쉽지 않습니다. 그럴 때 동료들이 기술적으로 상대편을 막아 주면 잘 달려 터치다운 할 수가 있습니다.

우리가 승승장구하고 있다면 그건 나만의 힘이 아닙니다. 주변에 돕는 많은 이들 덕분이고, 무엇보다 하나님께서 돌보아 주시는 은혜 때문입니다. 그런데도 때로는 길이 막힙니다. 누군가 자꾸 길을 막기 때문입니다. 그렇다고 포기하면 안 됩니다. 더 힘을 내서 달려야 합니다.

마더 테레사는 수녀가 되고 기도 중에 인도함을 받아 2년 후 '사랑의 선교회'를 설립했습니다. 1952년에 그녀가 인도 콜카타에 가난하고 병들고 버림받은 사람들을 돌보기 위해 작은 건물을 준비하고 '니르말 흐리다이'(순결한 마음)라고 명명했습니다.

그러나 이 사역을 시작하자마자 이웃에 있던 힌두교 지도자들의 격렬한 반대에 직면했습니다. 시위, 폭력, 위협이 계속되었고 그녀의 스태프들조차도 장소를 옮기는 것이 좋겠다고 제안했습니다. 그러나 테레사는 '내가 죽지 않는 한 떠날 수 없다'라면서 "나를 부르신 이가 내게 맡기신 일이 있기 때문입니다"라고 그 이유를 말했습니다. 이것을 '사명'이라고 부릅니다.

성경 본문에 등장하는 느헤미야도 사명의 사람이었습니다. 1절에서 느헤미야가 성을 재건하는 과정에서 겪은 어려운 일들을 소개하고 있습니다. 사실 70년 동안 폐허였던 성을 재건하는 것은 쉬운 일이 아니었습니다. 특히 주변 국가들이 가만히 있지 않았습니다. 집요한 방법으로 방해 공작을 폈습니다. 그러나 이런 어려움과 위험 속에서도 느헤미야는 성을 재건하는 일에 최선을 다했습니다.

시험과 타협의 위기

> "산발랏과 도비야와 아라비아 사람 게셈과 그 나머지 우리의 원수들이 내가 성벽을 건축하여 허물어진 틈을 남기지 아니하였다 함을 들었는데 그때는 내가 아직 성문에 문짝을 달지 못한 때였더라"(1절).

문짝을 달기 전에 위기가 왔다는 것은 큰일이 마무리되기 직전에 위기가 왔다는 의미입니다. 우리의 삶 속에서도 이제 다 되었다 싶을 때, 이만하면 되었다고 여길 때 위기가 올 수 있습니다. 신앙의 위기는 교만할 때 오므로 늘 겸손해야 합니다. 날마다 말씀 앞에 서야 합니다. 또 마무리를 제대로 하지 못하면 위기가 올 수 있습니다. 그러므로 위기와 시험이 들어오지 못하도록 문짝을 어서 달아야 합니다. 그리고 유혹과 시험을 이기는 삶을 살아야 합니다.

본문 2절을 보니 원수들은 평화 협상이라는 가면을 쓴 채 오노 평지의 한 촌에서 만나자고 제의해 왔습니다. 4절을 보면 네 번씩이나 사람을 보내 만나서 평화적으로 대화를 나누자고 회유했습니다. 그러나 이것은 기만이었고 술수였습니다. 2절 후반부를 보면 "실상은 나를 해하고자 함이었더라"라고 했습니다. 그들은 느헤미야를 오노 평지로 유인한 다음 암살하려고 했습니다. 느헤미야는 이 만남을 거절하여 위기를 모면했습니다. 우리는 유혹의 만남, 회유하는 만남을 잘 분별해야 합니다. 그 꼬드김에 넘어가지 말아야 합니다.

신앙생활을 하다 보면 유혹의 위기를 만날 때가 많습니다. 특히 영적으로 시험을 들게 하는 사람은 멀리 있는 사람이 아니라 오히려 가까이 있는 사람입니다. 어쩌다 1년에 한두 번 만나는 사람들이 시험을 줄까요? 그렇지 않습니다. 밤새도록 기도하고 영적으로 충만하여 집으로 돌아가다가 은혜를 깨트리는 일이 발생합니다. 그때에 잘 이겨야 합니다. 예수님도 그랬습니다. 그 당시 하나님의 일을 열심히 한다고 자부한 서기관, 바리새인, 종교 지도자들이 예수님을 반대했고 괴롭혔습니다.

동방의 의인이라는 욥을 정말 힘들게 했던 사람이 누구입니까? 자신을 위로해 줄 줄 알았던 친구들이었습니다. 욥이 고난당할 때, 정말 그를 위로했습니까? 아닙니다. 친구들은 '네가 잘못이 있어서 그래, 반성해야 해, 죄의 대가야' 하며 위로를 빙자하여 욥을 비판하면서 그가 맥 빠지고 힘들게 했습니다. 정말로 위로해야 할 사람들이 위로는커녕 오히려 아픔을 주었습니다.

이럴 때 필요한 위로는 무엇일까요? 무조건 위로하는 것입니다. "내가 널 잘 알지. 네 억울함도 알아. 네 마음도 알아. 하나님의 뜻이 있을 거야." 이런 것이 위로 아니겠습니까.

인도네시아 선교사님께 오래전에 들은 이야기입니다. 인도네시아의 어떤 종족의 할머니들의 손가락이 몇 마디씩 없다고 합니다. 고통 가운데 있는 사람들에게 위로의 마음을 전하기 위하여 손가락을 잘라서 전달했기 때문입니다. 손가락 마디를 자르므로 평생 이웃의 고통에 내가 함께하고자 함입니다. '네가 자식 잃은 고통 내가 알아.' '네가 부모를 잃은 그 고통, 내가 알아. 함께 아파해 줄게.'

마르틴 루터는 종교개혁을 일으켰습니다. 혼자의 몸으로 세상을 뒤흔들던 로마 천주교를 맞선다는 것은 불가능한 일처럼 보였습니다. 때로 좌절했고 포기하고 싶을 때도 여러 번 있었습니다. 무서운 절망감에 신음하기도 했습니다. 그때마다 그의 친구요 후배였던 멜란히톤이 루터에게 편지를 보냈습니다. "루터! 우리가 발견한 복음은 분명한 하나님의 진리라오. 우리가 믿는 것이 분명히 진리라면 진리는 승리한다는 사실도 믿어야 할 것이

오…." 편지의 끝부분에는 이런 고백이 담겨 있었습니다. "하나님이 우리를 위하시면 누가 우리를 대적하리오. 우리를 사랑하시는 예수 그리스도 안에서 우리는 넉넉히 이기느니라!" 친구의 격려와 위로는 루터에게 큰 용기를 주었습니다.

더 나아가, 진정한 위로와 힘은 어디에서 옵니까? 하나님에게서 옵니다. 그러므로 주님을 바라보아야 합니다. 주님이 함께하심을 믿어야 합니다. 그럴 때 하나님께서 여러분에게 힘과 능력이 되실 줄 믿습니다.

우리는 영적인 원수를 잘 알아야 합니다. 느헤미야를 방해한 자들은 선지자로 불리던 여선지 노아댜와 하나님의 전에서 두문불출하며 하나님 곁에 거하는 것으로 보였던 스마야입니다. 이들이 방해꾼이 될 줄 누가 알았겠습니까? 하나님을 섬기는 자들이기에 협력할 줄 알았는데, 이들은 협력하기는커녕 느헤미야의 생명까지도 노렸습니다.

사실 가까이 있는 사람들이 좋은 영향을 미치기도 하지만 부정적인 영향을 제일 많이 주기도 합니다. 스마야가 느헤미야에게 접근하듯 다정한 척하고 우리에게 다가오는 사람들이 있습니다. 그러므로 우리는 날마다 영적인 파수꾼을 세우고 영적인 경계를 늦추지 말아야 합니다. 말씀의 능력으로 무장해야 합니다.

중상과 모략의 위기

"산발랏이 다섯 번째는 그 종자의 손에 봉하지 않은 편지를 들려 내게 보냈는데"(5절).

산발랏은 악성 루머를 일부러 만들어 봉하지 않은 편지를 보냈습니다. 봉하지 않았다는 것은 소문을 퍼뜨리겠다는 말입니다. 편지에는 '네가 왕이 되기 위해 성을 재건한다는 소문이 널리 퍼지고 있다. 만일 그것이 사실이라면 너는 역적 모의를 한 것이니 그 죄를 면치 못할 것이다. 만나서 사실 여부를 허심탄회하게 이야기해 보자'라는 내용이 담겨 있었습니다. 다른 말로는 '소문에 의하면 성을 건축하고 네가 왕이 되려고 하는 모양인데, 이 일로 나와 의논하자. 내 말 안 들으면 좋지 못할 것이다'라고 할 수 있습니다. 그러나 이 말은 한마디로 중상모략입니다. 유언비어를 퍼뜨리려는 의도였습니다.

오늘날도 마귀는 성도와 교회를 쓰러뜨리려고 입으로 상처를 내는 작전을 펼칩니다. 영적 침체기에 빠져드는 결정적인 사람들을 보면, 자신이 마귀의 도구가 되는 줄도 모르고 말의 실수를 달고 다닙니다. 그래서 성경은 입의 실수가 없으면 온전한 자라고 했고, 작은 불씨가 산을 태우듯이 혀는 사람을 사른다고 했습니다. 중상모략은 사람의 가슴을 찢고 공동체를 파괴합니다. 가정을 더럽히고 교회와 나라와 의인을 무너뜨립니다.

한 수도사가 젊은 과부 집에 자주 드나들자 이를 본 마을 사람들은 좋지 않은 소문을 퍼뜨리며 수도사를 비난했습니다. 얼마 후 그 과부가 세상을 떠났습니다. 그제야 마을 사람들은 수도사가 병에 걸린 젊은 과부를 위로하고 돌보았다는 사실을 알게 되었고, 그동안 가장 혹독하게 비난했던 두 여인이 수도사를 찾아가 사과하며 용서를 빌었습니다. 수도사는 그들에게 닭털을 한 봉지씩 나눠주며 들판에 가서 그것을 바람에 날리고 오라고 하였습니다. 얼마 후 닭털을 날리고 돌아온 여인들에게 다시 그 닭털을 주워 오라고 하였습니다. 여인들은 바람에 날아간 닭털을 무슨 수로 줍겠느냐며 울상을 지었습니다. 수도사는 여인들의 얼굴을 쳐다보며 말했습니다. "하나님은 참회하는 자들을 용서하지만, 당신이 음해한 거짓말은 다시는 회수할 수 없다는 것을 기억하십시오." 한번 내뱉은 말은 다시 담을 수 없습니다. 거짓은 비방하는 상대를 망가뜨리고, 그 말을 듣고 있는 사람도 망가트립니다.

> "우리가 다 실수가 많으니 만일 말에 실수가 없는 자라면 곧 온전한 사람이라 능히 온몸도 굴레 씌우리라"(약 3:2).

사람은 실수가 많은 존재입니다. 그러나 말에 실수가 적다면 그는 온전한 사람입니다. 말은 그 사람의 인격을 나타내고 동시에 그의 인격을 지배하기 때문입니다. 또한 말은 다른 사람을 오염시키는 영향력이 있습니다. 그러므로 말을 조심하여야 합니다.

독일의 위대한 작가인 괴테의 집은 그와 이야기를 나누려는 사람들로 언제나 북적거렸다고 합니다. 찾아오는 사람들의 직업도 다양했습니다. 그런데 그들 중에는 대화의 대부분을 남의 험담이나 음담패설로 채우는 사람들이 있었습니다. 괴테는 그 사람들이 갈 때 정중하게 타일렀습니다. "휴지나 음식 부스러기를 우리 집에 흘리는 것은 괜찮습니다만 더러운 말을 흘리는 것은 용납할 수가 없습니다. 그런 말들을 모두 주워 가십시오. 그리고 다시는 제집에 가지고 오지 마십시오. 이런 말들은 공기와 행복을 더럽힙니다." 참으로 지혜로운 권면입니다. 다른 것들의 오염은 일시적입니다. 음식을 흘리면 청소하거나 빨래하면 됩니다. 그러나 말을 잘못 사용하여 더럽혀졌을 때는 그것을 지울 수 없습니다. 그뿐 아니라 그런 말은 다른 사람들의 마음에 남아서 또 다른 사람의 마음을 더럽힙니다. 언어생활을 할 때 나부터 말을 조심하여 다른 사람의 마음을 더럽히는 어리석음을 범하지 말고, 또한 잘못된 말을 듣지 않아 내 마음을 더럽히지 않는 지혜를 소유하시기 바랍니다.

〈세 황금문〉이라는 시는, 사람이 말을 할 때 통과하는 세 문을 이야기합니다. 첫째는 '이것이 사실인가? 진실인가?'의 문이고, 둘째는 '이 말을 했을 때 유익한가? 덕을 세우는가?'의 문이며, 마지막 셋째는 '말하는 태도가 친절한가? 말의 동기가 사랑인가?'의 문으로, 이것을 통과한 다음에 말하라고 했습니다.

기도하라

느헤미야가 마음에 상처를 내는 말을 들었을 때 어떻게 해결했습니까? 기도했습니다. 하나님의 도우심을 바라며 간절히 기도했습니다. 9절의 말씀입니다.

"…내 손을 힘 있게 하옵소서…"(9절).

처음 그 말을 들었을 땐 손에 힘이 빠질 만큼 불쾌했지만, 유언비어의 본질을 파악하고는 깨달았습니다. 그리고 기도했습니다. "이것은 내 손에 힘을 빼서 성을 재건하지 못하게 하는 사탄의 작전입니다. 그렇다고 하면 나는 사탄과의 전쟁을 선포하겠습니다. 주님, 내 손에 힘을 주어서 이 성을 계속 건축하게 해주십시오."

느헤미야는 자신의 앞날보다 하나님의 일에 더 깊은 관심을 가졌습니다. '왕이 나를 오해해서 죽인다 할지라도 끝까지 무너진 하나님의 성벽을 재건하겠으며, 내 이름이 땅에 떨어진다 해도 하나님 나라에 유익이 된다면 나는 그 길을 선택하겠습니다'라고 마음먹었습니다. 그리고 기도합니다. "위대한 하나님! 당신은 흥하고 나는 쇠하여야 하겠습니다. 내 이름이 먹칠을 당할지라도, 내가 고난을 당할지라도, 내 가슴이 난도질을 당할지라도, 당신의 사역에 유익한 길이 있다면, 내 사명의 길이 있다면 나는 두려워하지 아니하고 당당히 그 길을 가겠습니다." 이런 자세로 일한 느헤미야는 어떻게 되었습니까? 중상모략에 빠졌습니까? 아닙니다. 하나님이 그를 높여 예루살렘 총독이 되게 하셨습니다.

여러분! 잊지 마십시오. 봉하지 않은 편지는 오늘도 당신에게 배달됩니다. 그 편지에는 분명한 이유와 목적이 있습니다. 당신 손에 힘을 빼겠다는 사탄의 목적입니다.

한 여집사님의 남편은 가끔 부인을 따라서 교회에 나왔습니다. 그런데 몇 번 나오다가 안 나오고 몇 번 나오다가는 또 나오지 않았습니다. 이유를 알아봤더니 그는 봉하지 않은 편지를 받는 데 명수였던 것입니다. 교회 같지 않은 교회에서 일어나는 온갖 소문은 다 듣고 살아갑니다. 교회에 와서도 장로들의 비리, 못된 집사 이야기만 듣고 다녔습니다. 그래서 예수를 믿지 못한다는 것입니다. 그는 교회 와서도 목사님들의 설교를 신뢰하지 못했습니다. 다른 곳에 귀를 기울였습니다. 여러분, 절대로 봉하지 않은 편지를 들고 다니는 마귀의 하수인이 되지 마십시오. 주의하십시오. 그것이 바로 망하는 길입니다.

느헤미야는 '하나님 억울합니다, 누명을 벗겨 주십시오' 하고 기도하지 않았습니다. 오히려 '하나님, 내 손에 힘을 주어서 끝까지 주님의 역사를 이루어 주시옵소서'라고 기도했습니다. 떨어지는 자신의 명성 때문에 안절부절못하지 않았습니다. 자존심이 문제가 아니라 하나님의 사역이 문제였습니다.

우리도 큰일을 하다 보면 중상모략을 당하고 비난을 받을 수 있습니다. 그러나 큰일을 하려면 느헤미야처럼 의연하게 대처해야 합니다. 큰 나무는 태풍이 불어도 가지만 흔들릴 뿐 그 자리를 굳게 지키지만 작은 나무는 뿌리째 뽑힙니다.

유명한 프로 골프 선수의 말을 기억합니다. "PGA 골프 경기에 나가는 선수 중에 상위 50위 이내에 드는 선수는 다 우승 후보입니다. 50위에 드는 선수는 누구나 다 우승할 만한 실력이 있다는 말입니다. 그러나 우승은 아무나 하는 것이 아닙니다. 마지막까지 흔들리지 않는 선수가 우승합니다. 대부분의 선수는 마지막 홀이나 연장전에 돌입하면 극도의 긴장감으로 골프채를 잡은 손이 떨려서 퍼팅에 성공하지 못합니다. 그러나 타이거 우즈는 연장전이나 막상막하의 경기에서도 어지간해서 흔들리지 않는다고 합니다. 타이거 우즈 선수는 대단한 선수입니다."

그렇습니다. 흔들리지 않아야 목표를 이룰 수가 있습니다.

영국의 어느 장관이 의회에서 국민 보건을 주제로 연설했습니다. 그때 한 의원이 벌떡 일어나 고함을 질렀습니다. "장관은 수의사 출신 아니오? 수의사가 사람의 건강에 대해 얼마나 안다고 그렇게 떠들어 대는 거요." 치졸한 인신공격이었습니다. 의원들의 시선이 연단으로 쏠렸습니다. 그러나 장관은 의원의 급습에도 아랑곳없이 이렇게 답변했습니다. "네. 저는 수의사입니다. 그러니 혹시 어디가 편찮으시면 아무 때든 찾아오십시오."

위기와 도전은 만만치 않지만 겁내지 말아야 합니다. 흔들리지 말아야 합니다. 적들이 느헤미야를 중상모략하고 그가 왕이 되려고 한다는 악성 루머를 퍼뜨렸습니다. 여러분도 악성 루머 때문에 고통을 당한 적이 있을 것입니다. 헛소문 때문에 밤새도록 한숨도 자지 못하고 고통 가운데 밤을 지새운 적이 있을 것입니다.

느헤미야에게 위기가 닥쳤습니다. 성벽 건축을 완성하기는커녕 사리사욕을 위해 동족을 이용한다고 동족들로부터 손가락질 당할 위기에 처했습니다. 물론 그도 인간이기에 속이 상했을 것입니다. 여러 가지 나쁜 소문을 듣고 포기하고 싶은 마음도 들었을 것입니다. 좌절하여 포기하고 싶은 마음도 있었을 것입니다. 그러나 그는 그때마다 기도했습니다. 기도함으로 목표를 향해 달려갔습니다. 여러분, 기도가 능력입니다. 기도는 하나님의 능력을 베푸실 기회입니다. 그래서 성도는 기도하는 일을 게을리 하거나 쉬어서는 않됩니다. 기도로 어려움을 극복하실 수 있기를 바랍니다.

오래전에 읽은, 모퉁이돌선교회에서 발행하는 〈카타콤 소식〉지에 실린 기사의 내용입니다.

> 중국의 감옥에서 출소한 목사님 한 분을 만난 자리에서 "29년 동안 감옥에 계시면서 어떻게 그리 건강할 수 있었습니까?" 하고 물으니, 뜻밖에 "먹고 싶은 것을 먹을 수 있었기 때문이지요"라고 답하였다. 감옥에서 먹지 못해 영양실조로 고통당했을 것이라고 생각했는데, 29년 동안 먹고 싶은 것을 먹을 수 있었다는 목사님의 말이 잘 이해가 되지 않았다. 목사님이 말했다.
> "감옥에서 가장 먹고 싶은 것이 계란이었습니다. 그래서 '하나님 계란이 정말 먹고 싶은데요'라고 기도했습니다. 기도를 시작한 지 사흘이 지나고 나흘째 되는 아침, 일어나 눈을 떠보니 땅바닥에 하얀 것이 있었습니다. 가만히 보니 모양은 계란 같은데, 계란보다는 좀 작았습니다. 혹시 잘못 보았나 싶어서 제 몸을 꼬집어 보았습니다. 색깔이 약간 파랗게 보였는데 가만히 들여다보니 오리알이었습니다. 도대체 이 오리알이 어디서 굴러왔나 싶어 감옥 안을 다 찾아보았으나 찾을 길이 없었습니다. 엉겁결에 오리알의 양 끝을 톡톡 쳐 구멍을 내고는 빨아먹었습니다.

다 먹고 나서도 '설마 하나님께서 이런 기도까지 들으셨겠나' 하는 생각이 들었습니다. 그래서 '하나님! 오늘 계란 대신 오리알 주신 것은 고맙습니다. 내일 아침에도 그렇게 해주실 수 있으신지요?'라고 말씀드린 후 잠을 청했습니다.

아침에 깨어 보니 어제와 똑같은 그 자리에 오리알이 있었습니다. 참으로 이상해서 그날 저녁 '하나님! 세 번도 하실 수 있어요?' 하고 기도한 후 잠을 청했습니다. 다음 날 여전히 같은 자리에 오리알이 놓여 있는 것을 보고 이상하다고 생각했습니다. 도대체 누가 이 오리알을 이곳에 가져다 놓은 것일까 궁금했습니다.

네 번째 날 저녁에는 알의 출처를 보려고 자지 않고 지켜보았습니다. 기다리다 지쳐서 잠을 자려는데 3시쯤 구멍으로 오리알이 하나 데굴데굴 굴러오기 시작했습니다. 가만히 살펴보니, 커다란 쥐 한 마리가 옆에 있는 오리 집에서 오리알을 하나씩 훔쳐다가 그 감옥 안에 둔 것입니다." 그분은 쥐가 물어다 주는 오리알을 먹고 29년 동안 감옥에서 꼭 필요한 영양을 섭취했다는 놀라운 이야기를 들려주었다.

기도의 사람 E. M. 바운즈는 말했습니다. 그의 고백은 우리를 기도의 자리로 더욱 강하게 이끕니다.

현재 교회가 필요로 하는 것은 더 많은 더 좋은 첨단 장

비나 조직, 방법, 새로운 프로그램이 아니다. 하나님은 오늘도 기도하는 사람을 찾고 계신다. 기도에 능한 사람, 성령 충만한 사람을 찾고 계신다. 성령은 방법을 통해서 흘러나오지 않고 기도의 사람을 통해서 흘러나오기 때문이다.

하나님은 오늘도 기도하는 사람을 통해서 역사하십니다. 여러분이 오늘 이런 기도의 사람으로, 축복의 통로로 쓰임 받기를 원합니다. 기도하는 한 사람이 기도하지 않는 한 민족보다 위대합니다.

기도는 놀라운 힘입니다. 기도할 수 있으면 다른 것도 할 수 있습니다. 기도할 수 있으면 어떤 난관도 이겨낼 수 있습니다. 우리가 눈 감고 기도하면 영적인 눈이 뜨입니다. 그때 문제가 보이는 것이 아니라 문제 너머에 있는 승리가 보이고, 우리를 위해서 열심히 일하시는 하나님이 보입니다. 그러므로 힘들면 되도록 말은 줄이고 기도는 늘려야 합니다.

여러분! 교회를 섬기다 보면 가끔 낙심될 때가 있습니다. 교회와 교인들의 치부가 보이고 '어떻게 믿는 사람이 저럴 수 있을까' 하는 생각이 들 때도 있습니다. 그때 우리는 어떻게 해야 할까요? 사람들을 붙들고 "정말 그래요?"라면서 탐정처럼 자초지종을 알려고 하지 말고, 하나님 앞에 나가서 기도해야 합니다. "하나님! 솔직히 실망이 됩니다. 그러나 이 실망을 극복하고 일어설 힘을 주소서!"라고 하나님을 향해야 합니다.

내게 영적인 힘이 있어야 합니다. 그러면 어떤 문제도 이길 수 있습니다. 그 힘이 없으면 아무리 작은 문제를 만나도 넘어지고 맙니다. 사탄의 공격이 있을 때 무엇보다 중요한 것은, 서로 탓하고 정죄하고 비판하고 잘못의 이유를 찾지 말고 아니라 하나님을 찾는 것입니다. 하나님께서 힘 주시면 어떤 고난도 이길 수 있을 것입니다. 그러므로 느헤미야처럼 기도하시기를 바랍니다. "주여 내 손을 힘 있게 하옵소서. 능력을 주옵소서."

기도할 때 하나님께서 좋은 길로 역사해 주실 것입니다.

가야 할 길을 모를 때

욥기 23:8-10

• • •

바다에서 아들을 잃고 실의에 빠진 아버지가 바다에 도전하기
위해 요트로 세계 일주를 했습니다. 태풍을 만나기도 하고 때로
는 무풍지대를 만나 기다리기도 했습니다. 그는 항해를 통해 인
생을 보았다고 고백합니다. 인생은 바다와 같다고들 합니다. 때
로는 태풍이 일고 때로는 고요합니다.

길지 않은 인생을 살아가는 동안 사람이 당하는 일을 생각하
면, 편안하기보다는 괴로움이 더 많고 즐겁기보다는 고통스러운
일이 더 많은 것 같습니다.

> "여인에게서 태어난 사람은 생애가 짧고 걱정이 가득하며
> 그는 꽃과 같이 자라나서 시들며 그림자 같이 지나가며
> 머물지 아니하거늘"(욥 14:1-2).

사람은 살아가는 동안 예기치 않았던 일을 많이 만납니다. 불행은 예고 없이 갑자기 다가옵니다. 이러한 세상에서 하나님을 믿는 사람은 어떻게 살아가야 할까요? 고난이 닥칠 때 그리스도인의 삶의 자세는 어떠해야 할까요? 본문 말씀을 통해서 고난 가운데 그리스도인의 삶이 어때야 하는지를 배울 수 있기를 바랍니다.

욥의 계속된 고난

욥은 한 번의 고난이 아니라, 고난이 계속 몰아닥치는 모진 시기를 맞았습니다. 모든 재산이 하루아침에 날아가는 불행을 당하고, 자녀들이 삽시간에 떼죽음을 당하는 고난을 받기도 했습니다.

그런데 성경은 욥이 도덕적으로 순전하고 정직한 사람이며, 신앙적으로 하나님을 경외하며 악에서 떠난 사람이라고 말씀하고 있습니다.

> "우스 땅에 욥이라 불리는 사람이 있었는데 그 사람은 온전하고 정직하여 하나님을 경외하며 악에서 떠난 자더라"(욥 1:1).

하나님 앞에서 경건하게 살기 위해 힘쓰던 욥에게 불행이 닥쳐왔습니다. 참으로 이상한 일입니다. 악한 사람이 악하게 살다가 이런 일을 당했다면 그럴 수 있다고 생각하겠지만, 바르게 살던 사람이 이러한 불행을 당하게 되니 이해하기가 참으로 어렵습니다. '의로운 사람에게 왜 이러한 고통이 오는가?'라는 질문에 대한 하나님의 응답이 바로 욥기의 주제입니다.

욥은 그러한 고통 가운데 어떻게 반응하였습니까?

> "이 모든 일에 욥이 범죄하지 아니하고 하나님을 향하여 원망하지 아니하니라"(욥 1:22).

욥은 이 모든 일을 당했을 때 입으로 죄를 짓지 않았고 하나님을 비방하지도 않았습니다. 오히려 하나님께 예배했습니다. 불행 가운데에서도 자신의 길을 인도하시는 하나님의 주권을 인정했습니다. 여기서 주권을 인정한다는 것은, 자신은 그 길을 알 수 없으나 하나님을 모든 것을 맡기는 것을 말합니다. 때로는 우리가 이해할 수 없는 길로 가는 것처럼 느껴지지만 그 배후에는 반드시 하나님의 섭리와 뜻이 있다고 믿고 생각하는 것입니다.

우리가 경험한 바로는 고통의 한복판에 있을 때는 하나님의 뜻을 올바로 보기가 어렵습니다. 그러나 그 고통을 견디고 난 뒤 비로소 깨닫게 됩니다. "아 그랬군요. 그래서 하나님께서 저를 연단하셨군요." 그렇습니다. 우리가 당장은 이해할 수 없을는지도 모릅니다. 그러나 우리의 시련 가운데는 하나님의 영광스러운 뜻과 계획이 있었다는 사실을 깨달아야 합니다.

이스라엘에서는 양을 염소와 함께 키웁니다. 양은 식곤증이 심하여 풀을 뜯어 먹은 후에 움직이지를 않습니다. 햇볕이 뜨겁게 내리쬐어도 그늘로 가지 않다가 염소들이 다니면서 양들을 들이받으면 그제야 움직이기 때문입니다.

교회도 그렇습니다. 염소들이 없으면 양들이 기도도 하지 않고 가만히 있으려고 하니 하나님께서 때때로 염소를 사용하시는 것입니다. 사람의 눈으로 볼 때는 성공일 수도 있고 실패일 수도 있으나, 성령님의 은혜는 하나님을 사랑하는 사람, 그를 믿고 따르는 사람에게 반드시 결과적 선으로 인도합니다.

사람이 계획하고 뜻을 세우고 꿈을 꾸지만 그대로 되지 않습니다. 오직 하나님의 계획, 크신 경륜 안에서 실행될 뿐입니다. 요셉을 보십시오. 그는 아버지에게 가장 사랑받는 아들이었고, 놀라운 꿈을 꾸고 비전을 가진 사람이었습니다. 그런 그가 하루아침에 형들의 손에 팔려 노예가 되고, 하나님 앞에 부끄럽지 않으려고 행동하다가 죄수가 되었습니다. 그러나 하나님의 때에 애굽의 총리로 우뚝 섰습니다.

사도 바울은 또 어떻습니까. 아덴에 가서 아레오바고에서 설교하며 애썼으나 복음 전파에 실패했습니다. 그러나 고린도 교회에서 그리스도를 전하고 좋은 교회를 세우는 일에 성공했습니다. 그는 억울하게 로마 감옥에서 오랫동안 영어(囹圄)의 몸으로 고생했습니다. 그러나 하나님께서는 바울로 하여금 그러한 기회에 옥중서신을 기록하게 하여 수많은 하나님의 자녀들에게 복음을 전해 주었습니다. 바울의 옥고는 많은 사람에게 복음을 들을 수 있는 또 다른 기회였습니다.

이처럼 하나님의 계획은 인간의 생각을 초월합니다. 하나님의 섭리는 인간의 모략을 거꾸로 사용하기도 합니다. 그리하여 선을 이루시는 하나님은 인간의 모든 고난까지도 초월해서 복을 주십니다. 자녀 된 우리에게 절대로 손해를 주지 않으십니다. 여러분, 어려움 가운데 계십니까? 그래도 그때 하나님을 찬양하시길 바랍니다. 하나님은 반드시 은혜를 베풀어 주시는 분이기 때문입니다.

어떤 사람이 유명한 바이올린 제작자에게 물었습니다. "선생님이 만드신 바이올린 소리는 다른 어떤 바이올린 소리보다 아름답습니다. 그 이유가 무엇일까요?" 제작자가 답했습니다.

"내가 만드는 바이올린은 재료는 다릅니다. 아주 험한 산꼭대기에서 자라나는 나무로 바이올린을 만듭니다. 평지나 골짜기에 있는 나무는 풍파 없이 평탄하게 자라기 때문에 나무의 재질이 면밀하지 않지만, 높은 산꼭대기에서 자란 나무는 모진 바람에 시달리며 싸워 왔으므로 강하고 면밀합니다. 그래서 공명이 좋은 소리를 낼 수 있습니다."

욥의 고난은 한 번으로 끝나지 않았습니다. 사탄은 계속 시험을 주었습니다. 험한 산꼭대기 중에서도 더 험한 산꼭대기, 낭떠러지에 서 있는 것 같았을 것입니다. 우리도 이런 고난을 만나기도 합니다. 때로는 시험이 계속되기도 합니다.

서울에서 사역할 때 어떤 성도의 가정에 아버지가 갑자기 사고로 죽음을 당해 장례를 치르는데, 그의 딸의 안색이 너무 안 좋아서 구역장에게 무슨 일이 있느냐고 물어 보았습니다. 딸이 간

암으로 8개월 시한부 선고를 받았다고 했습니다. 너무 딱했습니다. 이럴 때 우리는 하나님께 '왜?'라고 묻게 됩니다.

> "사탄이 여호와께 대답하여 이르되 욥이 어찌 까닭 없이 하나님을 경외하리이까 주께서 그와 그의 집과 그의 모든 소유물을 울타리로 두르심 때문이 아니니이까 주께서 그의 손으로 하는 바를 복되게 하사 그의 소유물이 땅에 넘치게 하셨음이니이다 이제 주의 손을 펴서 그의 모든 소유물을 치소서 그리하시면 틀림없이 주를 향하여 욕하지 않겠나이까"(욥 1:9-11).

계속되는 고난에도 욥이 여전히 하나님을 찬양하자, 사탄은 하나님께 따지듯 말했습니다. "욥이 까닭 없이 하나님을 경외하겠습니까? 주신 복을 거두어 보십시오. 틀림없이 하나님을 배신하고 원망하고 믿음을 버릴 것입니다." 그래서 욥에게는 시련과 고난이 계속되었습니다. 그때 욥은 무엇이라고 고백했습니까?

> "욥이 일어나 겉옷을 찢고 머리털을 밀고 땅에 엎드려 예배하며 이르되 내가 모태에서 알몸으로 나왔사온즉 또한 알몸이 그리로 돌아가올지라 주신 이도 여호와시요 거두신 이도 여호와시오니 여호와의 이름이 찬송을 받으실지니이다 하고 이 모든 일에 욥이 범죄하지 아니하고 하나님을 향하여 원망하지 아니하니라"(욥 1:20-22).

본문의 욥은 인생의 여정에서 어떠한 길을 가야 할지 모르는 커다란 고난을 만났지만, 온전히 하나님만을 의뢰했습니다.

욥의 고백

긴 고난을 겪은 욥은 이제 자신을 추스르고 있습니다. 욥은 자신이 당하는 고난이 힘에 부쳤지만 이제 자신을 회복하고 있습니다. 욥은 하나님의 신비한 섭리 전부를 이해할 수는 없었습니다. 그러나 그가 하나님을 볼 수 없고 다 알 수는 없어도, 하나님께서는 자신을 보시며 자신을 아신다는 사실을 붙들고 위안으로 삼았습니다. 그리고 스스로를 위로했습니다.

하나님은 우리의 고통에 무관심한 분이 아닙니다. 우리의 머리카락까지도 세시는 하나님은 우리가 가는 길을 다 알고 계십니다. 욥은 시험과 시련 가운데에서도 어두운 구름의 밝은 쪽을 보았고, 숨겨진 하나님을 보았고, 인생을 긴 눈으로 바라보았습니다. 그러면서 연단 뒤에 제련된 정금을 보았습니다.

> "그러나 내가 가는 길을 그가 아시나니 그가 나를 단련하신 후에는 내가 순금같이 되어 나오리라"(욥 23:10).

그는 먼저 "내가 가는 길을 그가 아시나니"라면서 하나님께서 모든 것을 아신다고 고백했습니다. 사람들은 욥이 가야 하는 길을 몰랐습니다. 그래서 가슴 아픈 오해를 받기도 했습니다. 욥의 친한 친구들까지도 욥을 위선자로 보고 욥이 죄로 인해 벌을 받는다고 생각했습니다. 우리도 역시 가까운 친구나 교인들에게 오해를 받을 수 있고, 하나님의 섭리를 오해할 수도 있습니다. 그러나 하나님께서 나의 길을 낱낱이 아신다는 말씀은 얼마나 큰 위로가 되는지 모릅니다.

사실 욥 자신도 자신의 길을 몰랐습니다. 우리도 마찬가지입니다. 지금 우리가 가는 길을 알 수 없습니다. 인생은 알 수 없는 일로 가득 차 있습니다. 우리는 불가사의한 세상을 살아갑니다. 잠언 20장 24절에서 "사람의 걸음은 여호와로 말미암나니 사람이 어찌 자기의 길을 알 수 있으랴"라고 했습니다. 인생의 길을 알 수 있는 사람은 없습니다.

욥은 자기 자신도 그 길을 모르지만 하나님께서는 그가 가야 할 길을 아신다는 믿음이 있었습니다. 그러므로 주님의 길을 따르는 것이 욥에게는 최선의 길이었습니다. 그렇습니다. 주님이 원하는 길이 바로 올바른 길입니다. 그 길이 바로 올바른 길입니다. 주님은 이때까지 걸어온 길뿐만 아니라 앞으로 걸어갈 길도 알고 계십니다. 그 길을 따라야 합니다. 가는 길을 몰라 헤맬 때는 오직 나를 아시는 하나님께 의탁하시기를 바랍니다.

둘째로 욥은 "그가 나를 단련하신 후에는"이라고 고백합니다. 살아가면서 고난을 당할 때, 우리가 갖는 의심과 당혹감은 우리를 더욱 고통스럽게 합니다. 하나님께서 우리를 버리신 것처럼 생각되기도 하고 하나님이 계시지 않는 것처럼 보이기도 합니다.

미국의 방송 설교가인 워렌 위어스비는 《헌신하여라》라는 책에서, 우리가 살다가 어려운 일을 당하면 세 가지 반응, 곧 어려움을 참고 견디든지, 어려움에서 도망가든지, 그것을 받아들이고 대처하든지 한다고 했습니다. 그러면서 우리가 시련을 그저 참고 견디면 그 시련이 우리의 주인이 되어 우리를 지배할 것이고, 시련에서 도망하면 하나님께서 시련을 통해 우리에게 이루고자 하는 목적을 놓칠 것이고, 시련에 우리가 의연하게 대처한다면 시련이 우리의 종이 되어 우리에게 유익을 줄 것이라고 말했습니다. 그러므로 시련이 올 때, 우리는 합당한 반응을 해야 합니다.

욥은 올바른 길에 있었습니다. 그러나 그 길에는 매우 혹독한 시련도 있었습니다. 모든 길에는 시련이 있습니다. 경건한 삶을 살던 성인들에게도 시련은 있었습니다. 시련은 이스라엘 백성을 인도하시는 하나님의 전형적인 방법이었습니다. 하나님은 지금도 사랑하는 백성들을 같은 방법으로 연단하십니다. 그래서 연단은 하나님 나라에 맞게 훈련하는 통과의례입니다.

신명기 8장 2절에서 모세는 가나안 땅을 보며 회고했습니다.

> "네 하나님 여호와께서 이 사십 년 동안에 네게 광야 길을 걷게 하신 것을 기억하라 이는 너를 낮추시며 너를 시험하사 네 마음이 어떠한지 그 명령을 지키는지 지키지 않는지 알려 하심이라."

하나님은 오늘도 같은 방법으로 우리를 시험하고 훈련하며 겸손하게 하십니다. 많은 사람이 고통과 역경을 만납니다. 어떤 사람들은 질병이라는 짐을 견뎌야 하고, 어떤 사람들은 배신이라는 쓰라린 아픔을 겪기도 합니다. 그러나 그 시련과 역경이 우리를 힘들게 하더라도 분명히 유익함을 줄 것입니다.

셰익스피어는 "달콤함이나 기쁨도 고통 속에서 태어난다"라고 했습니다. 비행기 조종사는 악조건 속에서 훈련을 받을수록 유능한 조종사가 될 수 있습니다. 군인은 치열한 전투를 통해 강해지고, 운동선수는 강도 높은 훈련으로 훌륭한 선수가 됩니다.

하나님께서 우리를 연단하시기 때문에 오늘날 우리에게 고난이 있습니다. 하나님은 과거에도 연단하셨고 지금도 연단하고 계십니다. 그러므로 시련은 영적인 성숙을 위한 일종의 연단이며 훈련입니다. 욥에 시험 가운데 고통받을 때 "내가 모태에서 알몸으로 나왔사온즉 또한 알몸이 그리로 돌아가올지라 주신 이도 여호와시요 거두신 이도 여호와시오니 여호와의 이름이 찬송을 받으실지니이다"라고 고백하며 사탄의 미혹을 넘어 모든 것을 통제하시는 하나님을 바라보았습니다. 여러분도 시련 뒤의 하나님을 바라보시기 바랍니다.

시련을 견딘 욥은, 셋째로 "내가 순금같이 되어 나오리라"라고 고백합니다. '나오리라'란 말은 미래 시제입니다. '그렇게 될 거야, 되길 바라' 정도가 아니라 확신에 찬 고백입니다.

욥은 자신에게 많은 불순물이 있다는 것을 알고 있었습니다. 금은 일반적으로 땅속에 묻혀 있어서 자연스럽게 흙이나 모래 등 여러 이물질과 섞여 있습니다. 용광로의 뜨거운 불길로 연난

하고 불순물을 뽑아내야 순금이 됩니다. 순금이 되려면 반드시 용광로를 거쳐야 합니다. 연단을 통해서 크기나 부피가 감소할지 모릅니다. 그러나 그 과정을 거쳐야 가치가 높아집니다. 불을 통과하지 않고 불순물과 찌꺼기가 그대로 남아 있으면 아무 쓸모가 없습니다.

이와 마찬가지로 하늘나라를 향하는 우리도 시련과 고통, 살을 깎는 아픔을 통해 연단을 받은 후에 순금과 같은 삶을 살게 됩니다. 지금 시련과 연단을 받고 있다면, 더욱 담대하게 힘을 내십시오. 시련의 과정은 비록 힘들고 고통스러울지라도 그 결과는 감사가 넘칠 것입니다.

여러분의 신앙의 시선을 항상 하나님께 두는 훈련을 하길 바랍니다. 우리 신앙의 초점과 시선을 주변의 어떤 사람에게 두면 안 됩니다. 신앙생활을 하는 데 있어서 우리가 사람을 바라보고 의지하면, 신앙의 위기의 순간에 하나님보다는 인간을 바라보고 실망하여 순전하신 하나님의 음성을 들을 수 없습니다. 오직 나의 길을 아시는 하나님만을 바라보아야 합니다. 그래야 우리의 믿음이 흔들리지 않습니다.

욥은 고통을 당할 때 하나님만을 의지하고 믿으므로 마침내 승리했습니다. 욥이 당한 시험이 우리에게도 다가올 수 있습니다. 그러나 욥과 같은 신앙의 자세라면 능히 승리할 줄로 믿습니다. 어떤 시련이 닥친다 해도 욥과 같이 믿음으로 승리하시는 여러분이 되시기를 바랍니다. 그리하여 하나님께서 주시는 풍성한 복을 누리는 삶되시기를 바랍니다.

포기하고 싶을 때

갈라디아서 6:6-10

• • •

저는 가끔 인면수심(人面獸心)이라는 단어를 깊이 생각하곤 합
니다. 인면수심이란 '사람의 얼굴에 짐승의 마음'이란 말입니다.
세상에는 그런 사람이 있습니다.

한 편의점 종업원이 미성년자에게 담배를 팔아서 형사 처벌을
받았습니다. 결과만 놓고 보면 종업의 잘못 같지만 사연을 들어
보면 또 그렇지만도 않습니다. 10대로 보이는 젊은이가 편의점에
들어와 담배 한 갑을 주문하자 종업원이 신분증을 요구했습니
다. 신분증이 없으면 판매할 수 없다고 수차례 거절하자 가게 안
에 있던 50대 지인에게 성인임을 증명해 달라고 부탁하고, 건설
현장 근로자라며 보증인까지 내세우고 화를 내는 통에 결국 담
배를 건넸습니다. 그 뒤 황당한 일이 벌어졌습니다. 신분증을 요
구한 종업원에게 앙심을 품은 10대는 가게를 나오다 말고 욕설
을 퍼부은 뒤 미성년자에게 담배를 팔았다며 종업원을 경찰에

신고한 것입니다. 주말 아르바이트로 일하던 대학생 종업원은 청소년 보호법 위반 혐의로 입건됐습니다. 죄를 지은 사람은 고발을 하고 죄가 없는 사람은 억울한 일을 당하는 것을 보며, 세상에는 억울한 일이 참 많다는 생각이 들었습니다.

영락교회 전도사로 사역할 때입니다. 미아삼거리 대로에서 중앙차선을 넘어온 차에 부딪혀서 입원한 교우를 심방 했습니다. 그는 억울함을 호소했습니다. 사고가 난 뒤 길이 막히니 일단 차를 빼자고 하여 차를 옮기고 나자, 가해자가 거짓 증인들을 만들어서 오히려 자신을 가해자로 만들고 경찰 고위 관계자에게 줄을 대놓고 압박하니 너무 억울하다며 기도해 달라고 했습니다.

오늘날도 많은 사람이 억울함으로 절망과 낙심에 빠지곤 합니다. 이러한 절망감에 빠져 있는 우리를 향하여 오늘 주님은 무어라고 말씀하고 계십니까?

본문 말씀은 신앙의 초신자가 아니라 어느 정도 궤도에 오른 신앙인들에게 주님이 권면하시는 말씀입니다.

"우리가 선을 행하되 낙심하지 말지니…"(9절).

여기서 '선'은 '카론'으로, 일반적으로 좋은 것을 의미합니다. 선행이라든지 전도, 봉사, 신앙생활 등 모든 착한 행실을 말합니다. 낙심이라는 말의 원어는 '엑카코멘'으로 합성어입니다. '엑'(out of, in)과 '카코스'(마음을 잃다, 나쁜)가 합해진 말로 '마음 안에 나쁜 것, 마음을 잃는 것'을 의미하며, 마음 중심을 흔들리게 하는 것을 말합니다.

그러니 '선을 행하되 낙심하지 말지니'란 말은 '좋은 일 하다가 마음을 잃지 마라, 나쁜 것에 마음을 빼앗기지 마라, 맥 빠지지 마라' 하는 의미입니다. 때가 이르면 반드시 거둘 것이기 때문입니다. 낙심하지 아니하고 계속 옳은 것을 심으면 반드시 때가 오게 마련이고, 때가 오면 거두리라고 말씀합니다. 그런데 우리의 신앙이 때로는 낙심의 길에 들어섭니다.

고난, 악의 득세, 비난과 오해가 가득한 세상

어려움을 만나면, 우리는 때로는 낙심합니다. 나아지기는커녕 갈수록 고난이 심하고 역경이 계속되면 낙심하는 자리에 이르기 쉽습니다. 병에 걸려서 치료를 위해 여러 방법으로 애쓸 때 치료에 효과가 있으면 소망이 있지만 아무리 치료해도 나아지는 것 같지 않으면 낙심하는 것과 같습니다.

우리가 선을 심는다고 당장 환난이 떠나지 않습니다. 병원에 간다고 당장 병이 낫습니까? 그렇지 않습니다. 치료를 받고 시간이 지나야 합니다. 선을 심어도 환난이 있습니다. 병에 들기도 하고 사업에 실패하기도 하고 고난이 오기도 합니다. 주님도 "세상에서는 너희가 환난을 당하나 담대하라 내가 세상을 이기었노라"(요 16:33)라고 말씀하십니다. 그러므로 우리는 선을 심다가 낙심하지 말아야 합니다. 그럴 때 그 고난을 통해서 우리는 더욱 견고한 신앙을 갖게 됩니다.

살아가다 보면 주변의 상황들을 통해서 회의가 생기기도 합니다. 고속도로에서 갓길에 선 차량을 도우려고 하다가 뒤차에 치여 전 가족이 사망 사고 소식을 접하며, 길가에서 한 여성을 성폭행하는 범인을 붙잡다 죽임 당한 의인을 보며, 물에 빠진 사람 건져낸 후 정작 자신은 탈진하여 익사하는 사고를 보며 큰 회의감에 빠집니다.

박성겸 목사님은 지방에서 목회할 때 20년 동안 무당 일을 한 사람을 전도하였습니다. 그는 믿기로 작정한 다음 날 무구(巫具) 일체를 불태웠고, 그 후부터 교회를 잘 나올 뿐 아니라 예수를 잘 믿어 교회 나온 지 1년 만에 학습, 세례를 모두 받았습니다. 찬송도 잘 부르고 기도도 잘하며 성경도 늘 읽으며 신앙생활을 잘해 나갔습니다. 그런 그에게 결점이 있는데 거짓말을 잘한다는 것입니다. 박 목사님이 그의 집에 심방을 가서 예배를 드린 후 그것을 지적했습니다. "아주머니는 진실한 신자이나 한 가지 틀린 것이 있습니다. 거짓말을 잘하는 것이에요." 그러자 그는 "내가 20년 동안 사람을 속여먹었으니 거짓말을 잘할 수밖에요"라고 대답했습니다. 악이 이렇게 뿌리가 깊습니다.

무슨 일이든 습관이 되면 자연스러워 좋기도 하지만, 때때로 큰 실수로 이어지기도 합니다. 어느 큰 회사 회장 비서실에 근무하는 아가씨가 화장실에서 볼일을 보고 있는데 밖에서 '똑똑' 하고 노크하는 소리가 들렸습니다. 아가씨는 무심결에 상냥한 목소리로 "네, 들어오세요"라고 했습니다. 죄가 습관이 되면 무심결에라도 악의 길로 가고 맙니다.

그런데 이 세상은 거짓말을 밥 먹듯이 하는 악한 사람들이 오히려 선한 사람보다 형통하는 것처럼 보입니다. 선을 심는 것보다 악을 행하고 술수를 쓰는 사람이 권세를 잡고 건강하고 재산까지도 느는 걸 수시로 목격합니다. 그럴 때면 이게 어찌 된 일인가 싶어 낙심합니다.

지금도 보십시오. 친일파의 후손은 재산도 많고 편안하게 사는데 독립유공자의 자녀는 가난을 대물림하여 빈곤의 악순환에 허덕입니다. 고위층 탈북자는 오히려 더 철저한 공산주의자였을 텐데 정부에서 더 잘 대우해 주는 것을 보면 탈북하여 이곳에서 정착하느라 애쓰고 힘겨운 사람들은 낙심하게 됩니다. 자신은 열심히 올바로 살려고 애쓰는 데 오히려 잘되지 않고 요령껏 사는 사람은 잘되는 것 같으니, 하나님께 원망하는 마음이 들기도 하고 계속 이렇게 할 수 있을까 하며 낙심합니다.

그러나 이것은 하나님을 가두는 신앙입니다. 이 세상을 단편적으로 보면 의심이 가고 낙심할 수 있습니다. '나 혼자 의로우면 뭐하나, 나만 달라지면 뭐하나' 하는 생각에 낙심합니다. 그러나 낙심하지 않고 계속 선을 심으면 반드시 거둡니다.

영락교회 전도사로 사역할 때 일입니다. 심방을 갔다가 교회에 복귀했는데 교회 직원이 심방하러 갔던 집에서 전화가 왔다는 것입니다. 그래서 전화하여 무슨 일인지를 물어 보았습니다. "목사님, 혹시 서랍장 가져가셨나요? 아닐 거라고 생각하지만 아파트 경비가 목격했다고 해서요." 심방을 갔던 집은 4층에 있었는데 5층 복도에 놔둔 다른 집 서랍장이 없어졌고, 경비를 소홀히

했다며 책임을 묻자 곤경에 빠진 경비가 그때 그 건물에 다녀간 나를 용의자로 지목한 것입니다. 나중에 알고 보니 서랍장은 청소하는 아주머니가 치웠다고 했습니다. 봉고차로 심방했다면 도둑 누명을 쓸 뻔했습니다.

때로는 사람들이 자신의 노고를 몰라줄 뿐 아니라 선을 심다가 비난받거나 오해받기도 합니다. 물에 빠진 사람 건져 주었는데 오히려 보따리는 내놓으라고 하니, 낙심할 수밖에 없지 않습니까? 그러나 이러한 때에도 낙심하지 마시기를 바랍니다. 우리 주님은 얼마나 많은 오해와 고난을 받았습니까? 주님 말씀하시기를 '내 이름으로 말미암아 핍박받고 욕을 먹고 악하다고 하는 거짓말을 들으면 오히려 기뻐하고 즐거워하라' 하셨습니다.

어린아이들은 무언가를 해놓고는 칭찬을 기다립니다. 어린아이뿐 아닙니다. 어른들도 선한 일을 위해서 애쓰고 수고했으나 아무도 몰라주면 낙심이 됩니다. 교회 일은 특별히 더 그럴 수 있습니다. 하나님께 충성스러운 자세로 열과 성을 다하는 것이지만 누군가 격려해 주면 더 큰 힘이 납니다. 내가 충성하고 봉사하지만 아무도 알아주지 않거나 양심껏 살지만 아무도 그 삶을 응원하지 않으면 낙심하는 순간이 올 수도 있습니다. 그러나 때가 이르면 세상 사람도 알아줍니다.

유명한 설교가 스펄전이 너무 인색하다는 소문이 났습니다. 교회 안에 말쟁이들은 스펄전 부부가 양계를 해서 돈을 많이 벌면서도 인색하다고 떠들면서 스펄전을 매우 힘들게 했습니다. 그러나 그는 묵묵히 침묵을 지켰습니다. 세월이 흘러 스펄전이 죽은 후 이들에게 도움 받은 사람들이 나타났습니다. 스펄전을 비난했던 사람들은 부끄러워했습니다.

어쩌면 세상 사람들이 끝까지 몰라줄 수도 있습니다. 그러나 사람들이 모른다 해도 하나님은 항상 알고 계십니다. 제가 힘들 때 문자로, 메일로 격려해 주셨던 분들이 많이 있었습니다. "목사님, 하나님은 아십니다. 선하게 이끄심을 믿고 또 그렇게 기도하겠습니다" 라고 위로해 주셨습니다. 그러므로 낙심하지 아니하고 계속 선을 심으면 하나님께서는 큰 축복으로 우리를 채워 주실 줄로 믿습니다. 선을 행하되 낙심하지 않고 빛된 삶을 산다면 하나님께서 하늘의 신령한 복으로 가득채워 주셔서 번영하는 삶을 살게 하실 줄 믿습니다. 주님께서 사랑하는 성도 여러분, 이 사실을 믿음으로 확신하시길 바랍니다. 이 사실을 믿음으로 확신하여 인내함으로 끝까지 견뎌 하나님께서 주시는복을 받아 누리시길 바랍니다.

결과가 없을 때의 낙심

사실 더 큰 낙심은 아무런 반응이 없을 때 일어납니다. 아무리 애를 쓰고 수고해도 결과가 나타나지 않으면 낙심하기 쉽습니다. 선을 심고 기다려도 효과가 없고 노력과 힘을 허비만 하는 것 같을 때 낙심합니다. 그러나 주님은 그 사실을 잘 알고 계시기 때문에 바울을 통하여 "…포기하지 아니하면 때가 이르매 거두리라"(9절) 말씀합니다. 모든 일에는 때가 있습니다. 하나님의 때와 사람의 때는 다릅니다. 하나님의 때가 오면 반드시 심고 애쓴 것을 거둘 것입니다.

그런데 내가 심고 내가 거두는 것이 있는가 하면, 내가 심고 다른 사람이 거두는 것이 있고, 이 세상에서 심고 다른 세상에서 거두기도 합니다. 지금 내가 수확이 없다 해도 멀지 않은 날 우리 자녀와 후손들이 선한 열매를 거둘 것입니다. 우리가 선한 씨앗을 심으면 하나님께서 반드시 선한 열매를 거두게 하실 줄 믿습니다.

여러분, 반드시 거둘 때가 있다는 사실을 기억하십시오. 그러므로 조급해하지 말고 인내하며 선을 심으면 하나님의 때에 여러분에게 풍성함으로 채워 주실 것입니다. 그럼에도 포기하고 싶어지면 그때는 하나님의 인도하심을 믿기를 바랍니다.

1995년도 부산에서 목회할 때의 기억입니다. 경주에서 감포로 가는 길은 옛날 길이었는데 도로 표지판에 특이하게 '제발 서행'이라고 적혀 있었습니다. 위험한 길에는 흔히 '서행, 천천히, 공사 중, 낙석 주의' 등이 쓰여 있는데 제발 서행이라니, 아마도 서행하라는 여러 표시를 해놓았지만 과속을 했나 봅니다. 오죽하면 '제발'이라고 했을까요.

그런데 오늘 주님도 우리에게 '제발'이라고 말씀합니다. "제발 낙심하지 마라. 포기하지 마라." 우리가 왜 낙심합니까? 하나님의 인도하심을 믿지 않기 때문입니다.

마르틴 루터는 종교개혁을 하다가 로마 가톨릭의 거대한 벽 앞에서 좌절하여 실의에 빠지고 말았습니다. 그런 루터 앞에 아내가 상복을 입고 나타났습니다. 그러고는 이렇게 말했습니다. "하나님이 돌아가셨습니다. 그렇지 않나요? 하나님이 살아 계신다면 당신이 왜 낙심하겠습니까?" 그 말에 루터는 새 힘을 얻었습니다.

우리가 낙심하는 것은 하나님을 온전히 믿지 않기 때문입니다. 저도 한때 목회에 대하여 깊은 회의에 빠졌습니다. 모두 포기하고 싶었습니다. '과연 사람이 변할 수 있는 존재일까?' 끊임없는 질문이 나를 괴롭혔습니다. 믿음이 떨어지기 시작할 때는 포기하고 싶은 마음이 나를 사로잡았습니다. 그런데 그때마다 하나님께서 말씀과 꿈으로 나를 인도해 주셨습니다. 믿음이 나를 사로잡을 때 하나님의 놀라운 계획이 나를 인도하셨음을 고백할 수 있었습니다. 모든 낙심은 마귀로부터 옵니다. 선을 심으면 반드시 거두리라 믿는 여러분이 되기를 바랍니다.

마가복음 6장 45절 이하에 보면 아주 흥미로운 사건이 기록되어 있습니다. 예수께서 제자들에게 갈릴리 바다 반대편으로 건너가라고 재촉하며 말씀하셨습니다. 그리고 예수님은 산 위에 기도하러 올라가셨습니다. 자, 그런데 바다를 건너던 제자들은 날이 저문 밤바다 한복판에서 풍랑을 만났습니다. 커다란 풍랑이 뱃전에 몰아쳤습니다. 이때 제자들은 스승인 예수님이 얼마나 원망스러웠겠습니까? "아니, 이런 풍랑이 있을 것도 모르고 선생님은 우리를 밤바다로 보내셨습니까? 아니 지금 우리는 죽을 지경인데 당신은 어디에 계십니까? 우리가 지금 이 고생을 하는 것을 알고는 계실까요?" 그런데 마가복음 6장 48절은 "…제자들이 힘겹게 노 젓는 것을 보시고…"라고 말씀합니다. 보고 알고 계셨다는 말입니다. 하나님이신 그분이 보고 알고 계신다면 다 된 것 아닙니까? 그리고 결정적인 시각에 예수님이 행동을 시작하셨고 마침내 제자들을 구원하시지 않았습니까? 그러므로 나의 상황이 어두운 밤이라 해서, 아직 구원의 손길이 임하지 않았다 해서 성급하게 결론을 내리지는 마십시오.

함께하심이 가장 큰 희망이다

하나님께서 기드온을 부르셨을 때, 그는 권력 있는 가문 출신도 아니고 지위도 없고 알려지지도 않은 보잘것없는 사람이었습니다. 큰 사명을 감당하기에 적합해 보이지 않았습니다. 그 자신도 스스로 부족함을 알고 "주여 내가 무엇으로 이스라엘을 구원하리이까 보소서 나의 집은 므낫세 중에 극히 약하고 나는 내 아버지 집에서 가장 작은 자니이다"(삿 6:15)라고 말했습니다. 그렇지만 하나님은 달리 생각하셨습니다.

> "여호와께서 그에게 이르시되 내가 반드시 너와 함께하리니 네가 미디안 사람 치기를 한 사람을 치듯 하리라 하시니라"(삿 6:16).

'내가 반드시 너와 함께하리라'라고 약속하셨습니다. 이것보다 더 확실한 보장은 없을 것입니다.

만약 우리가 우리의 싸움을 해야 한다면 낙심할 수도 있습니다. 그러나 여호와께서 우리를 위해 그들과 싸우신다면 문제는 완전히 달라집니다. 우리가 약할 때 오히려 그분 안에서 강해질 수 있습니다.

가나안을 정탐했던 열 족장이 스스로를 메뚜기라고 하며 낙심했던 것처럼, 살아가다 보면 환난과 시험이 우리를 낙심하게 할 때도 있습니다. 문제는 우리가 메뚜기냐 메뚜기가 아니냐가 아니라, 하나님께서 함께하시느냐 함께하시지 않느냐입니다.

미국의 오바마 대통령이 그의 자서전 《담대한 희망》(*the Audacity of Hope*)에서 "한 점의 그림을 통해 누구에게나 소망의 줄이 끊어질 때가 많다는 사실을 깨달았으며, 나의 정치적 역할도 모든 국민에게 희망을 주는 데 있다는 것을 배웠다"라고 고백했습니다.

그가 극찬한 그림은 조지 프레드릭 워츠(George Frederick Watts)의 〈희망〉입니다. 한 여인이 지구를 상징하는 커다란 공 위에 위태롭게 걸터앉아 있는데, 맨발에다 눈은 천으로 동여매어 가려져 있습니다. 왼손으로 수금을 잡고 있는데 수금의 줄이 다 끊어지고 하나만 남아 있습니다. 여기서 앞을 볼 수 없는 것은 미래를 알지 못하는 인류를 나타내고, 수금의 끊어진 현은 인간의 절망을 상징합니다. 하나 남은 현은 인간의 희망을 의미합니다. 이 그림이 주는 메시지는 '인간은 절망적인 상황에서도 결코 삶을 포기하지 말고아야 하며 한 가닥이라도 희망이 남아 있다면 끝까지 살아가야만 한다'입니다.

여러분, 지금 피곤하고 지쳐 있습니까? 때때로 견디기 힘든 일로 낙심하고 포기하고 싶습니까? 더 이상 아무것도 할 수 없을 것 같습니까? 그렇더라도 낙심하지 마십시오. 아무리 악의 세력이 크고 강해 보일지라도 하나님만, 하나님의 능력만 단단히 붙잡고 놓지 않는다면 하나님의 권능의 손길이 여러분이 이기도록 해주실 것입니다.

여러분이 지금 향해 가고 있는 곳의 영광을 바라보며 계속 선을 심으시기 바랍니다. 반드시 추수할 때가 올 것입니다. 주님이 말씀하십니다.

"그러므로 내 사랑하는 형제들아 견실하며 흔들리지 말고 항상 주의 일에 더욱 힘쓰는 자들이 되라 이는 너희 수고가 주 안에서 헛되지 않은 줄 앎이라"(고전 15:58).

낙심하지 아니하면 때가 이르매 반드시 거둘 것입니다.

하나님께 물어 보기

사무엘상 23:1-5

· · ·

    어떤 아버지가 아들에게 올바른 선택의 중요성을 깨우쳐 주고자, 아들이 잘못된 선택을 하면 못과 망치를 주어 뒤뜰에 가서 말뚝에 못을 박도록 했습니다. 반대로 훌륭한 선택을 하면 말뚝에 박힌 못을 하나씩 빼게 했습니다. 아들이 열다섯 살이 될 때까지 말뚝에는 항상 두서너 개의 못이 박혀 있었습니다. 아들은 연신 못을 뺐지만, 또한 그만큼 못을 박기도 했기 때문입니다. 아들은 점점 성숙해져서 훌륭한 결정을 하였고, 결국은 말뚝에 박힌 못이 없는 날이 왔습니다. 그러나 못은 없어도 구멍은 남아 있었습니다. 못이 남긴 흔적이었습니다.

    그렇습니다. 못이 보이지 않는 것처럼 잘못된 결정을 모두 용서받을 수 있지만, 그 결정에 대한 결과는 여전히 흔적으로 남습니다.

우리는 일상생활 속에서 하루에도 수많은 결정을 합니다. '커피를 마실까 율무차를 마실까', '전철을 탈까 버스를 탈까' 같은 사소한 결정이 있는가 하면 '누구와 언제 결혼을 할까', '자녀들을 어떤 학교에 보낼까?', '직장을 계속 다닐까 그만둘까', '다른 사업을 할까', '교회를 옮길까'와 같이 비중이 큰 결정도 있습니다.

교회에서도 마찬가지입니다. 수련회 장소를 선택하는 것 같은 사소한 문제가 있는가 하면, 교회 건물을 증축한다거나 직분자를 선택하거나 교역자를 모시는 일과 같은 중대한 문제도 있습니다. 이런 결정을 할 때 그 사람의 신앙이 드러나고 그 교회의 신앙이 드러납니다. 평상시에는 신앙이 좋은 것처럼 보이더라도 이런 결정을 할 때 어떻게 하는가를 보면 그 사람의 신앙 성숙도를 알 수 있습니다.

다윗은 간음죄를 범했을 뿐 아니라 살인죄도 범했습니다. 그럼에도 불구하고 성경은 다윗을 '하나님의 마음에 합한 사람'이라고 말씀합니다. 그가 하나님의 뜻을 물을 줄 아는 사람이었기 때문입니다.

미국 노스웨스트 대학 창설자인 버터필드 박사가 대학을 세우기 전에 부흥사로서 복음을 전할 때의 일입니다. 어느 도시에 부흥 집회를 인도하러 갔는데, 교회에서 처음 정해 준 숙소는 한 노년의 부부 집이었습니다. 집회가 진행되는 중에 교회의 제직들이 숙소를 옮기자고 했습니다. 아무래도 노인이다 보니 음식 솜씨도 신통치 않고 집도 불편했기 때문입니다. 제직들이 권한 새

숙소는 부유한 젊은 부부의 집으로 집이 훨씬 크고 아름답고 넓은 정원도 있었습니다. 버터필드 박사는 옮기기 전에 먼저 기도하겠다고 했습니다. 제직들은 별것 아닌 문제를 두고 기도한다고 생각했지만, 그의 생각은 달랐습니다.

"하나님, 제가 젊은 부부가 사는 집으로 옮겨도 됩니까, 아니면 이 집에 그대로 머물러 있어야 합니까?" 기도하는 중에 그의 마음속에는 누가복음 10장 7절 말씀이 떠올랐습니다. "그 집에 유하며 주는 것을 먹고 마시라 일꾼이 그 삯을 받는 것이 마땅하니라 이 집에서 저 집으로 옮기지 말라." 말씀을 받은 버터필드 박사는 "이미 이곳에 여장을 풀었으므로 다소 불편한 점이 있더라도 집회가 끝날 때까지 여기에 머물겠습니다" 하고 숙소를 옮기는 것을 거절했습니다.

그런데 며칠 뒤, 집회가 계속되는 중에 새로 옮기려던 그 집에 장티푸스가 발생하여 1개월 동안 출입 금지 지역이 되고 말았습니다. 만약 버터필드 박사가 기도하지 않고 사람의 생각대로 숙소를 옮겼더라면 부흥회를 인도할 수 없을 뿐 아니라 그곳에 갇혀 집으로 돌아갈 수도 없었을 것입니다. 버터필드 박사는 숙소를 옮기는 사소한 일마저도 하나님과 상의했기 때문에 무사히 집회를 마칠 수 있었습니다. 모든 것을 기도로 하나님께 의지하며 그 지시를 따르는 것이 얼마나 중요한 것인지를 잘 보여주는 이야기입니다.

이처럼 우리도 무엇인가를 결정해야 할 때, 먼저 하나님이 어떻게 생각하시는지를 묻고 그 뜻을 분별해야 하겠습니다.

선한 일은 반드시 하라

본문 말씀에 다윗이 그일라를 구한 이야기가 나옵니다. 블레셋 사람들은 추수기에 곡식을 약탈하기 위하여 종종 이스라엘 땅을 습격하곤 했습니다. 다윗이 쫓기는 중에 유다 땅 그일라가 습격 당했다는 소식을 들었습니다. 안타깝지만 지금 다윗은 그일라를 도와줄 형편이 아니었습니다. 그일라를 구하려면 고산 지대인 헤렛 숲을 내려가야 하고 그러는 동안에 사울에게 노출될 위험이 있었습니다. 그뿐만 아니라 전략상 불리했기 때문에 다윗의 추종자들 중에서도 반대하는 목소리가 적지 않았습니다. 그러나 다윗은 어려운 상황에서도 동족의 어려움을 외면하지 않았습니다. 선한 일을 포기하지 않았습니다.

그렇습니다. 선한 일은 반드시 해야 합니다. 아무리 선한 일이라도 반대 의견은 있게 마련이며, 그 의견 때문에 주춤한다면 결코 선한 일을 할 수 없습니다. 선한 일은 꼭 해야 한다는 사명감이 없으면 실천하기 어렵습니다.

사실 선하게만 사는 일은 쉽지 않습니다. 아무리 믿음이 좋다 하더라도 억울한 일을 당하고 생명의 위협을 당하는 순간까지 선하게 살기란 어려운 일입니다. 아무리 선한 사람이라 하더라도 계속 공격을 당한다면 참기 힘듭니다. 세상은 착하고 선하게 사는 사람을 바보로 취급하고 무례하게 대하기 때문입니다. 그러나 다윗은 믿음으로 선하게 살았습니다. 사울 왕이 그를 미워하여 죽이려고 군대를 풀어 아홉 차례나 추격했지만, 다윗은 믿음으로 선하게 대하며 참고 살았습니다. 사울 왕과 그 아들들이 죽었다는 소식을 들었을 때 '그것 참 잘 죽었다'면서 막말을 할 만도 했지만 다윗은 그러지 않고 그들의 죽음을 진심으로 안타까워했습니다. 그뿐만 아니라 다윗은 길갈로 달려가서 사울의 궁을 접수하고 왕권을 장악할 수도 있었습니다. 그러나 스스로 왕이 되려고 하지 않았고 무리하지도 않았습니다. 오직 하나님의 말씀에 순종하여 헤브론으로 내려갔고, 유다 지파 사람들의 추대를 받아 왕이 되었습니다.

여러분, 기억해야 합니다. 남들이 해코지를 해도 선하게 살면 하나님께서 다 회복시키시고 갚아 주십니다. 남들이 나를 망하게 한다고 나도 같이 남을 망하게 하면 둘 다 망합니다.

수박밭에 날마다 도둑이 들자 주인이 생각 끝에 이런 메모를 달아 놓았습니다. '수박 중 하나에 농약을 넣었습니다. 그 하나는 주인만 압니다.' 그러자 도둑이 그 메모를 보고 그 옆에 이런 메모를 추가했습니다. '수박 중에 두 개에 농약을 넣었습니다. 하나는 주인만 알고 또 하나는 나만 압니다.' 어떻게 되었을까요? 아무도 수박을 먹을 수도 딸 수도 없었습니다. 서로 두려워서 말입니다.

이것이 바로 마귀가 즐겨 사용하는 방법입니다. 내가 망했으니 너도 망해야 한다, 네가 악하게 굴었으니 나도 악으로 갚겠다는 것은 마귀의 생각이요 마귀의 방법입니다. 절대로 속으면 안 됩니다. 우리는 오직 믿음으로 선하게 살아야 합니다. 하나님의 인도하심을 믿고 억울한 일을 만나도 참고 인내하며 선하게 살아야 합니다. 그러면 선하신 하나님, 좋으신 하나님께서 때가 되면 보상해 주십니다. 욕심내지 않고 선하게 믿음으로 살면 하나님이 진학도 시켜 주시고 진급도 시켜 주십니다. 길을 열어 주시고 복된 삶이 되게 하십니다. 이런 복을 받으시기를 바랍니다.

다윗은 나라가 극도로 혼란한 때에 자기가 어떻게 처신해야 할지를 여호와 하나님께 물었습니다. 하나님의 뜻에 순종하게 위해서입니다. 우리도 중요한 일이 있을 때마다 하나님의 뜻을 물어야 합니다. 직장을 옮기고 진급하고 이사하고 결혼하고 진학하고 사업을 시작할 때, 먼저 하나님께 기도해야 합니다. 그럴 때 하나님께서 인도하시는 복을 받으실 줄 믿으시길 바랍니다.

선한 일도 하나님의 뜻대로

선한 일을 하되, 아무리 선한 일이더라도 하나님의 뜻대로 해야 합니다. 다윗은 자기의 뜻을 세웠을 때도 임의로 하지 않고 먼저 하나님께 물었으며, 그뿐 아니라 반대 의견이 나왔을 때도 먼저 하나님께 묻고 난 후에 결정하는 신앙적인 행동을 하였습니다. 왜 그랬을까요? 선한 일의 기준이 하나님이기 때문입니다. 다윗의 위대함이 여기에 있습니다. 그러므로 아무리 선한 일이라도 주님께 먼저 기도한 후에 결정하는 신중함이 필요합니다. 무엇을 하든지 하나님께 묻는 것이 중요합니다. 오늘 우리도 무엇을 하든 하나님께 물어야 합니다.

정말로 큰 문제는 하나님께 물어야 할 때 묻지 않는 것입니다.

이스라엘 백성들이 광야에서 40년 동안 광야 생활을 할 때 구름기둥과 불기둥으로 인도하심을 받았습니다. 구름기둥이 움직이면 그들도 움직이고 구름 기둥이 멈추면 그들도 멈추었습니다. 다윗은 무엇이 정말로 중요한지를 잘 알았습니다. 우리가 하나님께 물을 때 하나님께서 친히 우리를 인도하시고 능력의 손으로 우리를 이끌어 주십니다.

우리의 인생길에는 문제가 생깁니다. 그때 하나님께 물으시기를 바랍니다. 사탄이 우리를 넘어뜨리려고 유혹할 때도 있습니다. 그럴 때도 하나님의 인도하심을 받으시길 바랍니다. 반드시 기억하십시오. 좋은 방법이라고 그냥 따라 하지 마십시오. 아무리 훌륭한 사람이고 모두가 원하는 선한 것이라 해도, 그보다 하나님께서 여러분에게 원하시는 것이 무엇인지를 하나님께 먼저 물어야 합니다. 블레셋 사람들이 그일라를 침략했다는 보고를 받은 다윗은 먼저 하나님께 그들을 공격할지 여부를 물었습니다. 다윗은 자신이 원하는 것이 아니라 하나님이 원하시는 것에 관심이 있었습니다.

> "이에 다윗이 여호와께 문자와 이르되 내가 가서 이 블레셋 사람들을 치리이까 여호와께서 다윗에게 이르시되 가서 블레셋 사람들을 치고 그일라를 구원하라 하시니"(2절).

다윗은 그일라가 블레셋에 침범을 당했다는 소식을 듣고 가만히 있을 수가 없었습니다. 그를 따르는 사람 600명과 함께 그일라를 기습하여 블레셋 사람을 물리치고 그 성의 사람들을 구원할 계획을 세우고 하나님의 뜻을 물었습니다. 그일라는 이스라엘 땅이고 그일라 거주민들은 자신의 동족입니다. 그러므로 그들을 위해 싸우는 것은 당연한 일입니다. 그러나 그는 자신의 판단을 앞세우거나 결정의 당위성을 주장하지 않고 먼저 하나님께 물었습니다. 이러한 태도야말로 다윗이 하나님의 인도와 보호 가운데서 형통한 삶을 살 수 있었던 비결입니다.

기도란 자신의 생각과 계획이 하나님의 뜻에 합당한지를 검증받는 일입니다. 우리는 가끔 합당한 일이면 무조건 하나님의 뜻이라고 생각하고 막무가내로 밀어붙이는 오류를 범합니다. 자기의 생각을 하나님의 뜻이라고 단정 짓는 실수도 많이 저지릅니다. 옳은 생각이라도 그것이 하나님의 뜻이라고 섣불리 판단하지 마십시오. 오히려 자신의 생각이 옳다고 여겨질 때 하나님께 엎드려야 합니다. 그리고 자신의 생각이 하나님의 뜻에 합당한지를 검증받아야 합니다. 기도는 자신의 뜻을 관철시키는 것이 아니라 하나님의 뜻을 분별하고 검증하는 시간입니다. 이러한 시간을 통해서 하나님의 뜻을 분별하고 하나님께 검증받아야 합니다.

에이브러햄 링컨은 기도하는 대통령이었습니다. 남북전쟁에서 북군의 전세가 불리해지자 1863년 4월 30일 목요일을 '금식 기도일'로 선포하고 온 국민의 동참을 호소했습니다. 당시 인기 배우인 제임스 머독이 링컨의 초청으로 백악관에 머물다 새벽에 링컨의 기도 소리에 잠을 깬 적도 있었습니다. 링컨은 병사들을 위로하기 위해 종종 전쟁터를 찾았는데 그때도 간절히 기도했습니다. 그가 기도하는 시간이면 사령부 막사 입구에 하얀 손수건이 내걸리곤 했습니다. 링컨은 전쟁이 끝난 후 이렇게 고백했습니다. "북군의 승리는 기도로 얻은 승리였습니다. 우리에게 남군의 로버트 리 같은 명장이 없었음이 오히려 다행입니다. 그래서 우리는 기도로 하나님께 더욱 의지하였기 때문입니다." 하나님의 인도를 따라 살기를 원합니까? 그렇다면 기도하십시오. 여러분의 계획이 하나님의 인도와 보호 가운데서 형통하기를 원합니까? 그렇다면 기도를 통해 그 계획이 하나님의 뜻에 합당한지 검증받으시기를 바랍니다. 하나님의 뜻에 합당한 것은 반드시 형통할 줄 믿습니다.

이상과 현실

"다윗의 사람들이 그에게 이르되 보소서 우리가 유다에 있기도 두렵거든 하물며 그일라에 가서 블레셋 사람들의 군대를 치는 일이리이까 한지라 다윗이 여호와께 다시 묻자온대 여호와께서 대답하여 이르시되 일어나 그일라로 내려가라 내가 블레셋 사람들을 네 손에 넘기리라 하신지라 다윗과 그의 사람들이 그일라로 가서 블레셋 사람들과 싸워 그들을 크게 쳐서 죽이고 그들의 가축을 끌어오니라 다윗이 이와 같이 그일라 주민을 구원하니라"(3-5

절).

그일라 거민을 구하겠다는 다윗의 계획을 하나님께서 허락하셨습니다. 그런데 문제가 생겼습니다. 그를 따르는 사람들에게서 반대 의견이 나온 것입니다. 다윗과 함께 있던 사람들은 다윗의 계획에 부정적인 반응을 보였습니다. '내 코가 석 자인데, 누가 누구를 돕겠느냐'면서 푸념만 늘어놓으며 두려워하고 있습니다.

다윗은 또다시 하나님께 물었습니다. 이것이 다윗의 위대함입니다. 다윗은 이미 확신이 섰습니다. 하나님의 뜻이 무엇인지를 알고 있었기 때문입니다. 그럼에도 불구하고 또 기도했습니다. 다윗은 자신의 사람 하나하나를 아꼈지만 그렇더라도 사람의 소리가 하나님의 결정을 뒤바꿀 수는 없는 일이었습니다. 그래도 그들이 보는 앞에서 다시 하나님께 엎드렸습니다. 하나님의 분명하고도 정확한 뜻을 모든 사람이 알 수 있도록 한 것입니다. 그리고 그일라를 구원하라시는 하나님의 음성이 들리자 다윗은 하나님의 뜻을 따라 행하였습니다.

하나님은 블레셋 사람들을 쳐서 그일라를 구하라는 말씀을 주셨지만 다윗을 추종하던 무리는 두려움에 떨었습니다. 그러다 두 번째 약속을 주시자 그제야 블레셋 사람에게서 그일라를 구했습니다. 하나님의 허락은 곧 그 일의 결과까지 보장하신다는 뜻인데도 그들은 그 사실을 이해하지 못했습니다.

여기서 우리는 또 한 가지 중요한 사실을 배울 수 있습니다. 기도란 결정권을 하나님께 드리는 것입니다. 다윗은 사람들의 말을 잘 들어주었지만 모든 결정권은 하나님께 두었습니다. 사람들의 생각을 무시하지는 않았지만 그들의 결정에 따라 움직이지 않았습니다. 모든 결정은 하나님이 하셔야 한다고 믿고 하나님의 결정을 따라 움직였습니다.

우리가 어떤 일에서 올바른 결정을 내리려면 다른 사람들의 의견을 잘 들어야 합니다. 각계각층의 의견을 수렴하여 더 좋은 정책, 최상의 결정을 세울 수도 있습니다. 그러나 사람의 결정은 언제나 왜곡될 가능성이 있습니다.

어떤 심리학자가 군중 심리가 개인의 결정에 미치는 영향을 연구하기 위해 한 가지 실험을 했습니다. 비슷한 크기의 두 판을 하나는 검은색으로 칠하고 또 다른 하나는 회색으로 칠했습니다. 그리고 교사와 학생 40명과 미리 이야기해 두었습니다. 교사가 "어느 판이 검은색일까요?"라고 물으면 학생 40명이 회색 판을 가리키기로 했습니다. 이때 나머지 10명이 어떠한 반응을 나타내는가를 알아보는 실험이었습니다.

심리학자는 이 실험을 10회 반복하여 실시하였습니다. 처음에는 10명 모두가 진짜 검은색 판을 가리켰습니다. 그러나 계속 실험을 반복하자 마지막에 가서는 한 명을 제외하고 나머지 9명이 모두 회색을 검은색이라고 가리켰습니다. 이 실험을 통해서, 사람들은 어떤 결정을 내릴 때 진리를 따르기보다는 다수의 의견에 따라 결정한다는 것을 알 수 있었습니다.

이 실험 결과는 우리에게 무얼 말합니까? 사람들의 판단과 결정은 개인의 감정이나 사상 또는 사회적 관습과 군중 심리 등 여러 가지 요인에 의해서 얼마든지 왜곡될 수 있다는 것입니다. 그렇습니다. 세상의 가치 기준은 언제든지 변할 수 있습니다. 선과 악의 기준, 옳고 그름의 기준은 시대에 따라서 달라집니다. 그러나 하나님의 말씀은 영원히 변하지 않습니다. 하나님의 말씀은 언제나 '길이요 진리요 생명'이기 때문입니다.

다윗은 언제나 하나님의 인도하심에 따르기 위해 영적 안테나를 하나님을 향해 고정하고 살았습니다. 하나님의 뜻에 민감했습니다. 하나님의 음성을 바르게 듣기 위해 날마다 하나님께 물었습니다. 그래서 다윗은 항상 앞서가는 인생이 될 수 있었습니다.

여러분도 하나님의 인도를 받고자 한다면, 하나님께 하나님의 뜻을 예민하고 민감하게 물으실 수 있기를 바랍니다. 아무리 급해도 하나님보다 앞서가지 마십시다. 기도보다 앞서지 마십시오. 우리가 기도하면 하나님이 일하십니다. 하나님께서 계획하시고 하나님이 결정하시고 하나님이 준비하십니다.

신앙은 여론을 따르는 것이 아닙니다. 분위기에 휩쓸려 가는 것도 아닙니다. 백조와 거위가 함께 살고 있었습니다. 백조는 정원의 연못에서 물장구를 치기도 하고 날개를 펴 우아한 자태를 마음껏 뽐내기도 하며 주인의 눈을 기쁘게 해주었습니다. 반면에 거위는 식탁에 올라 주인을 즐겁게 해주었습니다.

어느 날 요리사가 술을 많이 마시는 바람에 백조를 거위로 착각하여 백조의 목을 잡았습니다. 백조는 죽기 전에 백조답게 품위를 지키고 아름다운 노래를 불렀습니다. 그 순간 요리사는 깜짝 놀랐습니다. 날마다 거위를 잡을 때 나던 꽥꽥거리는 시끄러운 소리가 아니었기 때문입니다. 요리사는 백조를 놓아주며 혼자 중얼거렸습니다. "내가 지금 무슨 짓을 하려는 거지? 이렇게 아름다운 소리를 내는 새를 요릿감으로 쓰려고 하다니!" 우리에게 닥치는 무수한 위험 속에서도 하나님의 자녀로서의 품위와 지조를 지키면 해를 입지 않습니다.

하나님의 결정은 언제나 안전한 길이요 확실한 진리며 언제나 살게 하는 방법입니다. 하나님의 결정을 따른다면 우리는 결코 좌절하거나 패배하거나 실패하지 않습니다. 그러므로 우리는 언제든지 하나님의 결정을 알기 위해 기도해야 합니다. 그리고 결정권을 하나님께 드리면 하나님은 언제나 승리의 길로 인도하실 것입니다.

어떤 중요한 계획을 세웠습니까? 중대한 결정을 할 일이 있습니까? 그렇다면 기도하시기 바랍니다. 기도하는 사람은 언제나 하나님의 인도하심을 예민하게 감지하여 삶을 아름답게 가꾸어 갈 수 있습니다. 기도를 통해 모든 결정권을 하나님께 맡기시기 바랍니다.

> "너의 행사를 여호와께 맡기라 그리하면 네가 경영하는 것이 이루어지리라"(잠 16:3).

하나님께 결정권을 드리고 하나님 결정에 따르면 모든 일이 형통할 것입니다. 기도를 통해 매일매일의 삶 속에서 하나님의 인도하심을 따라서 아름답고 복된 인생을 살아가시기를 바랍니다.

하나님 닮아가기

레위기 11:41-45

・　・　・

　　요즘은 가정에서 아버지의 권위가 많이 떨어졌습니다. 아침에 아이가 일어나지 않으면 전에는 아버지가 큰 소리로 깨웠습니다. 그러나 요즘엔 "엄마가 일어나래. 혼나지 말고 어서 일어나렴"이라며 작게 속삭입니다. 아이가 집에 전화를 걸었을 때 아버지가 받으면 다짜고짜 "엄마 바꿔 주세요"라고 합니다. 아버지가 집에 전화를 걸어 아이가 받으면, 아이는 "엄마 바꿔 줄게요"라고 합니다. 이 정도 되면 그 아버지는 이미 집에서는 왕따입니다.

　　월간잡지 〈아버지와 가정〉의 조사에 따르면, 아버지의 46퍼센트가 아들이 자신을 닮기 소망하지만, 아버지를 닮고 싶다는 아들은 33퍼센트에 불과하다고 합니다. 반면에 아버지를 닮고 싶지 않다는 아들은 37퍼센트나 됩니다.

　　그런데 하나님 아버지는 당신의 자녀들이 당신을 닮아가기를 원하십니다.

"나는 너희의 하나님이 되려고 너희를 애굽 땅에서 인도하여 낸 여호와라 내가 거룩하니 너희도 거룩할지어다"(45절).

이 말씀은 명령입니다. 해도 좋고 하지 않아도 좋은 선택이 아니라, 꼭 하라고 지시하는 명령문으로 쓰였습니다. 하나님께서는 이스라엘 백성들을 애굽에서 구해 내신 후, 다른 말씀보다 먼저 '거룩'을 명령하셨습니다. 하나님은 우리에게도 "내가 거룩하니 너희도 거룩할지어다"라고 말씀하십니다.

본문 말씀은 레위기의 중심이고 핵심입니다. 레위기는 한마디로 '거룩을 말하는 책'이고 '하나님께 어떻게 나아가야 하는가를 말하는 책'입니다. 창세기가 인류의 시작을, 출애굽기는 하나님의 인도하심을, 그리고 민수기와 신명기는 출애굽 한 이스라엘을 이끄시는 과정을, 그리고 레위기는 광야의 이스라엘 백성들이 하나님께 나아가는 방법을 말씀해 주고 있습니다. 그것이 '거룩하라'입니다.

그런데 인내하라, 강하고 담대하라, 침착하고 지혜로워라 같은 다른 명령을 할 수도 있는데 왜 하필 거룩을 말씀하실까요?

저는 통풍을 앓고 있습니다. 병원에 가면 의사가 "과음하지 마세요. 과식하지 마세요. 스트레스와 피곤을 피하세요"라고 합니다. 그러면 세상에서 과음하는 사람, 과식하는 사람, 스트레스 받는 사람은 다 통풍에 걸립니까? 아닙니다. 제가 통풍의 원인이 되는 행동을 하지 않는다고 하니 음식을 주의하라고 했습니다.

등푸른생선이나 시금치 등 요산이 많이 함유된 음식을 절제하라고 하고, 그것만으로는 안 되니 약도 먹으라고 했습니다. 가만히 생각해 보니, 제 통풍의 원인은 요산을 배출하는 능력이 다른 사람보다 떨어진다는 것이었습니다. 내가 문제입니다. 다른 사람은 그렇게 먹고 살아도 요산을 배출할 능력이 있으니 아무런 문제가 없습니다.

본문 이전의 말씀을 보면 먹어야 할 음식과 먹지 말아야 할 음식을 기록하고 있습니다. 예를 들면 되새김질하는 동물, 굽이 갈라진 동물은 먹되 그렇지 않은 동물은 먹지 말고, 지느러미와 비늘이 있는 것은 먹되 그렇지 않은 것은 먹지 말고, 땅에 기는 것은 먹지 말고… 어떤 이들은 이 말씀이 위생적인 차원에서 하신 것이라면서 선진국도 안 먹고 돼지고기나 오징어도 먹지 않습니다. 정말 그렇습니까?

> "이는 마음으로 들어가지 아니하고 배로 들어가 뒤로 나감이라 이러므로 모든 음식물을 깨끗하다 하시니라"(막 7:19).
> "입으로 들어가는 것이 사람을 더럽게 하는 것이 아니라 입에서 나오는 그것이 사람을 더럽게 하는 것이니라"(마 15:11).

예수님은 당시 통념을 깨는 말씀을 하셨습니다. 먹는 것이 문제가 아니라 내가 문제이며, 그러므로 내가 거룩해야 한다는 의미입니다.

> "나는 여호와 너희의 하나님이라 내가 거룩하니 너희도
> 몸을 구별하여 거룩하게 하고…"(44절).

그러면 우리가 어떻게 거룩하게 될 수 있을까요?

황형택의 《끈질긴 사랑의 추적자》라는 책에서 '환향녀들의 슬픈 이야기'를 읽은 적이 있습니다. 1636년 12월 9일에 청나라 대군이 압록강을 건너 조선 땅을 침략하여 병자호란이 시작되었습니다. 당시 왕이던 인조는 남한산성에서 25일을 버티다가 결국 이듬해 1월 3일에 청나라 태종에게 항복했습니다. 이때 왕자와 수많은 여인이 청나라에 포로로 끌려가서 말로 표현할 수 없는 고통을 당했습니다. 청나라에 부인을 빼앗긴 남편들이 새 장가를 들었는데 얼마 지나지 않아 청나라로 잡혀갔던 여인들이 돌아오기 시작했습니다. 이 여인들을 가리켜 '고향으로 돌아온 여인들'이라는 의미로 '환향녀'(還鄕女)라고 불렀습니다.

여인들이 청나라에서 험한 일을 당하다가 힘겹게 고향으로 돌아왔더니, 남편은 이미 다른 여인과 재혼한 데에다 청나라에서 더럽혀진 여인이라며 사람들의 시선마저 곱지 않았습니다. 가정마다 큰 갈등과 다툼이 일어났습니다. 이 여인들은 큰 사회 문제가 되었습니다.

마침내 인조가 신하들을 다 불러놓고 "과인이 부덕하여 엄청난 국난을 당하였으니, 그런 연고로 죄 없고 힘없는 부인들이 뜻

하지 않게 욕을 당한 것은 불가항력이었도다"라고 말하면서 부인들의 무죄를 선언하고 새로운 국법 하나를 발표했습니다. 지금의 서울 은평구 홍제동에서 녹번동으로 넘어가기 전에 꽤 넓은 시내가 흐르고 있는데 바로 홍제천입니다. 환향녀들이 속옷 차림으로 그 홍제천을 건너오면 청나라 사람에게 당한 모든 더러움이 깨끗이 씻긴 것으로 간주할 것이며, 홍제천을 건너온 환향녀들에게 그 누구도 과거의 허물을 들추어서는 안 된다는 어명을 내렸습니다. 이 이야기가 진실인지 아닌지는 모르지만 많은 사람이 알고 있는 이야기입니다.

여인들이 홍제천을 건넜을 때 그 치욕과 과거가 한꺼번에 완전히 사라졌습니까? 홍제천을 건너왔다고 그 여인들이 깨끗해졌을까요? 아닙니다. 어명 때문에 사람들로부터 더 이상 손가락질을 당하지 않았을는지는 모르지만 완전히 깨끗해지지는 않았습니다. 안타깝게도 여인들은 여전히 부끄러움 때문에 고개를 들고 다니지 못했을 것입니다.

그러면 우리가 어떻게 하면 거룩하게 될 수 있을까요?

십자가의 보혈로 말미암아

우리는 십자가의 보혈을 마음에 받아들임으로 말미암아 거룩해질 수 있습니다.

나중에 종교개혁을 성공적으로 수행했지만, 마르틴 루터는 처음에는 거룩해지려고 아우구스티노 수도원에 들어가서 2년 후에 사제로 안수를 받았습니다. 그는 수도원에서 하루 일곱 번씩 예배를 드렸고, 예배를 드리지 않는 시간에는 금식하고 기도했습니다. 로마에 순례를 가서, 교황이 약속한 면죄부를 얻겠다는 희망을 품고 '빌라도의 계단'이라 불리는 곳에 가서 무릎을 꿇고 계단을 올라가며 기도했습니다. 하지만 거룩해질 수 없어서 매우 실망하고 절망했습니다.

그러다가 갑자기 "…오직 의인은 믿음으로 말미암아 살리라…"라는 로마서 1장 17절 말씀이 떠올랐습니다. 그는 무릎으로 계단을 오르다가 멈추었습니다. 마치 큰 빛이 그게 임한 것 같았습니다. 이러한 깨달음을 얻은 후에 그의 인생은 완전히 변화되었습니다.

여러분, 마르틴 루터를 변화시킨 말씀에서 '믿음'이란 무엇을 의미할까요? 어떤 믿음일까요? 바로 예수 그리스도를 믿는 믿음을 말합니다.

> "그러므로 예수도 자기 피로써 백성을 거룩하게 하려고 성문 밖에서 고난을 받으셨느니라"(히 13:12).

예수님은 우리를 거룩하게 하려고 고난받고 십자가에 매달려 돌아가셨습니다. 따라서 예수께서 날 위해 피 흘리셨음을 믿을 때, 우리는 거룩해질 수 있습니다.

하나님께서는 우리에게 예수 그리스도를 통해서 거룩해질 수 있는 길을 열어 놓으셨습니다. 예수님께서 나를 위해 피 흘려 돌아가셨음을 믿을 때 우리가 거룩하게 되는 줄을 믿으시기 바랍니다. 세상의 어떠한 노력으로도 거룩해질 수 없습니다. 오직 나를 위해 고난 당하고 십자가에 몸이 찢기고 피 흘려 돌아가신 예수님을 믿어야 우리가 하나님의 거룩한 자녀들이 됩니다.

구별됨으로 말미암아

'거룩'은 구별됨이라는 말입니다. 우리는 구별됨으로 말미암아 거룩해질 수 있습니다.

우리는 예수 그리스도를 통해 하나님 앞에서 자녀가 되었습니다. 그렇다고 끝난 것일까요? 아닙니다. 그건 시작점일 뿐 입니다. 예수 믿고 구원받아 새사람이 된다고 해서 항상 거룩한 삶을 살 수 있는 것은 아닙니다. 우리가 처음 예수님 믿을 때 아담과 하와 이후 우리에게 유전되어 오는 죄(sin)를 회개하여 용서받았다 할지라도 우리의 육신이 아직도 연약하기 때문에 여전히 죄(guilt)에 노출되어 있습니다. 그래서 우리는 하나님의 명령대로 거룩하게 살기도 하고 때때로 죄에 미혹되어 불의를 행하기도 합니다.

청교도 시대에 한 자매가 교회의 입교인이 되기 위해 문답을 할 때 나이 든 장로님이 물었습니다. "자매는 예수님을 믿기 전에 자신이 죄인이었다는 것을 인정하십니까?" 물론 이 자매는 '예'라고 대답했습니다. 그 장로님이 다시 물었습니다. "그러면 예수를 믿은 후에는 자신이 어떻다고 생각합니까?" 자매가 "전보다 더 큰 죄인이라고 생각합니다"라고 답하자, 장로님은 깜짝 놀라 다시 물었습니다. "그러면 예수 믿기 전과 예수 믿은 후에 달라진 것이 무엇이 있습니까?" 그 자매는 놀라운 대답을 했습니다. "전에는 '죄를 향해 달려가는 죄인'(a sinner running to sin)이었지만, 지금은 '죄로부터 도망치는 죄인'(a sinner running from sin)입니다."

'거룩'은 '구별되다' 외에 '분리하다'라는 뜻도 있습니다. 하나님께서는 우리를 구별하여 분리해 놓으셨습니다. 당신의 소유로 삼기 위해 우리를 만민에게서 구별하셨고, 그 안에 임재하십니다. 그래서 우리는 거룩해야 합니다.

집에 손님이 오면 미리 청소합니다. 대심방 때면 대청소를 합니다. 하물며 하나님을 내 안에 모시는 일인데 어떻게 내 안을 청소하지 않을 수 있습니까? 우리 교회에서는 대예배 때 죄를 고백하는 순서가 있습니다. 죄를 비우고 나를 구별해 놓고 그 안에 하나님의 임재를 기다리는 것입니다.

베드로전서 1장 15절에서 "오직 너희를 부르신 거룩한 이처럼 너희도 모든 행실에 거룩한 자가 되라"라고 말씀합니다. '모든 행실에 거룩한 자가 되라', 곧 우리의 모든 행실이 구별되어야 한다는 말입니다. 하나님을 위해서 먹는 것, 마시는 것, 입는 것 등 모든 행동이 달라야 합니다. 세상의 가치관이나 시대의 유행을 따르지 않고 하나님을 위해 구별되어야 합니다. 이렇게 구별된 삶이 거룩한 삶입니다. 하나님께서는 당신을 위해 구별된 삶을 사는 사람을 기뻐하고 축복하십니다.

서울 영락교회의 김성주 집사가 쓴 《나는 한국의 아름다운 왕따이고 싶다》라는 제목의 책이 있습니다. 그는 대기업 총수의 막내딸로 미국에 가서 공부한 후 한국으로 돌아와 국내에서 패션 유통업을 하려고 했습니다. 그러자 주위에서 몇 가지 충고를 해주었습니다. 한국에서 사업을 잘하려면 술자리를 많이 만들고 빠지지 말아야 하고, 돈 봉투 즉 뇌물을 잘 바쳐야 하며, 적당한 거짓말을 잘해야 한다는 것입니다.

처음 이 말을 듣고 나서 집에 돌아와 곰곰이 생각했습니다. 그래도 교회 집사로서 그 말처럼 할 수는 없었습니다. 그는 술과 흰 봉투와 거짓말을 멀리하기로 결심했고, 그 결과 백화점에서 쫓겨나고 왕따를 당하고 미친 여자라는 말을 들었습니다. 그래도 끝까지 버텼습니다. 그렇게 1년이 지나자 주위 사람들에게 서서히 신뢰를 얻기 시작했고, 그의 사업체는 무역업계에서 가장 영향력 있는 사업체로 성장하였습니다. 1997년 면세점 공급 물량 1위, 공장도 가격으로 6천만 달러 상당의 물품을 납품하였습니다.

물론 그 이후로 모든 것이 술술 풀린 것은 아닙니다. IMF를 맞아 82개 매장 중 40개가 문을 닫아야 했습니다. 300억 원을 손해 보았고 부도 직전까지 갔습니다. 그래도 편법을 쓰지 않고 정도를 걸어갔습니다. 그러던 중 일본 사람에게 매장 하나를 매각했습니다. 처음에는 그가 값을 많이 깎으려고 했는데, 일반적으로 한국 기업은 이중 장부를 쓰고 과대 포장을 한다고 생각했기 때문입니다. 그런데 그 회사의 장부는 정확하고 투명했습니다.

이에 256억 원에 회사를 인수하여 그 돈으로 부채 300억을 청산할 수 있었습니다.

김성주 집사는 스위스 다보스에서 모이는 월드 이코노믹 포럼(WEF)에서 지목한 '21세기를 이끌어 갈 차세대 경제인 100인' 중에 유일한 한국 여성이었습니다. 그는 책에서 '나는 교회 안에서의 삶뿐 아니라, 세상 속에서도 거룩한 왕따로 살겠다'라고 고백했습니다.

이 세상에 거룩보다 더 큰 능력은 없습니다. 세상에서 제일 무서운 사람은 돈 있고 권력 있는 사람이 아니라 거룩한 사람입니다. 왜 그럴까요? 하나님이 그 안에서 역사하고 인도하시기 때문입니다. 하나님께서는 거룩하게 살아가는 사람을 축복하십니다. 여러분, 거룩이 곧 능력입니다!

여리고 성의 승리는 전략의 승리도 아니고 무기의 승리도 아니었습니다. 오직 거룩함의 승리였습니다. 여리고 성 앞에 선 이스라엘의 군사력은 아무것도 아니었습니다. 전략도 무기도 아무것도 아니었습니다. 할례를 받은 직후라 컨디션도 엉망이었습니다. 오직 한 가지, 그 백성은 거룩했습니다.

거룩함이 하나님의 능력이라는 말은, 거룩함이 사라지면 하나님의 능력도 사라진다는 말이기도 합니다. 여리고 성의 승리의 기운이 사라지기도 전에, 이스라엘은 여리고 성에 비하면 보잘것없는 아이 성 전쟁에서 쓰라린 패배를 맛보았습니다. 아간이 죄를 저질러 거룩이 사라졌기 때문입니다.

세상은 우리에게 '이 험한 세상에서 거룩이 웬 말이냐'라고 합니다. 수단과 방법을 가리지 않고 싸워도 이길까 말까 한 세상이 므로 이기려면 눈속임도 하고 거짓말도 좀 하고, 위장 전입도 하고, 군대도 요령 부려서 안 갈 수 있으면 안 가고, 부동산 투기도 좀 할 줄 알아야 하고, 힘 있는 사람에게 적당한 선물도 할 줄 알아야 한다고 말합니다.

그러나 사람의 힘은 아무리 커도 한계가 있게 마련입니다. 항상 함께하고 도와줄 수도 없습니다. 뜻이 자기 입맛에 안 맞으면 한 순간에 돌아서고 배반하는 것이 사람입니다. 이 세상에 독불장 군은 없습니다. 혼자 힘으로는 안 됩니다. 힘 있는 분을 모셔야 합니다. 힘 있는 사람이 아니라 전지전능하신 하나님을 모셔야 합니다. 우리가 그분을 모실 수 있다면 우리 앞에 있는 여리고 성 도 무너질 것입니다. 그분을 모시는 방법이 바로 거룩입니다. 우 리의 거룩을 보시고 하나님은 우리를 위해 기꺼이 움직이십니다.

내 안에 함부로 들이지 말고

"…내가 거룩하니 너희도 몸을 구별하여 거룩하게 하 고 땅에 기는 길짐승으로 말미암아 스스로 더럽히지 말 라"(44절).

무슨 말일까요? 음식 가려 먹으라는 말일까요? 물론 음식을 먹는 것도 중요합니다. 아무것이나 먹으면 안 됩니다. 그러나 그 보다 먼저 아무것이나 먹지 않으려는 마음 자세를 가져야 합니다. '내 몸은 하나님의 거룩한 집이니 아무것이나 먹지 않겠다, 아무것이나 함부로 들어오게 하지 않겠다' 하는 자세가 중요합니다.

거룩은 '닫는 것'입니다. 문을 닫아 부정한 것이 들어오지 못하게 하는 것입니다. 그러면 누군가 이렇게 말할지도 모릅니다. "넌 너무 편협해. 호방한 그리스도인이 되어 봐!" 그럴 때 고린도전서 10장 23절을 떠올려 보십시오.

> "모든 것이 가하나 모든 것이 유익한 것은 아니요 모든 것이 가하나 모든 것이 덕을 세우는 것은 아니니."

여러분! 호방한 그리스도인도 좋지만 그보다 더 좋은 '거룩한 그리스도인'이 되시기를 바랍니다. 그리스도인의 거룩은 절제요, 문을 닫는 것입니다. 빌립보서 4장 13절에 "내게 능력 주시는 자 안에서 내가 모든 것을 할 수 있느니라"라고 말씀합니다. 그렇습니다. 하나님 때문에 할 수 있다는 생각, 행동, 마음은 귀한 신앙입니다. 그러나 하나님 때문에 안 하는 것, 하나님 때문에 기꺼이 못 하는 것도 정말로 귀한 신앙입니다.

미국의 오럴 로버츠(Oral Roberts) 목사님은 "당신이 준비한 축복의 그릇을 가지고 주님을 만나면 주님은 당신의 모든 요구를 채워 주실 것이다"라고 말했습니다. 이 말은 귀한 통찰력을 줍니다. 축복을 담을 그릇이 중요합니다. 그릇이 준비되면 하나님께서 채워 주십니다.

"그러므로 누구든지 이런 것에서 자기를 깨끗하게 하면 귀히 쓰는 그릇이 되어 거룩하고 주인의 쓰심에 합당하며 모든 선한 일에 준비함이 되리라"(딤후 2:21).

무엇보다도 자기를 깨끗하게 하라고 말씀합니다. 우리를 유혹하는 죄에서 나를 구별하여 항상 깨끗한 삶을 살아야 합니다. 북유럽에 살고 있는 족제빗과의 포유동물인 흰 담비는 털이 아름답기로 유명합니다. 흰 담비는 본능적으로 자신의 털을 더럽히지 않으려는 강한 의지가 있습니다. 사냥꾼들은 흰 담비의 이러한 속성을 이용해 흰 담비를 잡습니다. 흰 담비가 사는 굴 입구에 숯검정을 칠해 놓고 숲속에서 놀고 있는 흰 담비를 굴 쪽으로 몰아가면 굴 입구에 다다른 흰 담비는 자신의 흰 털을 더럽히기보다는 차라리 죽음을 택한다고 합니다.

여러분은 어떠합니까? 여러분은 거룩합니까? 물론 자신의 깨끗한 털을 더럽히지 않기 위해서 죽음을 택하는 흰 담비처럼 행동하는 것은 쉽지 않습니다. 그러나 그런 각오로 마음을 지키고 깨끗하게 유지하려고 힘써야 합니다.

우리는 하나님 말씀의 능력을 통해서 깨끗해지고, 성령의 능력을 통해서 거룩한 삶을 살 수 있습니다. 성령충만함을 받을 때 구별된 삶을 살 수 있습니다. 그러므로 날마다 주님을 만나는 자리를 사모해야 합니다. 성령의 충만함을 위해서 간절한 마음으로 간구해야 합니다. 은혜의 자리, 말씀의 자리, 기도의 자리, 예배의 자리를 사모해야 합니다. 말씀의 자리에서 선포되는 말씀의 능력으로, 기도의 자리에서 임하시는 성령의 능력으로 모든 행실을 깨끗게 하여 인생의 주인 되시는 하나님께 쓰임 받는 우리 모두가 되기를 바랍니다.

인생의 얍복 강가에서

창세기 32:13-30

• • •

창세기 12장에서 50장까지 이어지는 족장의 역사는 믿음의 조상 아브라함부터 시작해서 믿음의 가계를 이어간 이삭, 야곱, 요셉에 대한 이야기입니다. 그런데 믿음의 조상이라고 하는 이들 가운데 야곱은 존경받을 만한 인물이 못 되는 것처럼 보입니다. 그는 자기 이름처럼 산 사람이었습니다. 야곱은 '발꿈치를 잡는 자'라는 뜻의 이름이며, 직역하면 '약탈자'입니다. 야곱은 이 이름처럼 속이는 자요 약탈하는 자로 살았습니다. '어떻게 저런 사람이 믿음의 조상 가운데에 포함될 수 있을까?' 싶을 정도로 철저하게 인간적인 방식으로 살았습니다.

그는 태어나면서부터 형 에서에게 뒤지는 게 싫어서 형의 발꿈치를 붙잡고 세상에 나왔습니다. 장자로 태어나지 못했다는 한(限)이 결국 야곱으로 하여금 형 에서의 장자권을 탐내고 빼앗습니다. 그는 어머니 리브가와 짜고서 눈이 잘 보이지 않은 아버지 이삭을 속여 형이 받아야 할 장자의 축복을 가로챘습니다. 결국 야곱은 형 에서의 분노를 사서 집에서 도망쳐야 했습니다.

그가 외삼촌 라반의 집으로 도망가다가 밤이 되어 벧엘에서 돌베개를 베고 잠이 들었습니다. 그때 하늘과 땅을 잇는 사닥다리 꿈을 꾸었습니다. 그 꿈에서 하나님께서 야곱에게 약속하셨습니다.

> "…내가 네게 허락한 것을 다 이루기까지 너를 떠나지 아니하리라…"(창 28:15).

창세기 28장 20-22절을 보면 하나님 축복의 말씀을 듣고 꿈에서 깬 야곱은 자기가 베고 잤던 돌베개로 기둥을 세우고 서원한 내용이 나옵니다.

> "…하나님이 나와 함께 계셔서 내가 가는 이 길에서 나를 지키시고 먹을 떡과 입을 옷을 주시어 내가 평안히 아버지 집으로 돌아가게 하시오면 여호와께서 나의 하나님이 되실 것이요 내가 기둥으로 세운 이 돌이 하나님의 집이 될 것이요 하나님께서 내게 주신 모든 것에서 십분의 일을 내가 반드시 하나님께 드리겠나이다…."

이 서원은 매우 아름다운 신앙처럼 보입니다. 그러나 사실 야곱의 서원에는 그의 욕심과 성품이 그대로 담겨 있습니다. '하나님께서 나를 지켜 주셔서 내가 잘되면 하나님께 십일조도 바치고 하나님을 잘 섬기겠습니다' 하는 이 기도는 결코 아름다운 신앙이 아니라 하나님과 흥정하고 거래하려는 시도입니다.

오늘날 많은 믿음의 사람들이 야곱처럼 기도하고 야곱처럼 신앙생활 합니다. 하나님께서 나에게 잘해 주시면 하나님을 잘 섬기겠다고 합니다. 하나님께서 복을 주시면 십일조도 하고 봉사도 하고 헌신도 하겠다고 생각합니다. 이런 생각은 하나님과 흥정하는 것이며, 절대로 바른 신앙이 아닙니다. 하나님을 진실로 사랑하는 사람이라면 오늘 고난이 닥쳐온다 할지라도 하나님을 사랑하고 섬기겠노라고 고백할 수 있어야 합니다. 이런 신앙이 진정한 신앙입니다.

그러나 야곱은 그러지 않았습니다. 외삼촌 라반의 집에 가서도 야곱은 철저하게 인간적인 방법으로 살아갔습니다. 그것이 품삯을 열 번이나 변개한 외삼촌 라반에게서 살아남는 방법이라고 생각했습니다. 자기가 알고 있는 모든 인간적인 술수와 방법을 동원해서 재산을 모으며, 그렇게 20년 세월을 살았습니다. 20년 동안 인간적인 방법으로 살았던 야곱은 세상적으로는 '성공했다' 할 수 있는 사람이 되었습니다. 두 아내(레아, 라헬)와 두 첩(빌하, 실바) 그리고 12명의 아들, 수를 헤아릴 수 없을 정도로 소와 나귀와 양 떼를 많이 거느렸습니다. 야곱은 20년 동안 타향살이를 했지만 나름대로 성공한 사람이었습니다. 그리고 이제 야곱은 아내와 자식들을 거느리고 그동안 모았던 재산 전부를 거느리고 개선장군처럼 의기양양하게 고향을 향하여 가고 있었습니다. 누가 보아도 성공하여 귀향하는 모습이었습니다.

사람의 생각과 방법

그런데 야곱에게는 아직도 풀지 못한 문제가 하나 있었습니다. 바로 형 에서와의 관계입니다. 야곱은 이마저도 인간적인 방법으로 해결하려고 합니다. 먼저 자기 종들을 형에게 보내면서, 소와 나귀와 양 떼 등 뇌물을 잔뜩 보내 형의 환심을 사려 했습니다. 어쩌면 이런 마음이었는지 모릅니다. '이 세상을 살아 보니까 역시 물질이 최고야! 돈으로 통하지 않는 일이 어디 있겠어? 형이 이 뇌물을 받으면 20년 전의 일은 없던 것으로 하고 나를 기쁘게 맞아 줄지도 몰라.'

그런데 형 에서에게 다녀온 사신의 보고는 기대와 달랐습니다. 형의 마음이 누그러진 것이 아니라 오히려 400명이나 되는 군사를 이끌고 야곱을 맞으러 온다는 것입니다. 이것은 자신과 전쟁을 하겠다는 뜻입니다. 야곱은 평생에서 가장 큰 위기를 만났습니다. 야곱은 두려워서 미칠 지경이었습니다. 창세기 32장 7절에 "야곱이 심히 두렵고 답답하여…"라고 말씀합니다. 인간적인 술수로 치자면 자기를 따라갈 사람이 없다고 생각하며 평생을 살아왔는데, 형과의 문제 앞에서는 그런 방법이 통하지 않았습니다. 다급해진 야곱은 또다시 인간적인 술수를 씁니다. 자기의 많은 재산을 둘로 나누어 한 떼는 앞서게 하고 다른 한 떼는 많은 간격을 두고 뒤따르게 했습니다. 형이 군사를 이끌고 와서 공격해 온다면, 그중 절반만이라도 건져 보자는 심사였습니다. 그래도 두려움이 사라지지 않았습니다. 이제 마지막 남은 방법은 하나님께 기도하는 것밖에 없습니다.

"내가 주께 간구하오니 내 형의 손에서, 에서의 손에서 나를 건져내시옵소서 내가 그를 두려워함은 그가 와서 나와 내 처자들을 칠까 겁이 나기 때문이니이다"(창 32:11).

 야곱은 하나님 앞에 무릎을 꿇었습니다. 그래도 인간적인 두려움이 사라지지 않았습니다. 그는 여전히 인간적인 방법으로 해결하려고 애썼습니다. '형에게 보낸 뇌물이 너무 적어서 형이 화를 풀지 않은 것일까? 그렇다면 더 많이 보내면 되지 않을까?' 그렇게 생각하고는 더 많은 뇌물을 구분해 놓았습니다. 암염소 200마리, 숫염소 20마리, 암양 200마리, 숫양 20마리, 젖 나는 약대 30마리와 그 새끼 30마리, 암소 40마리, 황소 10마리, 암나귀 20마리에 그 새끼가 20마리, 얼마나 많습니까? 그것도 한꺼번에 보낸 것이 아니라 차례대로 조금씩 보냈습니다. 먼저 암염소 200마리와 숫염소를 보내고, 그다음에는 암양과 숫양, 그다음에는 약대… 그 많은 예물을 차례차례로 보냈습니다. 이렇게 뇌물을 받다 보면 에서의 마음이 한결 누그러지리라 것입니다. 그러나 그 모든 방법 들을 동원하고도 여전히 그의 마음에서 두려움이 사라지지 않았습니다.
 영국의 유명한 테니스 선수 짐 길버트는 그가 다섯 살 되던 해에 어머니를 따라 치과병원에 가서 어머니가 치료받는 모습을 보았습니다. 그런데 어머니가 치료받는 도중에 심장마비를 일으켜 죽고 말았습니다. 그 모습을 지켜본 어린 길버트는 큰 충격을 받았습니다. 나중에 유명한 테니스 선수가 되었을 때에도 여전히 치과병원에 대한 공포증에 사로잡혀 있었습니다. 그러다 더 이상 치료를 미룰 수 없는 상황이 되어, 그는 주치의를 집에 불러서 치료받기로 했습니다. 그러나 그의 입에 진료 도구가 닿는 순간 심장마비를 일으켜 죽고 말았습니다. 두려움은 인간적인 방법으로는 해결할 수 없음을 잘 보여주는 사례입니다.

그렇습니다. 우리가 아무리 애를 쓰고 지식과 재물을 모두 사용한다 해도 인간적인 방법에는 한계가 있습니다. 두려움을 극복할 방법이 없습니다. 인간적인 방법으로는 우리 마음에 다가오는 두려움과 답답함을 걷어낼 수가 없습니다. 하나님을 의지하는 신앙인은 이것을 빨리 인정할 수 있어야 합니다. 그리고 돌아설 줄 알아야 합니다. 돌아섬이 하나님의 은혜를 경험하게되는 포인트입니다.

하나님의 방법

이제 야곱에게 남은 방법은 오직 하나, 하나님께 완전히 복종하는 것뿐입니다. 하나님께 매달리는 것 외에는 다른 방법이 없습니다. 야곱은 모두 떠나간 후에 얍복 강가에 홀로 남아서 하나님과 씨름하였습니다. 야곱에게 얍복 강가는 더 이상 물러설 수 없는 자리입니다. 더 이상 인간의 지혜나 인간적인 방법이 통하지 않는 막다른 골목이었습니다. 여기에서 문제가 해결되지 않는다면 그동안 쌓아 놓았던 모든 것을 한꺼번에 잃게 됩니다. 심지어 자기 목숨까지 잃을 수도 있습니다. 이런 절체절명의 상황 속에서 야곱이 할 수 있는 것은 오직 하나님을 붙잡는 것밖에 없었습니다.

이 말씀을 보면서, 어쩌면 하나님께서 야곱을 바로 이 얍복 강가로 몰아가신 것은 아닐까 하고 생각했습니다. 하나님께서는 야곱이 고향을 떠나올 때부터 끊임없이 야곱을 지켜보고 계셨습니다. 형 에서의 낯을 피하여 외삼촌의 집으로 도망칠 때 야곱은 어떤 심정이었을까요? 고향에서 부유함 가운데 어머니의 치마폭에 싸여 살던 마마보이 야곱이, 한 번도 떠난 적 없는 고향을 떠나 가 본 적 없는 먼 하란까지 간다는 것은 그야말로 불안하고 두려움의 길이었습니다. 그런데 하나님께서는 그런 야곱에게 나타나서 '두려워하지 마라, 내가 너와 함께하겠다' 하고 분명하게 약속하시므로 용기를 주셨습니다.

야곱은 20년 동안 하란에서 많은 재산을 모았지만, 외삼촌 라반이 자기를 미워한다는 것을 알고 나서는 더 이상 그 땅에 머물 수 없었습니다. 그때 하나님께서 다시 야곱에게 나타나서 "고향으로 돌아가라"라고 말씀해 주셨습니다. 그것뿐이 아닙니다. 야반도주하는 야곱을 뒤쫓아 온 라반이 야곱을 해치지 못하도록 조치를 취해 주셨습니다. 그리고 고향 땅에 가까웠을 때 하나님께서 또다시 야곱에게 나타나셨습니다. '하나님의 군대'를 보내어 야곱으로 하여금 두려워하지 말라고 용기를 주신 것입니다.

만일 야곱이 인간적인 계산, 인간의 방법으로 자신의 문제를 해결하려 않고 신앙적인 방법으로 풀어 가려고 했다면 고향 땅으로 가던 길목에서 만난 하나님의 군대가 자신과 함께 있음을 깨닫고 에서가 데리고 오는 군사 400명쯤은 두렵지 않았을 것입니다. 그런데 야곱은 언제나 자기의 꾀를 믿고 인간적인 방법만 앞세우느라 하나님의 군대가 함께하신다는 사실을 깨닫지 못했기 때문에 얍복 강가에서 처절한 절망에 몸서리친 것입니다.

결국 하나님께서는 야곱을 얍복 강가에 홀로 남게 하시고 야곱이 지금까지 취했던 삶의 방법을 깨뜨리셨습니다. 인간적인 방법으로는 더 이상 삶을 지탱해 갈 수 없다는 사실을 뼈저리게 깨닫게 하신 것입니다. 그러므로 '홀로 남음'이란 은혜로운 고립이었습니다.

한 작은 마을에서 당나귀가 구덩이에 빠졌습니다. 사람들은 당나귀를 살리기 위해 구덩이에서 꺼내려고 애썼습니다. 여러 가지 방법으로 당나귀를 꺼내려고 했지만 모두 실패하고 말았습니다. 마침내 누군가 말했습니다. "안타깝지만 이대로 당나귀를 묻어야겠습니다." 사람들은 삽을 들고 당나귀가 빠진 구덩이에 흙을 퍼부었습니다. 구덩이 안에 갇혀 있던 당나귀는 몸에 흙이 쏟아지자 털어내기를 반복했고, 그럴 때마다 바닥에 흙이 쌓여 갔습니다. 흙 때문에 바닥이 점점 높아지기 시작했고 당나귀는 흙을 밟고 올라서고 또 올라서며 마침내 구덩이에서 나갈 수 있었습니다.

주님의 일을 감당하는 사람들에게도 당나귀처럼 실패를 털어

버리는 것이 필요합니다. 가슴 아픈 사연, 생각 없이 쏟아 놓은 비난, 마음을 짓누르는 두려움을 모두 털고 그것을 디딤돌로 삼아 일어서야 합니다. 우리는 얍복 강가로 나아가야 합니다. 주님을 만나는 은혜의 자리로 나아가야 합니다. '얍복'이란 말은 '털어놓다, 비우다'라는 뜻이 있습니다. 인생의 문제를 내려놓고 자신을 비우고 하나님을 받아들일 수 있어야 합니다.

여러분은 지금 무엇으로 분주하십니까? 하나님 앞에서 조용히 자신에게 집중하시고 자신을 점검할 수 있기를 바랍니다. 그리고 나의 수단, 계획, 방법을 내려놓고 전적으로 하나님만을 의지하며 하나님과 대면하는 여러분이 되시기를 바랍니다.

하나님이 주시는 기회

야곱은 그 마지막 기회를 놓치지 않았습니다. 아니, 놓칠 수가 없었습니다. 이 기회를 놓치면 자신의 모든 것이 일순간에 물거품이 되고 만다는 사실을 너무나도 잘 알았기 때문입니다. 그래서 하나님의 사자와 밤새도록 씨름했습니다. 야곱은 하나님의 사자를 절대로 놓지 않았습니다. 그리고 야곱은 간절한 마음으로 간구합니다.

> "…당신이 내게 축복하지 아니하면 가게 하지 아니하겠나이다"(26절).

야곱은 천사와 씨름하다가 허벅지 관절뼈가 어긋났습니다. 뼈가 부러져도 야곱으로서는 절대로 놓칠 수 없는 마지막 기회였습니다. 하나님은 이곳에서 야곱에게 복을 주시되, 허벅지 관절을 치는 것으로 복을 주셨습니다. 하나님은 그동안 야곱에게 수없는 복을 주시면서도 그가 의지하는 인간적인 방법, 인간적인 고집을 꺾지 않으셨습니다. 그러나 이제는 하나님의 방법으로 야곱을 인도하시고 지켜 주십니다.

낙타는 하루를 시작하고 마칠 때면 주인 앞에 무릎을 꿇는다고 합니다. 하루를 보내고 일을 끝마칠 시간이 되면 등에 있는 짐이 내려지길 기다리며, 새날이 시작되면 주인이 얹어 주는 짐을 짊어지기 위해 주인 앞에 무릎을 꿇는 것입니다. 주인은 낙타의 사정과 상황을 잘 알기 때문에 낙타가 짊어질 수 있을 만큼만 짐을 얹어 주고, 낙타는 주인이 얹어 주는 짐을 마다하지 않습니다.

여러분, 우리는 낙타이고 하나님은 주인이십니다. 하나님은 우리의 형편을 누구보다도 잘 아시기 때문에 우리가 짊어질 수 있을 만큼만 짐을 얹어 주십니다. 그러므로 우리는 낙타가 무릎을 꿇듯이 하나님 앞에 겸손하고 순종하게 무릎을 꿇어야 합니다. 그럴 때 하나님께서는 하나님의 방법으로 우리를 인도하십니다.

날개가 새에게 무거우나 그것 때문에 날 수 있고, 배는 그 돛이 무거우나 그것 때문에 항해할 수 있습니다. 그리스도인에게 십자가는 짐이 되나 그것이 그리스도인으로 하여금 천국을 향하게 만듭니다.

하나님은 마침내 우리 인간이 교만을 버리고 겸손하게 하십니다. 이것이 얼마나 큰 은혜인지 모릅니다. 하나님께서 바울을 들어 쓰실 때 육체의 가시도 주셨습니다. 만약 가시가 없었으면 바울이 얼마나 교만하였을까요? 하나님은 우리를 귀하게 사용하기 위하여 허벅지 관절뼈를 치기도 하십니다.

여러분, 허벅지 관절뼈가 어떤 뼈입니까? 이것은 대퇴부와 상반신을 연결하며 온몸을 지탱해 주는 아주 중요한 뼈입니다. 이 관절뼈가 상하면 지팡이를 의지하지 않고는 제대로 서 있지도 못합니다. 하나님은 야곱의 육신을 치시므로 이제는 자신을 의지할 수 없게 하셨습니다. 지금까지 그의 생애를 주도했던 인간적인 계획, 자기중심적이고 이기적인 욕심, 치밀한 수완, 성공을 향한 집념을 깨뜨리셨습니다. 그리하여 하나님만 의지하는 사람이 되게 하셨습니다.

아무리 노력해도 풀리지 않는 문제, 해결되지 않는 삶의 걱정거리, 마음속의 두려움 때문에 두려움 때문에 힘들어하고 있습니까? 그것은 지금 우리도 야곱처럼 인생의 얍복 강가에 와 있다는 뜻입니다. 따라서 우리의 방법과 인간의 지혜를 철저하게 포기하고 깨뜨려야 하나님의 은혜를 누릴 수 있습니다. 나를 포기하고 깨뜨리지 않으면 하나님 은혜의 품 안으로 절대로 들어갈 수가 없습니다.

물론 지금까지 가지고 있었던 삶의 지혜나 방법을 포기하고 깨뜨리는 것이 결코 쉽지는 않을 것입니다. 그러나 기억하십시오. 야곱은 '밤새도록' 천사와 씨름해야 했습니다. 5분 정도 하고 끝나는 씨름이 아닙니다. 한두 시간으로 끝날 싸움도 아닙니다. 밤새도록, 그것도 뼈가 어긋날 정도로 처절한 싸움이었습니다. 하나님께서는 왜 그렇게 오래도록, 처절하게 야곱과 씨름하셨을까요? 그렇게 하지 않으면 야곱은 절대로 인간적인 계산 방법, 인간적인 지혜로 살아온 삶의 방법을 깨뜨리지 않을 것을 아셨기 때문입니다.

혹시 아직까지도 하나님과 씨름하고 있지는 않습니까? 하루라도 빨리 우리의 방법을 깨뜨리는 것이 지혜입니다. 우리의 지혜와 인간적인 방법이 깨질 때에 하나님께서는 '이스라엘'이라는 이름을 붙여 주실 것입니다. 이스라엘의 뜻은 '하나님과 싸워서 이겼다'입니다.

사실 야곱은 이 씨름에서 이기지 않았습니다. 오히려 야곱이 깨지고 포기된 것입니다. 철저하게 졌습니다. 그러나 우리가 우리의 방법을 깨뜨리고 포기할 때 하나님께서 우리에게 승리의 손을 들어 주십니다. 깨뜨려야 승리할 수 있습니다.

사도 바울을 보십시오. 예수님을 만나기 전에는 철저하게 자기 방법대로 살던 청년이었습니다. 예수 믿는 사람을 잡아 죽이는 것이 하나님을 위한 일이라고 생각했습니다. 그러나 그건 자기 생각이었습니다. 그러던 그가 다메섹으로 가는 길에서 자기의 생각을 포기해야 했습니다. 지금까지의 삶을 깨뜨려야 했습니다. 부활하신 주님을 만나고 자신의 삶이 포기될 때 그는 비로소 사울에서 바울로 변화되었고, 세계 역사를 바꾸는 역사의 주인공이 되었습니다.

야곱도 자신을 깨뜨리고 자신의 인간적인 방법을 버렸을 때, 절망의 자리였던 얍복 강가가 '브니엘' 곧 '하나님의 얼굴'로 바뀌었습니다. 하나님의 얼굴은 능력입니다. 하나님이 우리를 바라보고 지켜 주시는 승리의 자리가 된 것입니다. 우리 자신을 깨뜨리는 바로 그 자리가 브니엘입니다. 하나님의 얼굴이 우리를 향하여 비출 때, 절망의 자리는 평강을 주시고 복을 주시는 자리로 바뀝니다.

이후 31절에서 "그가 브니엘을 지날 때에 해가 돋았고"라고 말씀합니다. 브니엘에서 만난 아침 해는 희망입니다. 어제 얍복 강가에서 두려움과 절망 가운데 맞았던 '밤'과는 대조를 이루는 희망입니다. 두려움이 아니라 평강입니다.

여러분, 우리가 하나님께 지는 것은 수치가 아닙니다. 우리는 우리의 방법을 포기하고 날마다 하나님께 굴복하며 지는 삶을 살아야 합니다. 하나님께서 우리를 이기시도록 우리 자신을 하나님께 쳐서 복종해야 합니다. 그것이 우리가 인생을 승리하는 비결입니다. 하나님께서 우리를 깨뜨리실 때 비로소 우리는 인생의 길목에서 만나는 모든 문제가 해결되는 은혜를 누릴 수가 있습니다.

여러분, 우리 인생의 얍복 강가에 섰을 때 우리를 하나님 앞에서 깨뜨리심으로 '두려움의 얍복 강가'가 '축복의 얼굴로 우리를 바라보시는 브니엘'이 되는 은혜가 여러분에게 임하시기를 바랍니다. 두려움의 얍복 강가와도 같은 우리의 인생을 희망의 아침 해가 솟아오르는 브니엘로 바꾸어 가실 수 있기를 바랍니다.

은혜를 막는 쓴 뿌리

히브리서 12:14-17

• • •

큰아이가 중고등부의 교사를 하며 전도사님들의 설교로 은혜 많이 받고 기뻐하며 우리 교회에 오신 목사님, 전도사님들이 너무 좋다고 했습니다. 어릴 때는 내가 제일 좋다고 말하던 아이여서 "나보다 더 좋아?" 하고 물었습니다. 아이는 "아빠, 제발 그러지 마!"라면서 나보고 꿈에서 깨라고 했습니다. 그런데 기분이 나쁘지는 않았습니다. 오히려 말씀에 은혜 받은 아이가 고맙고 감사했습니다.

아이를 통해서 다시 한번 깨달았습니다. 말씀을 사모할 때 하나님의 은혜를 받는다는 것을요. 사모함이 없으면 절대로 은혜를 받지 못합니다. 말씀을 사모하여 모두 은혜 받으시기를 바랍니다.

우리가 죄로 오염된 이 세상에 살면서 자신을 거룩하게 지키며 산다는 것은 단호한 결단이 없이는 불가능합니다. 나의 거룩함을 유지하려면 비난받을 수도 있고, 엄청난 불이익을 받을 수도 있습니다. 왕따를 당할 수도 있습니다. 그렇더라도 하나님을 닮아가실 수 있기를 바랍니다. 힘들지만 결단하여 거룩한 삶을 따르면 하나님께서 존귀하게 높여 주시기 때문입니다.

프랑스의 파리를 여행하던 한 미국인이 파리 시내의 장신구 가게에서 중고품 호박 목걸이를 하나 샀습니다. 귀국한 후 목걸이의 가치가 궁금해 보석상에 가서 감정을 부탁했는데, 보석상 주인이 목걸이를 2만 5천 달러에 사겠다는 것입니다. 그는 깜짝 놀라서 더욱 권위 있는 감정사에게 가지고 갔습니다. 감정사는 현미경으로 목걸이를 조사하더니 자기한테 팔라며 3만 5천 달러를 주겠다고 했습니다. 궁금해진 미국인은 그 목걸이가 왜 그렇게 값이 나가느냐고 물었습니다. 감정사는 그를 현미경 앞에 데리고 가서 들여다보라고 했습니다. 목걸이에는 작은 글씨로 다음과 같이 쓰여 있었습니다. '프롬 나폴레옹 보나파르트 투 조세핀'(나폴레옹이 조세핀에게). 그 목걸이는 나폴레옹 황제가 애인 조세핀에게 준 선물이었고, 그 이름이 새겨져 있었기에 높은 값이 매겨진 것입니다. 모든 신자들은 예수의 이름으로 도장이 찍힌 사람들입니다. 예수의 이름이 새겨져서 그리스도인이라고 칭함을 받습니다. 값이 나가고 가치 있는 하늘 백성이 되었습니다. 그러므로 그 이름의 가치에 걸맞게 살아가야 합니다.

유명한 역사학자 플리니우스가 로마의 트라야누스 황제에게 자기가 살고 있는 마을의 그리스도인들의 상태를 보고하기 위해 편지를 썼습니다. 그중에 이런 대목이 있습니다.

그리스도인들은 음란하지 않습니다. 그리고 도둑질하지 않습니다. 그들은 약속을 어기지도 않습니다. 더욱이 거짓말은 절대 하지 않습니다. 그리고 그들은 부채 문제에 관해서도 매우 깨끗합니다.

우리에겐 '하나님의 백성, 하나님의 자녀, 그리스도인'이라는 이름이 있습니다. 그 이름을 높이면 명예가 됩니다. 늘 '나는 예수의 사람입니다, 나는 주님의 백성입니다'라는 생각을 잊지 마시기를 바랍니다.

"너희는 하나님의 은혜에 이르지 못하는 자가 없도록 하고…"(15절).

모두가 은혜에 이르러야 한다는 말씀입니다. 여러분, 왜 똑같은 말씀을 들으면서도 누구는 은혜를 받는데 누구는 은혜를 받지 못합니까? 설교자의 책임일까요, 설교를 듣는 자의 책임일까요? 이 질문은 설교학의 전통적인 질문입니다.

여기에는 설교자의 책임이 있습니다. 하나님의 말씀을 어떻게 전달하느냐 하는 것은 참으로 중요합니다. 예배 시간에 한 교인이 너무 조니까 설교하던 목사님이 그 뒷사람에게 좀 깨우라고 했습니다. 그러자 그 사람이 조는 교인을 깨우면서 혼자 중얼거렸습니다. "자기가 재워 놓고 왜 나한테 깨우래!" 이 우스갯소리처럼 설교자의 책임이 막중합니다.

그런가 하면 듣는 사람들의 책임도 있습니다. 에벤에셀 어스킨(Ebenezer Erskine)은 스코틀랜드의 유명한 목회자입니다. 그거 어느 주일에 예배를 드리는 중에 스칼렛 부인이 은혜를 많이 받았습니다. 스칼렛 부인은 다음 주에도 어스킨 목사의 설교를 들었으나 은혜를 받지 못했습니다. 부인은 어스킨 목사에게 가서 그 이유를 물었고, 이런 답을 들었습니다. "첫 주에는 당신이 예수를 만나려고 왔기 때문에 신령한 은혜를 받았지만, 오늘은 나를 만나려고 왔으니 유익이 없을 만도 하지요."

> "…또 쓴 뿌리가 나서 괴롭게 하여 많은 사람이 이로 말미암아 더럽게 되지 않게 하며"(15절).

성경은 쓴 뿌리 때문이라고 말씀합니다. 쓴 뿌리란 나무의 성장을 가로막는 잡초 뿌리라는 뜻입니다. 나무의 성장을 방해하듯이 쓴 뿌리는 우리를 의도적으로 괴롭히고 말씀을 가로막습니다. 그렇기 때문에 우리 안에 또아리를 틀고 있는 쓴뿌리의 정체를 발견할 수 있어야 합니다.

쓴 뿌리는 하나님의 은혜를 방해한다

건강검진에서 가장 무서운 것이 '종양'(tumor)이라는 진단을 받는 것입니다. 사람 몸의 모든 세포는 오래되면 수명이 다하여 죽어 없어지고 다시 새로운 세포가 생겨나서 본래의 상태와 모양을 유지해 나갑니다. 이 과정에서 죽어 사라지는 세포 수와 새로 생겨나는 세포 수가 항상 일정하도록 조절됩니다. 그런데 어떤 원인으로 인해 이 조절 기능을 벗어나서 세포가 계속 성장하기 시작하면 그 부위에 새로운 혹 같은 종양이 생기는데, 이렇게 생긴 혹을 암이라고 합니다. 일정한 크기로 자라다가 성장을 멈추거나 생명에 지장이 없을 정도로 아주 느리게 자라면 양성종양이라 하고, 빠른 속도로 계속하여 자라며 생명에 위협을 주면 악성종양이라 합니다.

악성종양은 제자리에만 있는 것이 아니고 타 부위로 이동하여 서로 자라게 되는데 이것을 원격 전이라 하며, 암은 전이 때문에 치료 자체가 어려워지는 경우가 많습니다. 우리나라 사람의 사망 원인 중 1위가 악성종양이라고 합니다. 이런 종양이 조기에 발견되어 치료받으면 고칠 수 있는데, 자각 증세도 없고 조기에 발견하기가 어렵다는 데 문제가 있습니다.

이처럼 우리의 마음에도 악성종양에 해당하는 쓴 뿌리가 있습니다. 쓴 뿌리는 그 주변에 그 어떤 식물도 자랄 수 없게 합니다. 쓴 뿌리의 영향을 받은 식물들은 마치 가라지처럼 고사합니다. 마찬가지로 이 마음에 쓴 뿌리의 영향력도 대단합니다. 마음의 쓴 뿌리는 은혜가 이르지 못하게 하는 독초, 은혜의 자리로 나가지 못하게 하는 영적인 독초입니다.

내 속에 쓴 뿌리가 있으면 은혜 받기가 어렵습니다. 말씀을 들어도 건성으로 듣고 기도도 형식적이고 찬송도 가식적입니다. 쓴 뿌리가 내 안에 있으면 나도 은혜를 못 받고 다른 사람도 은혜를 못 받게 합니다.

어느 교회의 주일예배 후 한 집사와 등록한 지 1년 된 교인이 만났습니다. 초신자인 교인은 그날 큰 은혜를 받았습니다. 찬송도 찬양도 말씀도 감동을 받아 흐르는 눈물을 주체할 수가 없었습니다. 은혜 충만히 받고 나온 그에게 집사가 먼저 입을 열었습니다. "나는 오늘 예배 시간에 조느라 정신없었습니다." 은혜 받고 감격했던 초신자는 깜짝 놀라서 물었습니다. "아니 왜요?" 그 집사의 대답이 가관입니다. "안 졸 수 없잖아요. 찬양대는 지난달에 했던 곡을 되풀이하고, 설교는 자장가고, 기도는 안개 속이고…."

이 간단한 대화 속엔 쓴 뿌리가 끼어 있습니다. 그 쓴 뿌리 때문에 자신이 은혜 받지 못할 뿐더러 초신자라 받은 은혜까지 망가뜨리려고 합니다. 또한 관계를 힘들게 하기도 합니다. 이처럼 쓴 뿌리는 은혜를 가로막습니다.

강에 가면 물이 풍성합니다. 그러나 모든 사람이 물을 풍성하게 얻는 것은 아닙니다. 동이를 준비한 사람은 그 동이만큼, 독을 준비한 사람은 그 독만큼, 컵을 준비한 사람은 그 컵만큼, 각각 그 준비한 그릇 크기만큼 물을 얻습니다. 하나님의 은혜를 받는 것도 이와 같습니다. 하나님의 은혜는 무궁무진하고 풍성하지만, 하나님께서는 우리가 준비한 마음의 그릇만큼 은혜를 부어 주십니다. 하나님은 이미 우리에게 준비해 놓으시고 그것을 받아 누리기를 원하십니다. 이것을 받아 누리는 삶이 곧 믿음의 삶입니다.

쓴 뿌리는 서로를 괴롭게 한다

"…쓴 뿌리가 나서 괴롭게 하여…"(15절).

인체 내 세포들이 정상적인 위치에서 정상적인 기능과 활동을 하면 몸이 건강합니다. 그러나 그 기능이 약화되고 저하되면 병이 생깁니다. 암세포의 기능이 정상 세포 기능보다 강해지고 활동성이 커지면 암이 되는 것처럼, 쓴 뿌리는 자신을 괴롭히고 남을 괴롭힙니다. 말로 괴롭히고 행동으로 괴롭힙니다.

첫째로 자신을 괴롭게 합니다. 같은 말을 들어도 상처를 잘 받는 사람이 있습니다. 또 어떤 사람은 자기 안의 분노를 처리하지 못하고 자주 성질을 부립니다. 마음에 늘 두려움을 가지고 살아가는 사람도 있습니다. 그 외에도 우울증, 편집증, 열등의식 등은 큰 질병입니다. 자랄 때 어디선가 받은 상처가 내적으로 깊은 쓴 뿌리로 남아 자신을 괴롭히는 것입니다.

히틀러는 어려서부터 마음에 큰 상처와 쓴 뿌리가 있었습니다. 불우한 가정에서 자라면서 항상 외롭고 힘이 들었는데 그러한 상황은 히틀러가 이웃에게 적개심을 갖도록 영향을 미쳤습니다. 특히 어머니를 폭행하는 아버지의 모습을 보고 자라면서 아버지에 대한 증오와 복수심이 가득 찼고, 아버지를 향한 감정은 독일을 괴롭히는 모든 이웃 나라에 대한 미움과 증오로 변했습니다. 그뿐만 아니라 아버지가 부재중인 어느 날 유대인과 바람을 피우던 어머니의 모습을 보면서 히틀러는 유대인에 대한 적개심도 불타

오르기 시작했습니다. 그는 유대인 600만 명을 학살한 주범으로 그 안에 쓴 뿌리가 이처럼 엄청난 사건을 일으켰습니다.

둘째로 많은 사람에게 괴로움을 줍니다. 쓴 뿌리를 가진 한 사람이 공동체에 있으면 다른 모든 사람이 쓴 뿌리의 영향을 받습니다. 가정에서는 가족과 자녀들이 고통을 당하고, 직장에서는 동료들이 피해를 보고, 교회 공동체에서는 지체들이 상처를 받습니다. 이렇게 쓴 뿌리는 타인과의 관계를 병들게 합니다.

> "그들 중에 섞여 사는 다른 인종들이 탐욕을 품으매 이스라엘 자손도 다시 울며 이르되 누가 우리에게 고기를 주어 먹게 하랴 우리가 애굽에 있을 때에는 값없이 생선과 오이와 참외와 부추와 파와 마늘들을 먹은 것이 생각나거늘 이제는 우리의 기력이 다하여 이 만나 외에는 보이는 것이 아무 것도 없도다 하니"(민 11:4-6).

이스라엘 회중에 가운데 쓴 뿌리 같은 사람들이 원망과 불평을 털어놓기 시작하면서 집단 전체를 전염시켜 버렸습니다. 쓴 뿌리는 이처럼 불평과 원망을 쏟아내게 합니다. 쓴 뿌리는 우리 안에 섞여서 우리의 마음에 독소를 뿜고, 그 독소는 나의 인격이 병들게 하고 나를 괴롭히며 많은 사람을 전염시킵니다.

성경은 망령된 자의 대명사로 '에서'를 말합니다. 에서는 어머니 리브가의 편애 때문에 상처를 안고 살면서 그 마음에 쓴 뿌리가 박혀, 팥죽 한 그릇에 장자의 명분을 파는 무지한 자가 되었습니다. 다시 말하면, 약속 안에서 주어진 신분인 장자의 명분을 시시하게 생각한 것입니다. 그래서 에서는 부모가 원하지 않는 일을 행하고 하나님이 싫어하는 일을 골라서 했습니다.

마음에 쓴 뿌리가 있는 사람은 주님 안에서 예배하고 기도하고 말씀대로 생활하는 것, 헌신하는 삶이 세상일들보다 못하다고 생각합니다. 신성한 주님의 일을 세상일 곧 시시한 팥죽 한 그릇에 해당하는 가치로 바꾸고 살아갑니다. 망령된 마음이요 망령된 생각이자 망령된 행동입니다. 아직도 세상의 것 곧 육신의 정욕과 안목의 정욕과 이생의 자랑에 더 가치를 둔다면 은혜의 자리에는 결코 나갈 수 없을 것입니다. 하나님의 은혜를 값싸게 만들어 버릴 것입니다. 쓴 뿌리는 하나님의 은혜를 가로막고 있는 신앙의 장벽임에 분명합니다.

독일의 신학자인 본회퍼는 '값싼 은혜'를 이렇게 설명하며 비판합니다.

> 회개 없는 용서, 삶을 바꾸지 않고 용서만 가르치는 것, 고백이 없는 세례, 참된 신앙 고백이 없이 의식에만 참여하려는 것, 교제가 없는 성찬, 하나님과 나 사이의 진정한 교제는 간과하고 성찬이라는 형식만 강조하는 것, 십자가 없는 은혜, 희생이 없는 제자도, 그리스도를 따라가기를 원하고 축복 받기를 원하지만 희생을 거부하는 성도, 생활이 없는 그리스도인, 삶이 없는 그리스도인, 이것이 바로 값싼 은혜다.

하나님의 은혜를 잊지 마십시오. 하나님의 은혜를 생각하면 이 세상에서 은혜 아닌 것이 없습니다. 은혜를 잊을 때 불평이 내 마음을 사로잡는다는 사실을 기억하시기 바랍니다.

어떤 목사님이 집회에 갔는데, 맨 앞에 앉아 있는 남자가 영 눈에 거슬렸습니다. 설교를 들을 때면 '아멘, 아멘' 하고 입으로는 외치면서 찬양만 하면 자기 뺨을 치는 것입니다. 자기한테 불만이 있는 것처럼 보였습니다. 집회가 끝난 후 목사님은 그 남자에게 왜 뺨을 때리며 찬양을 하느냐고 물었습니다. 그 남자가 미안해하며 대답했습니다. "제가 한쪽 팔이 의수입니다. 하나님 앞에 박수를 치면서 찬양하고 영광을 돌리고 싶은데 움직일 수 있는 팔이 하나뿐이라 뺨을 쳐서 박수를 칠 수밖에 없었습니다." 그 순간 목사님의 얼굴이 새빨개졌습니다.

예수를 수십 년 믿고 직분도 받았으나 변화가 없고 영적 성장도 없습니까? 그 심령 안에 쓴 뿌리가 있어서 병들게 하고 은혜의 삶을 살지 못하도록 하는 것임을 깨달아야 합니다.

쓴 뿌리는 우리를 더럽게 한다

"…많은 사람이 이로 말미암아 더럽게 되지 않게 하며"(15

절).

더럽게 된다는 것은 전염성 띠고 있다는 말입니다. 나쁜 짓일수록 전염성이 강합니다. 못된 것은 가르치지 않아도 전파됩니다. 전염병일수록 빨리 퍼집니다. 코로나19를 생각해 보십시오. 삽시간에 전 세계로 퍼져서 수많은 감염자를 양산하지 않았습니까? 쓴 뿌리도 마찬가지입니다. 쉽게, 빨리, 멀리 뻗어 나갑니다. 자신을 더럽히고 남을 더럽히면서 보이지 않게 삽시간에 땅속으로 뻗어 나갑니다.

공자가 한번은 제자들과 산으로 산책을 나갔습니다. 산 중턱쯤 올라가니 어떤 여인이 묘 앞에서 머리를 풀고 애처롭게 울고 있었습니다. 그 모습이 너무나 애처로워 가까이 다가가 우는 이유를 물었습니다. 그러자 여인은 "이 묘는 호랑이에게 물려 죽은 남편의 묘입니다"라고 대답했습니다. 그런데 그 옆에 묘가 더 있어서 누구의 묘냐고 물었습니다. 시부와 시조부의 산소라고 하면서 그들도 남편처럼 호랑이에 물려서 죽었다고 했습니다. 공자는 이상하게 여겨 호랑이가 없는 산 아래 동네에서 살면 되지 않느냐고 물었습니다. 그러자 여인이 답했습니다. "비록 호랑이에게 물려 죽더라도 마을로 내려가고 싶지 않습니다. 세상이야말로 추하고 불의가 판을 치는 곳입니다."

그렇습니다. 우리는 어쩔 수 없이 이 세상에 살며 쓴 뿌리의 전염에 노출되어 살아가고 있습니다. 불평 많은 세상에서 살면서 나도 모르게 세속적 사고가 내 마음을 사로잡을 수도 있습니다. 그러나 세상 속에서도 주님을 바라보고, 내 마음과 귀에 거슬리더라도 주님의 음성을 들으시기 바랍니다.

나운동 롯데아파트에 살 때 전등이 고장 나서 수리 받은 적이 있습니다. 두 사람이 왔는데 제가 동부교회 목사인 것을 알고 있었습니다. 낡은 전등을 떼어내고 나니 비전문가인 내 눈에도 전선이 얽히고설킨 것이 보였습니다. 스테이플러로 대충 박아 놓은 곳도 있었습니다. 기사 중 한 사람이 "도대체 누가 했길래 이 모양이야?"라고 불평하자 다른 사람이 "모 교회 집사님이 한 건데 일부러 그랬겠어? 수리하러 왔으니 서로 좋게 일합시다"라고 했습니다. 이런 사람이 귀한 믿음의 사람입니다.

쓴 뿌리를 없애는 은혜의 자리

쓴 뿌리는 암과 같습니다. 그 쓴 뿌리를 담아 두면 안 됩니다. 잘라 버려야 합니다. 그래야 건강을 지킬 수 있습니다. 어떤 암이든 조기에 발견하여 제거하면 회복이 가능합니다. 내 안에 쓴 뿌리가 있다면 뿌리 뽑으실 수 있기를 바랍니다. 그 쓴 뿌리를 제거해야 주를 바라보며 살 수 있습니다.

그러면 어떻게 해야 쓴 뿌리를 제거할 수 있을까요?

> "믿음의 주요 또 온전하게 하시는 이인 예수를 바라보자 그는 그 앞에 있는 기쁨을 위하여 십자가를 참으사 부끄러움을 개의치 아니하시더니 하나님 보좌 우편에 앉으셨느니라"(히 12:2).

쓴 부리를 제거하려면 은혜의 자리로 나아가야 합니다. 믿음의 자리로 나아가려면 믿음의 주요 온전케 하신 예수를 바라보아야 합니다. 주님을 바라보면 주님의 빛을 받아 우리 안에 쓴 뿌리를 볼 수 있습니다. 주님은 우리 의식 저 밑바닥에 있는 악성 쓴 뿌리를 드러내 주십니다. 그러므로 날마다 주님을 바라보고 십자가의 주님을 생각하시기를 바랍니다. 십자가를 붙들어야 깊이 자리한 쓴 뿌리를 뽑아내고 제거할 수 있습니다.

성 프란체스코가 고향에 있을 때, 하루는 자기 집 하인이 우물에서 물을 길어오는 모습을 지켜보고 있었습니다. 하인은 물을 길을 때마다 이상한 행동을 했기 때문입니다. 그는 큰 물통에 물을 가득히 담은 후 끌어올릴 때마다 조그마한 나무토막 하나를 그 물통 안에 던져 넣었습니다. 이를 신기하게 여긴 프란시스는 하인에게 그 이유를 물어 봤습니다. 하인이 대답했습니다. "물을 퍼 올릴 때 나무토막을 물통 안에 넣으면 물이 요동치지 않아 물이 밖으로 흘러넘치는 것을 막을 수 있습니다. 나무토막을 안 넣으면 물이 출렁거려서 나중에는 반 통밖에 안 남을 때가 많거든요. 하인의 설명을 듣고 크게 깨달은 프란체스코는 자기 친구에게 편지를 썼습니다.

우리는 얼마나 자주 흔들리는 마음의 물통을 가지고 있는가. 두려움으로 흔들리는 마음, 고통으로 요동하는 마음, 절망으로 부서지는 마음, 이것은 마치 심하게 흔들리고 출렁거리는 물통과 같다네. 그러나 거기에 십자가라는 막대기를 던져 보게. 그러면 전혀 흔들리지 않을 걸세.

사랑하는 여러분, 오직 십자가의 주님만 바라보는 여러분 되시기를 바랍니다. 그리하여 쓴 뿌리가 제거되고 흔들리지 않는 뿌리깊은 신앙이 되시기를 바랍니다.

진짜 탕자

누가복음 15:23-32

• • •

  렘브란트는 황혼기에 성경 속 탕자의 비유를 바탕으로 하여 〈탕자의 귀환〉(*The Return of the Prodigal Son*)이라는 그림을 그렸습니다. 러시아 상트페테르부르크에 위치한 에르미타시 박물관에 걸려 있는데 높이 2.4미터 폭 1.8미터의 캔버스 위에 물감으로 그린 거대한 작품입니다. 헨리 나우웬은 이 그림에서 영감을 얻어 《탕자의 귀향》이란 책을 저술했습니다. 이 책에서 나우웬은 렘브란트의 그림을 자세히 해설합니다.

  먼저 아버지의 모습입니다. 매일 아들이 돌아올 그 길을 뚫어지게 바라보다 짓물러 멀어 버린 아버지의 눈은 초점이 없습니다. 시력을 상실한 노인은 눈이 멀기까지 기다리는 아버지 하나님의 사랑을 말해 줍니다. 아들을 감싸 안고 있는 아버지의 손은 서로 다릅니다. 왼쪽 손은 힘줄이 두드러진 남자 손이고 오른쪽은 매끈한 여자의 손입니다. 아버지의 강함과 어머니의 부드러움을 이 손을 통해 말하고 있습니다. 그 안에 화해와 용서, 치유가 함께 담겨 있습니다.

작은아들의 모습은 어떻습니까? 샌들이 벗겨진 왼발은 상처투성이고 오른발은 망가진 샌들이 겨우 감싸고 있어 그의 삶이 얼마나 가난에 찌들었는지 드러납니다. 모든 것을 잃은 자의 모습입니다. 죄수와도 같이 삭발한 머리는 스스로 죄인임을 나타냅니다. 그 아들의 모습은 마치 어머니의 뱃속에 머물러 있는 태아 같습니다. 이것은 우리가 돌아가야 할 고향이 하나님의 품임을 말하고 있습니다.

렘브란트는 명성과는 달리 안식을 갈망할 만큼 어려운 세월을 보냈습니다. 1635년에 아들을, 1638년에는 큰딸을, 1640년에는 둘째 딸을, 1642년에는 아내를 잃고 한 아들만 남았습니다. 재혼하여 1남 1녀를 낳았지만 1652년에 아들이 죽고 1663년에는 새 아내도 죽었습니다. 1668년에는 첫 부인과의 사이에서 태어난 아들이 죽었습니다. 렘브란트는 수많은 고생과 시련을 겪은 후 아무것도 가진 것 없이 아버지의 품에 안기는 것만이 안식을 누리는 길임을 그림에서 고백하고 있습니다.

렘브란트는 젊은 나이에 화가로서 큰 명성을 얻었습니다. 30세 때 그린 자화상은 창녀촌에 있는 모습입니다. 머리카락이 길고 부드럽고 아름다우며 화려한 모자에 최고의 옷을 입었고, 그의 손은 젊은 여인의 허리에 있으며 불타는 색욕을 어찌할 줄 몰라 미소 짓는 얼굴이었습니다. 그러나 〈탕자의 귀환〉에서는 자신의 모습은 노인의 품에 안긴 탕자였습니다.

나우웬은 그의 책에서 우리는 작은아들이나 큰아들이 아니라 아버지의 따뜻한 마음을 닮아야 한다고 말합니다. 이어서 아버지에게로 돌아오는 탕자의 삶을 넘어서서 그 탕자를 사랑하고 기다리고 용서해 주는 아버지의 삶으로 나아가야 한다면서 '이제 당신이 아버지가 될 차례'라고 말합니다.

본문 말씀은 잘 알려진 탕자의 비유입니다. 어떤 사람이 두 아들을 두었는데, 작은아들이 아버지에게 제 몫으로 돌아올 재산을 달라고 요구했습니다. 아마도 아버지는 처음에는 아들을 말렸을 것입니다. "얘야 집 떠나면 고생이다. 너는 여러 가지 경험도 부족하고 나이도 어리니 분가는 아직 이르다. 그러니 이 애비와 함께 이곳에서 살자." 그러나 작은아들은 "아닙니다. 저는 혼자서도 잘 살 수 있습니다. 그러니 아버지 재산 가운데서 내게 돌아올 몫을 지금 나누어 주십시오"라며 한사코 떠나고자 합니다.

자식을 이기는 부모가 없다고, 어쩔 수 없이 아버지는 재산을 갈라서 작은아들에게 나누어 주었습니다. 며칠이 못 되어 작은아들은 받은 재산을 정리해서 먼 고장으로 떠났습니다. 자식을 떠나보내는 아버지의 마음이 얼마나 서운했을까요? 집 떠나면 고생이라는 사실을 잘 아는 아버지의 마음은 또 얼마나 안타까웠을까요?

집을 떠나 먼 나라에 간 작은아들은 거기서 재산을 탕진하며 방탕한 생활을 하였습니다. 처음에는 무척 흥이 나고 좋았습니다. 재산이 넉넉하니 무엇 하나 부족한 것이 없었고 눈에 보이는 세상이 온통 자기 것처럼 느껴졌을 것입니다. 수중에는 돈이 많으니 친구를 사귀는 것도 그리 어렵지 않았습니다. 돈을 뿌리면 친구들이 앞을 다투어 달려왔습니다.

작은아들은 날마다 술과 여자와 쾌락을 좇아서 이리저리 다니며 돈을 물 쓰듯이 썼습니다. 그러나 매 맞는 데는 장사가 없는 법이고, 돈 뿌리는 사람치고 부자가 없는 법입니다. 그 많던 재산이 어느샌가 바닥을 드러냈습니다. 있을 때는 아쉬운 줄 모르고 흥청망청 살다가 돈이 다 떨어지자 참으로 난감했습니다. 그 많던 친구들도 돈이 하나둘 등을 돌리고 떠났고, 엎친 데 덮친 격으로 마침 그 나라에 심한 흉년까지 들어서 그는 알거지가 되고 말았습니다.

배는 고프고 돈은 없으니 하는 수 없이 그 나라 사람 집에서 더부살이를 하였습니다. 그러나 그 집 형편도 썩 좋지 않았습니다. 온 나라 전체가 큰 흉년이 들어서 양식 구하기가 어려웠기 때문입니다. 그는 돼지 치는 일을 했는데, 너무 배가 고파서 돼지가 먹는 쥐엄나무 열매로 배를 채우려고 했으나 그마저도 쉽지 않았습니다.

그때 문득 고향 집에 있는 아버지의 모습이 떠올랐습니다. 집을 떠나올 때 그토록 만류했던 아버지의 모습이 눈앞에 아른거렸습니다. "집 떠나면 고생이다. 아버지와 함께 살자." 이렇게 말하며 자기를 붙잡던 아버지의 모습이 생각난 것입니다. 아버지의 소맷자락을 뿌리치고 집을 떠나왔으나 지금 자기 신세가 너무나 처량합니다. 아들은 그제야 제정신이 들었습니다. 그는 흐르는 눈물을 닦으며 중얼거렸습니다. "아버지 집에는 양식이 많아서 그 많은 일꾼들이 먹고도 남는데 나는 여기서 굶어 죽게 생겼구나! 이제라도 아버지께 돌아가자. 아버지께 내가 큰 죄를 지었으니 감히 아버지의 아들이라고 할 자격이 없으므로 품꾼의 하나로 써 달라고 하자." 마침내 그는 그곳을 떠나서 자기 아버지 집으로 발길을 돌렸습니다.

돌아온 탕자

그렇습니다. 아버지께로 돌아가야 살 수 있습니다.

새뮤얼 채드윅(Samual Cladwick) 목사님은 급히 부쳐야 할 우편물이 있어 시내의 복잡한 우체국을 들러서 볼일을 마치고 나오다가, 한쪽 구석에서 매우 곤란한 표정으로 서성거리는 나이든 여인을 발견하였습니다. 그냥 지나칠 수가 없어서 다가가 뭔가 도와줄 것이 없냐고 물었습니다. 그러자 그녀는 "1년 전에 가출한 제 딸아이 소식을 막 들었습니다. 그 아이에게 전보를 치려고 하는데 전 글을 쓸 줄도 읽을 줄도 모릅니다"라고 말했습니다. 목사님은 안타까운 사정을 듣고 자신이 전보를 대필해 주겠다고 했습니다. 여인은 감사하다고 인사하고는 무엇이라고 써야 할지 한참을 망설였습니다. 그러다 눈물을 터뜨리며 말했습니다. "그냥 '집으로 돌아오너라, 엄마'라고만 써 주세요."

그렇습니다. 가출한 딸에 대한 그 어머니의 메시지는 '집으로 돌아오너라'(Come home), 단 두 마디로 충분합니다. 오늘 주님은 우리에게 말씀하십니다. '아버지 집으로 돌아오라.'

아버지 없는 세상이 좋아 보여도 사실은 불행합니다. 아버지를 떠난 아들은 넓은 세상으로 갔지만 정작 그가 있을 곳은 없었습니다. 세상 그 어디든 아버지가 없는 곳은 기쁨도 평안도 자유도 행복도 없다는 것을 처절하게 경험했습니다. 아버지가 없으면 안 됩니다. 아버지 있는 곳으로 가야 합니다.

작은아들은 아버지 없는 곳에서 쥐엄나무 열매를 먹으면서 돼지와 함께 사는 처량하고도 비참한 불쌍한 자리로 가야 했습니다. 단지 그곳에 아버지가 없다는 이유로, 아들로서 겪지 않아도 되는 비참한 생활을 했습니다.

이 세상에 가장 큰 불행 중 하나는 아버지를 떠나는 것입니다. 이 세상에서 악한 죄악을 다 모아도 아버지 떠난 것보다도 더 큰 실수는 없을 것입니다. 이 세상에 비참한 것을 다 모아도 아버지를 떠난 삶과 비교할 수 없을 것입니다. 아버지를 떠난 것이 가장 큰 불행이요 가장 큰 죄요 가장 큰 저주입니다. 그러나 떠나서 생긴 문제는 돌아가면 해결됩니다.

오늘날 우리 인류는 여러 가지 위기에 와 있습니다. 심각한 문제들이 많습니다. 국가, 지역, 개인, 문화 등 모든 분야에서 위기를 맞이하고 있습니다. 이때 우리는 무엇을 어떻게 해야 할까요? 어느 나라가, 어떤 사람이 어떤 방법으로 이 문제를 해결할 수 있을까요?

술을 마셔야 흥이 나서 시(詩)를 쓸 수 있었다는 중국 당나라의 시인 이백(李白)은 '도단수수경유 거배소수수경수'(刀斷水水更流 擧杯消愁愁更愁)라고 노래했습니다. '칼을 들어 흐르는 물을 내리쳐도 물은 끊이지 않고 계속 흐르며, 잔을 들어 술을 마시며 걱정을 씻으려 해도 걱정은 더욱 쌓여만 가네'라는 뜻입니다. 사람들은 걱정을 떨쳐 버리려고 술을 마시지만 걱정을 잠시 외면하는 것일 뿐 걱정이 사라지지는 않습니다.

줄리의 하루는 걱정으로 시작해서 걱정으로 끝이 났습니다. 학교, 가정, 어디에서 누구를 만나든 모든 상황에서 걱정을 하다가 마침내 앓아눕고 말았습니다. 걱정으로 생긴 병이었기에 치료할 수도 없었고 약도 쓸 수 없었습니다.

그렇게 집에서 혼자 누워 있으려니 너무 심심해 잡동사니를 모아 둔 다락을 뒤지기 시작했습니다. 줄리는 다락에서 작은 동물들이 달려 있는 나무 모형을 발견하고는 그날부터 나무의 동물들에게 걱정거리를 말하고 종이에 적어 걸어 놓았습니다. 그러고 나면 이상하게 마음이 편하고 걱정하는 마음이 사라졌습니다. 이 작은 사건으로 줄리는 걱정하기보다는 스스로 문제를 해결하는 아이가 되었고 행복하게 인생을 살아가게 되었습니다. 호주와 유럽의 각종 어린이 문학상을 휩쓴 《걱정을 걸어 두는 나무》라는 책의 이야기입니다.

여러분은 걱정과 염려가 있으면 어떻게 합니까? 어떻게 생각하고 생동하십니까? 주님은 우리 염려를 다 주께 맡기라고 하셨습니다.

"너희 염려를 다 주께 맡기라 이는 그가 너희를 돌보심이라"(벧전 5:7).

우리는 걱정을 나무 십자가에 매달아야 합니다. 그리고 아버지께로 돌아가야 합니다. 아버지를 찾아야 합니다. 아버지가 계신 곳에서 이 모든 문제가 해결됩니다. 겉모양이 아무리 아름다워도 하나님을 떠난 인간은 영적으로 쥐엄 열매를 먹는 사람에 지나지 않습니다.

생각해 보면, 인간의 모든 문제는 영적인 문제입니다. 그런데 그걸 잘 모르고 다른 것으로 해결하려고 합니다. 집 나간 아들이 아버지를 떠나서 돼지와 함께 돼지우리에서 살며 쥐엄 열매를 먹는 것을 보면 많은 사람들이 불쌍하다고 돈으로 도와주려고 합니다. 그러나 사람의 문제는 결코 돈, 집, 건강, 힘으로 해결되지 않습니다. 가난한 사람에게 돈을 주면 그 돈을 받고 모두가 잘됩니까? 아닙니다. 오히려 그 돈이 삶을 망가뜨립니다. 강하다고, 힘 있다고 해결되지도 않습니다.

돼지우리에 있는 것이 불쌍하다고 돼지우리를 수리해 주고 나도 거기에 가서 돼지같이 함께 사는 것이 과연 사랑일까요? 기독교의 사랑은 죄에서 건져내시는 하나님의 사랑으로 사랑하는 것입니다. 하나님의 사랑으로 그를 구할 수 있지, 인간적인 사랑, 인간의 공식대로는 절대로 돼지우리에 있는 사람을 건져낼 수 없습니다.

그렇다면 사람을 어떤 면으로 불쌍히 여겨야 할까요? 영적으로 불쌍히 여겨야 합니다. 예수 그리스도가 이 땅에 오셔서 우리 인류를 위하여 십자가에 못 박혀 죽은 것은, 바로 우리 인류의 문제는 영적인 문제이기 때문입니다.

예수님은 보리 떡 다섯 개 물고기 두 마리로 5천 명을 먹이셨습니다. 보리 떡 다섯 개 물고기 두 마리로 5억 명도 먹일 수 있고 50억 명도 먹일 수 있습니다. 그러나 사람이 가진 문제는 먹는 문제가 아니기 때문에 주님은 그렇게 안 하신 것입니다.

예수님이 시험을 당하셨을 때 '사람이 떡으로만 살 것이 아니다'라고 말씀하셨습니다. 그렇습니다. 돼지우리에 있다면 그곳에서 나가서 아버지, 곧 하나님께로 돌아가야 합니다. 말씀으로 돌아가야 합니다. 언제나 주의 말씀에 순종하고 주님과 늘 동행해야 합니다.

본문에 앞선 14절에서 "다 없앤 후 그 나라에 크게 흉년이 들어 그가 비로소 궁핍한지라"라고 했습니다. 아버지 품을 떠난 둘째 아들은 아버지로부터 물려받은 그 많은 재산을 가지고 타향에 가서 허랑방탕하게 살았습니다. 결국 모두 잃고 아무것도 없는 알거지가 되고 말았습니다. 그러나 그런 그에게도 마지막 남은 희망이 있었습니다. 소유를 탕진하고 빈손이 된 후에 비로소 아버지가 계신 고향 집을 생각해 냈습니다. 스스로 박차고 나왔지만, 따뜻한 아버지의 품이 그리워졌고, 그곳이 내가 돌아가야 할 곳임을 깨달은 것입니다.

그러므로 고난은 축복입니다. 궁핍이 은혜였습니다. 쥐엄 열매조차 먹을 수 없는 순간, 낮아지고 낮아진 그 순간 아버지의 집을 찾게 됐습니다.

타지로 떠난 한 아들이 돈을 너무 쉽게 쓰고 돈 쓰기를 즐기니, 아버지가 아들에게 돈을 주면 안 되겠다고 생각하고 더 이상 송

금하지 않았습니다. 급해진 아들이 아버지에게 '당신의 아들이 지금 굶고 있습니다'라고 전보를 보냈습니다. 아버지에게서 온 것은 돈이 아니라 '굶어 죽어라. 아버지'라는 답장이 었습니다. 상처 받은 아들은 아버지와 연을 끊고 이를 악물고 일했습니다.

어느 정도 안정을 찾은 후 고향을 방문했는데 아버지가 보이지 않았습니다. 마을 사람들은 아버지가 1년 전에 돌아가셨다면서, 아버지의 유서를 아들에게 전해 주었습니다. 유서로 남긴 편지에는 이렇게 적혀 있었습니다. '아들아, 나는 하루도 너를 생각하지 않을 때가 없었다. 네가 정신 차리고 잘 살기를 바랐기에 그런 답장을 보냈다. 네가 안 찾아오는 것을 보니 잘살고 있는 것 같아서 도리어 다행이다. 하루도 너를 위해 눈물 흘리지 않은 날이 없었단다.' 이것이 부모의 마음이 아닐까 싶습니다. 스스로 돌이킬 때까지 기다리는 것이 바로 아버지 하나님의 뜻입니다.

오래 기다리신 하나님 앞에 나아가려면 작은 교만까지도 다 버려야 합니다. 가진 것을 다 없앤 후에야 아버지를 생각한 탕자처럼, 나에게 있는 모든 것을 없애야 합니다. '그래도 내가 사회에서는 이만한 위치에 있었는데', '나는 배울 만큼 배웠고, 가질 만큼 가졌고, 나이도 들 만큼 들었는데' 하는 생각을 가지고는 하나님 앞에 갈 수 없습니다. 세속에 물든 어른의 마음이 아니라 어린아이와 같이 순수하고 자기를 낮추는 겸손한 마음이 있어야 합니다. 어린아이와 같을 때 하나님께 나아갈 수있습니다. 어린 아이과 같은 모습은 하나님 나라에 합당한 모습입니다. 그래서 예수님도 그렇게 말씀하십니다.

"이르시되 진실로 너희에게 이르노니 너희가 돌이켜 어린아이들과 같이 되지 아니하면 결단코 천국에 들어가지 못하리라 그러므로 누구든지 이 어린아이와 같이 자기를 낮추는 사람이 천국에서 큰 자니라"(마 18:3-4).

우리의 부족함을 인정하고 늘 겸손한 마음을 가지고 하나님께로 나아가는 성도들이 되기를 바랍니다. 자신의 생각과 판단을 내려놓고 순수하게 주님께 나아가는 성도되시기 바랍니다.

돌아와야 할 진짜 탕자

주일학교 선생님이 어린아이들에게 탕자 이야기를 들려주고 질문했습니다. "어린이 여러분! 탕자가 되어 돌아온, 둘째 아들을 누가 제일 싫어했을까요?" 어린이 하나가 손을 들고는 대답했습니다. "송아지요. 잘 살고 있었는데 괜히 둘째 아들이 와서 잡아먹혔어요." 정말 그럴까요? 여러분은 어떻게 생각합니까?
본문 말씀을 보니, 탕자가 돌아왔을 때, 전혀 기뻐하지 않는 한 사람이 있었습니다. 바로 맏아들, 탕자의 형이었습니다.

"맏아들은 밭에 있다가 돌아와 집에 가까이 왔을 때에 풍악과 춤추는 소리를 듣고 한 종을 불러 이 무슨 일인가 물은대 대답하되 당신의 동생이 돌아왔으매 당신의 아버지가 건강한 그를 다시 맞아들이게 됨으로 인하여 살진

송아지를 잡았나이다 하니 그가 노하여 들어가고자 하지
아니하거늘…"(25-28절).

동생이 돌아왔다는 소식에 맏아들은 노했다고 말씀합니다. 동
생이 돌아왔다면 기뻐해야 마땅하지 않습니까? 그게 한 몸에서
나온 가족 아닙니까?

잘 아는 선배 이야기입니다. 그가 눈길에 미끄러지는 순간 오
른손으로 땅을 짚어 크게 다치진 않았는데 땅을 짚은 손목이 아
팠습니다. 길을 가다 또 넘어졌는데, 이번엔 왼손으로 땅을 짚는
바람에 왼쪽 손목도 몹시 아팠습니다. 그래서 오른손으로 왼손
을 주무르다가, 방금 전까지만 해도 오른손이 아팠는데 한 몸이
라고 그 아픈 손이 지금 왼손을 주무르는 것을 보며 '이것이 바
로 한 몸이라는 것이구나!'라고 깨달았다고 합니다. 그렇습니다.
나도 아프지만 다른 아픈 이를 어루만져 주는 사이가 한 몸입니
다.

앞의 25절에서는 "…내가 잃었다가 다시 얻었노라 하니 그들이
즐거워하더라"라고 했습니다. 남들도 기뻐하는데, 동생이 건강
히 살아 돌아온 일에 정작 형은 분노했습니다. 화가 치밀어 올랐
습니다. 성경을 통해서 본 맏아들은 매우 성실하고 근면한 사람
같습니다. 이날도 밭에서 일하다가 들어왔습니다. 또 아버지에게
누구보다도 순종하는 것처럼 보입니다. 그런데 남도 아니고 동생
이 돌아와서 모두가 기뻐하는데, 맏아들은 오히려 분노로 반응
하였습니다. 왜일까요? 이유는 간단합니다. 맏아들의 사랑은 아

버지의 사랑과 달랐기 때문입니다.

어떤 목사님이 어려움을 당한 어느 가정을 심방했습니다. 그 집의 외아들이 불량한 아이들과 어울리더니 가출하고 말았습니다. 그 가정은 한순간에 기쁨이 사라졌습니다. 어머니는 내내 울고만 있었습니다. 기도하고 위로하고 성경으로 권면도 하고 심방을 마치고 나왔지만, 모두가 마음이 편치 않았습니다. 그런데 동행했던 한 여집사님이 뜻밖에도 너무나 담담해 보이는 것입니다. 그는 "가출한 아들 때문에 울고 있는 저분들이 나는 오히려 부럽습니다. 속을 썩이는 아들이라도 있으면 좋겠어요"라고 말했습니다. 바로 얼마 전에 그의 아들이 차 사고로 세상을 떠난 것입니다. 심방한 가정의 아들이 지금은 떠났어도 돌아오리라는 기대, 바른 사람이 될 수도 있다는 미래가 있기 때문입니다. 그것이 부모의 마음입니다.

맏아들이 보여준 성실은 실상 동생이 나갔기에 아버지의 것을 더 얻을 것에 대한 성실이었고, 그의 순종은 아버지가 아니라 아버지를 통해서 얻게 될 물질에 대한 순종이었습니다. 그러니까 돌아온 동생이 전혀 기쁘지 않았습니다. 심지어 30절에서는 "… 아버지의 살림을 창녀들과 함께 삼켜 버린 이 아들이 돌아오매 이를 위하여 살진 송아지를 잡으셨나이다"라고 분노의 말을 쏟으면서 '동생'이라고 하지 않고 '이 아들'이라고 부릅니다.

우리는 아버지에게 상속받을 재산을 미리 가지고 가서 탕진한 아들을 탕자라고 생각하는데, 진짜 탕자는 맏아들이 아닐까요? 정말로 아버지께로 돌아와야 할 아들은 맏아들입니다. 정말로 은혜가 필요한 탕자는 맏아들입니다.

여러분은 돌아온 탕자입니까, 아니면 돌아와야 할 탕자입니까? 돌아온 둘째 아들도, 아버지 곁에 있었던 맏아들도 사실은 탕자였습니다. 돌아온 탕자든 돌아와야 할 탕자든 하나님이 주시는 은혜가 필요합니다. 우리는 모두 은혜가 필요합니다.

〈버스〉라는 연극이 있습니다. 내용은 이렇습니다. 한 버스가 시끄러운 시골 동네 사람 일곱 명을 싣고 산길을 굽이굽이 돌아가다가 갑자기 브레이크 고장을 일으킵니다. 한쪽은 절벽, 한쪽은 낭떠러지인 내리막길을 요리조리 간신히 피해 내려왔습니다. 하지만 계속 가다가는 틀림없이 한쪽으로 치우쳐 차가 떨어질 수밖에 없는 긴박한 상황입니다. 아찔한 순간 다행스럽게도 멀리 건초더미가 보였습니다. 거기에 부딪치면 건초가 완충 작용을 해서 사람들이 다치지 않고 버스를 세울 수 있으리라 생각했습니다. '바로 저기다!' 하면서 그곳으로 돌진하다가, 건초더미에 가까웠을 때 그 앞에 무엇인가 있는 것을 발견했습니다. 아이 하나가 버스를 향해 미소를 지으며 손을 흔들고 있었습니다. 이대로 가면 아이가 버스에 치여 죽을 것이 분명하고, 그렇다고 아이를 피해 가면 버스 안의 승객이 죽고 말 것입니다.

운전기사는 마침내 승객을 살리기로 작정합니다. 버스를 향해 손을 흔들던 아이를 치고 넘어가서 건초더미 속에 버스를 세웁니다. 승객 일곱 명은 안전하게 생명을 건졌습니다. 하지만 그들의 생명을 위해 차에 치인 아이는 피투성이가 된 채로 생명이 끊어져 버렸습니다. 한 아이의 희생 때문에 기사를 포함하여 여덟

명이 구원받았습니다.

　차에서 내린 승객들은 가까스로 안도의 한숨을 쉬며 죽은 아이에게 미안한 마음이 들었습니다. 놀랍게도 죽은 그 아이는 기사의 아들이었습니다. 승객을 살리겠다고 사랑하는 아들을 자기가 치어 죽일 때 그 기사의 마음이 어땠을까요? 그 마음이 조금이라도 이해됩니까? 그 마음이 바로 우리를 위해 독생자를 희생하신 하나님 아버지의 마음입니다.

　인생에는 연습이 없습니다. 오늘이 지나가면 다시 돌아오지 않습니다. 지금까지 여러분 마음대로 여러분의 의지와 뜻대로 살아왔으나 아무런 변화가 없었다면 이제 인생의 궤도를 수정해야 할 때입니다. 하나님 아버지께로 돌아오십시오. 주님은 지금도 여러분을 기다리고 계십니다. 지금 결단하지 않으면 이 기회가 언제 다시 돌아올지 모릅니다. 평생 기회가 없을지도 모르는 일입니다. 남은 인생을 하나님 아버지와 영원히 함께하는 여러분이 되기를 바랍니다.

오래된 초보

히브리서 5:11-14

• • •

어릴 때는 다들 빨리 크고 싶어 합니다. 아이들에게 소망을 물으면 가끔 "어른 될래요! 아빠 될래요!" 하는 대답을 듣기도 합니다. 내 어릴 적 기억을 떠올려도 그렇습니다. 여섯 살 때 혼자 버스를 탄 적 있는데, 차비 내고 싶어서 몇 살이니 묻는 안내양에게 3학년 2반이라고 말하며 차비 내고 얼른 내린 기억, 초등학교에 입학하여 1학년이 되고 며칠 후 2학년처럼 보이고 싶어 신입생 명찰을 안 하던 친구에 관한 기억이 있습니다. 시간이 지나면 당연히 어른이 될 텐데도 빨리 어른이 되고 싶어 하는 것 같습니다.

모든 아이는 때가 되면 어른이 됩니다. 생명은 잉태되는 순간부터 성장하게 되어 있습니다. 존 헨리 뉴먼은 "성장은 생명의 유일한 증거다"라고 했습니다. 그런데 막상 어른이 되고 보니 어른이 그렇게 당연히 되는 것만은 아니었습니다. 요즘 '어른아이'라는 말이 있습니다. 몸은 어른인데 삶의 질은 아이인 사람을 일컫는 것입니다. 몸이 커지고 나이만 먹는다고 어른이 되는 것이 아니라 어른다워져야 어른이고, 삶의 모습이 어른다워야 어른이라 할 수 있습니다. 이러한 삶의 원리를 오늘 말씀에서 잘 보여 주고 있습니다.

> "때가 오래되었으므로 너희가 마땅히 선생이 되었을 터인데 너희가 다시 하나님의 말씀의 초보에 대하여 누구에게서 가르침을 받아야 할 처지이니 단단한 음식은 못 먹고 젖이나 먹어야 할 자가 되었도다"(12절).

신앙 안에서 성장하지 못한 상태를 지적하는 주신 말씀입니다. 이 서신의 수신자들은 이미 오래전에 그리스도인이 된 사람들로서 믿음의 초보자들을 가르칠 수 있을 만큼 되어 있어야 하는데도 여전히 초보적인 신앙에 머물고 있었습니다. 여기서 말하는 '초보적인 신앙'은 신앙 지식에서 초보라는 뜻이 아니라 영적인 분별력이 초보라는 뜻입니다. 본문에서는 성도가 성장하지 못하는 이유도 함께 말씀해 줍니다.

듣는 것이 둔하므로

> "멜기세덱에 관하여는 우리가 할 말이 많으나 너희가 듣는 것이 둔하므로 설명하기 어려우니라"(11절).

여기서 멜기세덱은 제사장의 대표하는 의미로 쓰입니다. 멜기세덱을 언급하며 예수님의 대제사장직의 심오함, 신비함에 관하여 해줄 이야기가 많았습니다. 그러나 그들의 신앙이 어려 듣는 데 둔하니 설명하기 어렵다고 말합니다. 로마서 10장 17절에서 바울은 "그러므로 믿음은 들음에서 나며 들음은 그리스도의 말씀으로 말미암았느니라"라고 했습니다. 들어야 성장합니다. 믿음이 성장하려면 잘 들어야 합니다.

먼저는 무엇을 듣는가가 중요합니다. 콩을 네 그룹으로 나누고 환경을 달리하여 재배하는 실험을 했습니다. 마약을 주입한 것, 팝 음악을 틀어 둔 방에 심은 것, 아무 소리 나지 않는 방에 심은 것, 조용하고 경건한 음악이 들리는 방에 심은 것을 3주 동안 관찰했습니다. 그 결과 마약을 주입한 것은 3주 동안 11.5인치였는데 뿌리는 작고 약했습니다. 팝 음악을 들으며 자란 콩은 15인치 자랐는데 줄기는 스피커의 반대쪽으로 15도 정도 굽었고 뿌리는 곧은 상태였습니다. 아무 소리 나지 않는 방의 콩은 18인치로 곧게 자랐고 뿌리가 길며 털이 많았습니다. 조용하고 경건한 음악을 들으며 자란 콩은 20인치가 되었는데 줄기와 뿌리 둘 다 단단하게 잘 자랐고, 줄기는 스피커 방향을 향해 있었습니다. 식물조차도 어떤 환경에서 어떤 소리를 듣고 자라느냐에 따라 달라졌습니다. 무엇을 듣느냐가 이렇게 중요합니다. 우리는 좋은 소리를 들어야 합니다.

또한 듣되 계속해서 자주 들어야 합니다. 30년 전에 처남이 미국 유학을 갔습니다. 유학을 준비하면서 영어 공부를 한다고 했는데도 뉴욕 케네디 공항에 딱 도착하니 무슨 말인지 하나도 모르겠더랍니다. 앞이 캄캄했으나 영어 회화를 계속 틀어 놓고 들으니, 어느 날 아침 귀가 열렸다고 했습니다. 영어 회화도 자꾸 들으면 귀가 열리는 것처럼 예수님을 처음 믿을 때는 잘 모르더라도 자꾸 들으면 신앙의 귀가 열립니다.

그런데 말씀은 귀로만 듣는 것이 아닙니다. 하나님 말씀은 마음으로 듣고 마음으로 받아야 합니다. 마음이 없이 들으면 아무리 많이 들어도 남는 것이 없습니다. 같이 이야기해도 마음 없이 들으면 나중에 혼자서 딴소리합니다. 듣기는 들어도 귀에 제대로 들어오지 않는다는 것입니다. 다시 말씀드리지만 믿음은 들음에서 나며 들음은 그리스도의 말씀으로 말미암습니다. 들어야 성장합니다. 신앙은 연조(年祚)가 아니라 말씀을 통해서 성장하는 것입니다.

여러분은 교회를 무엇이라 생각합니까? 교회를 친교 단체로 착각하는 사람들이 있습니다. 그래서 교회에서는 무엇으로든 사람들과 잘 어울리면 된다고 오해합니다. 저는 제자훈련을 하면서, 훈련받는 제자들 사이의 교제를 강조합니다. 서로를 위해 중보하며 영적으로 교제하는 사이니까 늘 가까이 지내고 은혜를 나누어야 한다고 강조합니다. 그런데 이것을 착각하면 안 됩니다. 교회를 교제 공동체나 동호회쯤으로 여기고는 모여서 볼링, 당구, 골프 치러 다니는 것은 교회 안의 교제가 아닙니다. 이런 일은 세상에서도 그런 일은 얼마든지 가능합니다.

운전면허를 딴 지 오래되었다고 운전 실력이 좋은 것은 아닙니다. 면허 경력과 운전 경력은 다릅니다.

> "때가 오래되었으므로 너희가 마땅히 선생이 되었을 터인데 너희가 다시 하나님의 말씀의 초보에 대하여 누구에게서 가르침을 받아야 할 처지이니 단단한 음식은 못 먹고 젖이나 먹어야 할 자가 되었도다"(12절).

'때가 오래되었다'는 것은 오래된 믿음, 오래전에 믿었다는 말입니다. 그럼에도 성장하지 않았고 여전히 믿음이 어리다고 말합니다.

생명은 성장하게 되어 있습니다. 마찬가지로 신앙도 그 안에 생명이 있다면 성장하게 마련이고, 마땅히 성장해야 합니다. 우리의 신앙이 생명이 있다면 성장해야 합니다. 그런데 성장하지 않는다면 거에게는 이유가 있을 것입니다.

근본적으로 그 신앙에는 생명이 없을지도 모릅니다. 성장이 없다면 죽은 것일지도 모릅니다. 교회에 오래 다녔어도 신앙의 성장이 없다면 먼저 그 안에 생명이 있는지 확인해 보아야 합니다. 내 믿음이 날마다 자라지 않는다면 구원의 확신이 있는지 확인해 보아야 합니다. 생명이 없다면 성장도 없는 법입니다.

어쩌면 병 때문에 성장하지 못할 수도 있습니다. 단단한 음식은 못 먹고 젖이나 먹어야 한다면 병든 것입니다. 위에 병이 나면 음식 먹을 수 없습니다. 몸에 질병이 있으면 건강하게 자랄 수가 없습니다. 그러나 그 병을 고치면 좋아집니다. 이처럼 가지로 영적인 질병이 있다면 신앙이 자라지 못합니다. 먼저 그것을 해결해야 성장할 수 있습니다. 질병이 해결되기 전에는 잘 성장할 수 없습니다.

성장해야 하나님의 일꾼이 될 수 있습니다. 어린아이 같은 믿음을 가진 채 성장하지 못하면 일을 맡길 수 없습니다. 맡긴다 해도 감당하지 못할 것입니다. 그러므로 믿음이 성장해야 합니다.

여러분, 잘 생각해 보아야 합니다. 내가 교회를 오래 나왔으니 믿음도 당연히 성장했으리라 생각하면 안 됩니다. 오래되어도 믿음이 자라지 않고 어린아이 수준에 머물러 있다면 믿음의 일을 감당할 수가 없습니다. 하나님의 말씀으로 건강하게 성장하실 수 있기를 바랍니다.

중요한 것은 성장하되 바르게 성장해야 한다는 것입니다. 골고루 성장해야 합니다. 가평에서 목회할 때 두 다리의 길이가 달라 매우 불편해하던 청년이 있었습니다. 아무리 성장을 잘하더라도 하나만 성장하면 안 됩니다. 다리, 머리, 팔 하나만 성장하면 안 됩니다. 골고루 성장해야 합니다. 이성만 성장해도 안 되고 지성만 성장해도 안 되고 감성만 성장해도 안 됩니다. 균형 잡힌 신앙으로 성장해야 합니다. 전 인격적으로 고르게 성장해야 합니다. 누가복음 2장 52절에서 "예수는 지혜와 키가 자라가며 하나님과 사람에게 더욱 사랑스러워 가시더라"라고 했습니다. 이렇게 어린 예수님도 균형있게 성장하셨습니다.

단단한 음식은 못 먹고 젖이나 먹어야 할 자가 되었도다

믿은 연수로는 장성했어야 하는데, 이제까지 온전히 성장하지 못하여 단단한 음식을 먹지 못하고 젖을 먹어야 하는 상태에 머물러 있는 그리스도인도 있습니다. 바르게 성장해야 음식을 소화할 수 있습니다. 어린아이의 믿음을 가진 사람은 내 귀에 좋은 소리만 듣기를 원하고, 마음에 걸리거나 서운하면 이해하려고 하질 않습니다. 그러나 성장한 성도는 좋은 소리든 쓴소리든 하나님의 말씀을 소화할 줄 압니다. 얼마 전에 메일로 이런 편지를 받았습니다.

목사님은 기억하실지 모르지만, 2년 전에 이곳으로 이사를 와 이사 심방 받을 때 목사님이 제게 가장 바라는 것, 희망하는 것이 무엇이냐고 물으셨습니다. 전 물질적인 축복을 받고 싶다고, 돈을 많이 벌고 싶다고 대답했고요. 그때 목사님께서 성경을 인용하며, 바로 딱 잘라 "먼저 그의 나라와 그의 의를 구하라 그리하면 이 모든 것을 너희에게 더하시리라"라고 말씀하셨지요. 그때는 인간적인 생각이 앞서서 너무나 서운했습니다.

그런데 지금, 2년 전 그때보다 아무것도 나아진 게 없지만, 목사님이 해주신 그 말씀이 너무나 감사합니다. 어린아이와 같은 신앙, 천둥벌거숭이 같은 신앙이었지요. 회개합니다. 지난 2년은 세상적으로는 정말로 인생 공부 제

대로 진하게 한 시간이었고, 신앙적으로는 스스로 애쓰고 힘쓰던 것을 푸는 값진 시간이었습니다. (중략)

앞으로는 내가 애쓰지 않고 주님이 일하시도록 기도하며 간구하는 삶을 살겠습니다. 기도해 주세요. 좋은 영의 양식을 최고의 양질로 먹여 주신 목사님, 감사합니다! 저도 미력하지만 목사님을 위해 기도하겠습니다.

이 메일을 받고 감사했습니다. 제가 드린 말씀이 당장은 서운할 수 있지요. 그러나 믿음이 성장하면 더 큰 복이 됩니다. 말씀의 중심을 발견하는 삶을 살게 됩니다. 말씀이 마음을 찌를 때 그 말씀 붙잡고 감사하고 하나님 앞에 맡기면 회개하게 되고, 그래서 신앙이 더욱 견고해지고 성장합니다. 신앙이 견고해 지고 성장한다는 것은 하나님의 섭리 안에서 바라보는 믿음의 안경을 썼다는 것을 의미합니다. 신앙이 성장하게 되면 모든 것이 하나님의 섭리 안에서 바라보게 되면서 하나님의 복을 받아 누리게 됩니다. 그런 축복이 여러분에게 있기를 바랍니다.

다시 가르침을 받아야

그러면 영적으로 성장하기 위하여 어떻게 해야 할까요? 본문 말씀은 연수는 오래되었는데 성장되지 못한 신앙이 나아가야 할 방향을 가르쳐 줍니다. 믿은 지 오래되어도 자라지 않은 믿음이라면 말씀의 초보가 되어 다시 시작해야 합니다. 나이가 들었어도 초등학교 공부를 하지 않은 사람은 중학교, 고등학교의 공부를 가르칠 수도 없고 이해할 수도 없습니다. 기초부터 해야 합니다.

고등학교 동창 중에 지금은 목사가 된 친구가 있습니다. 고등학교 3학년 때 그 친구가 버스에서 중학교 2학년 영어책을 공부하는 것을 보고 다른 친구들이 비웃었습니다. 그런데 지금 비웃던 친구보다 중학교 2학년 영어책을 들고 공부하던 친구가 더 잘나갑니다. 우리가 스카이(SKY)라고 부르는 명문 대학을 마치고 장신대 신대원에 진학하여 공부한 후 우리 교단 기관지 편집장을 역임했습니다.

신앙도 기초가 제대로 잡혀 있지 않다면 성장할 수 없습니다. 더 성장하려면 처음부터 다시 시작해야 합니다. 어린아이처럼 말씀에 귀를 기울이고 훈련을 잘 받아야 자라날 수 있습니다. 그럴 때 힘들어도 한 단계씩 해나가면 성장할 것입니다.

"단단한 음식은 장성한 자의 것이니 그들은 지각을 사용함으로 연단을 받아 선악을 분별하는 자들이니라"(14절).

본문은 성장을 위해서 '지각을 사용함으로'라고 말씀합니다. 신앙이 장성하려면 먼저 지각을 사용해야 합니다. 본문에 사용된 '지각'이란 헬라어 '아이스테 테리아'로 '감각기관'을 의미하며, 여기에서는 도덕적인 분별력을 넘어서는 영적인 분별력을 말합니다. 우리의 신앙이 장성하려면 먼저 영적인 분별력이 있어야 합니다.

이 분별력은 세상 지혜에서 오는 것이 아니라 말씀에서 옵니다. 하나님의 말씀을 알지 못하면 세상에 지혜와 지식이 풍부하다 할지라도 영적으로 무지할 수밖에 없습니다. 세상 지식은 충만한데 영적으로는 어두운 사람이 얼마나 많은지 모릅니다. 영적 무지의 결과는 멸망인데, 많이 배웠다고 하면서도 그것을 깨닫지 못합니다. 그러므로 신앙이 성장하려면 주의 말씀을 읽고 들어야 합니다.

우리는 이 땅에 살면서 어떤 것이 하나님이 원하시는 것인지, 혹은 싫어하시는 것인지 알아야 합니다. 이러한 영적인 분별력이 없이는 하나님께서 원하시는 일을 하지 못하고 마귀가 좋아하는 일을 할 수도 있습니다. 따라서 영적인 분별력이 있어야 하나님의 뜻과 하나님이 좋아하시는 일을 구별할 수 있고, 하나님을 바르게 찬양하고 예배하며 하나님의 말씀대로 살아 하나님께 영광을 돌리게 됩니다.

또 '연단을 받아'라고 말씀합니다. '연단'은 헬라어로 '게굼나스 메나'라는 말로 '훈련하다'라는 뜻의 '굼나조'의 수동 분사입니다. 훈련을 받되 끊임없이 받아야 하는 훈련을 뜻합니다. 훈련은 단번에 되지 않습니다. 하고 또 하는 반복이 필요합니다. 한 소녀가 음악 교사에게 피아노를 치면 손가락이 아프다고 말했습니다. 교사는 "아픈 줄은 나도 알지만, 그런 과정을 통해서 손가락이 튼튼해지기도 한단다"라고 답했습니다. 훈련에는 고통이 따르게 마련입니다. 우리의 신앙이 장성하려면 훈련, 그것도 끊임없는 훈련이 필요합니다.

M. J. 스탠포드의 《영적 성장은 이렇게 시작하십시오》에 나온 이야기입니다. 어떤 학생이 총장을 찾아가 학사 과정을 규정보다 짧게 밟을 수 있는지를 물었습니다. 총장은 "자네가 무엇이 되기를 바라는지에 달려 있지. 거기에 지름길은 없다네"라고 말했습니다.

하나님은 호박을 만드는 데는 6개월이 필요하지만 떡갈나무가 장성하는 데는 100년이 필요하게 하셨습니다. 나무는 더디 자라는 것처럼 보이다가 몇 달 만에 갑자기 크는 시기가 있습니다. 눈에 보이는 성장이 없는 나머지 기간에는 속으로 자랍니다. 나무가 아무리 커도 속으로 자라지 않으면 목재로 쓸 수가 없습니다.

훈련은 결코 쉬운 일이 아닙니다. 힘들고 귀찮기도 합니다. 그러나 힘들고 귀찮아도 해야 합니다. 또 훈련은 반복해야 합니다. 한 번 하고 끝나는 훈련은 없습니다. 온전해질 때까지 훈련을 계속해야 합니다. 반복 훈련으로 강한 병사가 됩니다. 우리의 믿음의 훈련도 계속되어야 합니다. 말씀을 듣고 또 들어야 합니다. 이 땅을 떠날 때까지 계속 성장해야 믿음의 용장이 될 수 있습니다.

우리의 삶은 어떤 의미에서 영적 전쟁입니다. 우리가 살아가는 이 세상에은 끊임없는 사탄의 시험을 이겨야 하는 영적인 전쟁터입니다. 전쟁에 나가는 병사는 훈련을 받아야 합니다. 강한 훈련을 받은 병사일수록 강한 병사가 되고 전쟁에서도 승리할 수 있습니다. 우리의 신앙도 때때로 연단을 통해 더 강해지고 마침내 승리하게 됩니다. 말씀으로 잘 훈련받아 더욱 성장하는 은혜가 있기를 바랍니다. 하나님 앞에 더욱 믿음의 사람으로 든든하게 세워져 하나님께 더욱 인정받고 사랑받는 여러분이 되시기를 바랍니다. 하나님보시기에 합한 삶이 되시기를 바랍니다.

청취 소감

· · ·

이동만 목사님,

퇴근 후 주차장에서 방송을 기다리며 들었어요. 코로나와 일을 핑계 삼아 기도와 말씀을 멀리 했습니다ㅜㅜ 오늘 목사님 말씀 들으며 제가 영적으로 느슨해져 현재 마음이 힘들었음을 다시금 깨달으며, 다시 하나님의 은혜를 간구하는 기도와 말씀의 자리로 돌아가겠습니다. 은혜로운 말씀 감사합니다!

목사님, 샬롬! 안녕하세요:)

어제 방송 듣고 한 분이 방송사에 전화해서, 다닐 교회를 찾고 있는데 말씀 디톡스 목사님 교회가 어디에 있는지 문의하셨다고 하더라고요. ㅎㅎ

욥과 같은 고난이 저에게 온다면 인내하며 찬양하는 믿음이 될 수 있을까 하는 생각을 해 봅니다. 욥처럼 믿음의 시련과 고난을 이기는 제가 될 수 있기를 소망하며 기도합니다.

피디님, 목사님~! 말씀도 주님의 계획도 다 알지요. 고난이 축복이란 말씀도 알지만 정말 겪는 사람은 너무 힘들어요. 날마다 눈물로 기도로 살아도 힘든 순간순간은 정말…. 그러나 주님이 계시기에 이 일도 먼 훗날 간증이 되리라 생각하고 이겨내려고 애쓰고 있어요. 아멘입니다. 더 성숙해 지고 단단히 서기로 기도하겠습니다.

시련 가운데 항상 함께하시는 하나님 은혜 감사합니다.

시험 앞에서 하나님이 나의 주인 되심을 잊지 않고 기억합니다. 하나님이 나의 아버지인 것을 기억합니다. 두렵고 불안한 나의 손을 잡고 계시는 아버지가 내 힘과 소망이심이 용기가 됩니다. 격려와 용기를 주시는 하나님께 감사합니다.

꼭 내 아이를 볼 때 여러 가지 감정들을 통해 하나님도 나를 그렇게 보고 함께하심을 느끼며, 힘을 얻는 오늘입니다^^ 말씀 디톡스, 은혜입니다!

인내심이 항상 부족해서 작심삼일이었던 적이 많았고, 하나님 아버지 앞에서 기쁨이 되지 못했던 적이 많았고, 후회를 했던 적이 많았어요. 그러나 말씀 디톡스를 통해 하나님 아버지의 기쁨이 되는 자녀가 되도록 노력하며 거룩한 백성이 되고, 더 나아가 모든 것이 합력하여 선을 이루는 사람이 되도록 노력해 볼게요.

신앙생활을 시작한 지 얼마 안 됐다는 것을 핑계 삼아, 때로는 새신자니까 그래도 된다고, 이 정도면 된다고 여겨 왔네요. 이런 제 합리화가 저도 모르게 깊숙이 쓴 뿌리로 자리잡고 있었습니다. 이제라도 회개하고 기도로 나아가야겠어요. 오늘도 감사합니다~~^^

안녕하세요!! 퇴근하고 운동하면서 듣는 중이에요ㅎ 날씨가 많이 쌀쌀해졌어요. 감기 조심하세요! 항상 힘 되는 말씀 감시합니다. 앞으로도 좋은 말씀 많이 해주세요!!!ㅎㅎㅎㅎㅎ

공부하다 쉬는 시간에 라디오 듣습니다ㅎㅎ 목사님 말씀 듣고 깨달았습니다. 내 속에 있는 쓴 뿌리를 뽑기 위해 좋은 것만 듣고 보기를 노력하는 청년이고 싶습니다.^^

말씀 디톡스, 감사합니다. 나의 쓴 뿌리가 주님의 말씀으로 새로워지고, 반복되는 하루가 주님의 말씀으로 새롭게 하소서 주님 감사합니다.^*^

'행저즐라'(행복한 저녁 즐거운 라디오)를 오랫만에 청취하는데 퇴근길 목사님 설교가 어쩜 저를 다시 은혜스럽게 하는지. 주님께 다시 순종할 수 있게 신앙심을 주셔서 감사합니다.^^

어제 주일 설교 내용 중 바디매오의 병 고침이 나왔는데 다시 한번 말씀 들으니 은혜가 됩니다. 감사합니다~.

나의 상황에 주변 일들을 포기하고 싶은 시간, 말씀 듣고 다시 힘내고 회개하고 감사하겠습니다.

저는 말씀이 경고라고 믿습니다. 하나님은 사랑이시지만 때로는 아주 무서운 분이기도 하십니다. 정신 바짝 차리고 열심히 신앙생활 해야 한다며 다시 한번 나를 돌아봅니다.♡♡♡ 감사드려요.^^

하나님을 향해 고개를 돌리고 항상 감사하고 항상 기도해야 함을 다시 한번 가슴 깊이 새기는 시간이었습니다. 감사합니다.

기다려지는 시간이에요. 목사님께서 차분하게, 이해하게 쉽도록 말씀해 주셔서 집중해서 잘 듣고 있어요. 감사합니다.♥

맞아요. 유혹이 많은 세상, 말씀 안에서 살고 싶은데 늘 유혹이라는 별명 속에 세상의 걱정에 염려하는 내 모습을 봅니다. 늘 깨어 있게 하소서. 주님!

말씀에 많은 은혜 받습니다. 지치고 힘들 때 예수님 붙잡기를 수십 번…. 그래도 포기하지 않습니다. 베드로에게 걸어오라 하신 주님의 말씀에 제가 오늘 베드로처럼 예수님 붙잡아 보려 합니다.

　오늘 몸과 마음이 유독 힘든 하루였는데요. 그래서인지 어제 예배드리며 풍성하게 받았던 은혜를 잊은 체 힘들고 지치게 하는 상황만을 탓했습니다. 이런 제 마음을 만져 주시는 듯 높은 물결 뒤에 주님이 계신다는 말씀이 가슴에 콕 박힙니다. 힘들수록 더욱 주님만을 바라보는 삶이 되길 소망합니다~.

　은혜로운 말씀 감사합니다. 가끔 폭풍우 몰아칠 때 어떻게 해야 할지 망설이고 막막하면서 고민이 많았는데, 멋쟁이 목사님이 말씀 디톡스를 통해 소망 되신 주님을 바라보라고 말씀하셔서 쉽진 않지만 노력해 보려구요.

　모든 것이 합력하여 선을 이루시는 분. 오직 예수 그리스도의 크신 은혜뿐! 내가 주님 주신 선한 믿음으로써 살겠습니다!!! 그리 아니하실지라도 예수 그리스도로 안에 있는 그 믿음대로만!!! 할렐루야!^^ 극동방송, 감사합니다.

　안녕하세요. 늦게나마 출석합니당.^♡^ 내일은 일찍 올게용♡ 깊어 가는 겨울밤에 목사님 설교 들으니까 엄마 품처럼 따뜻한 하나님이 제 마음속에 계시는 기분이에요^^

　주님께 순종하고 경배하며 살 수 있을까요? 퇴근길 목사님 말

씀이 꼭 주님께서 역사하신 거 같아 맘이 많이 편안해졌어요. 행저즐라 은혜로움에 감사드립니다.^^

아, 삽으로 일하면서 불평하는 우리를 포클레인을 통해 깨치게 하고 들어 쓰시는 주님. 오늘도 역시 기도가 진리네요!

주의 종이 여기 있습니다…. 뜻하신 대로 사용하소서. 나의 주인이신 주님만 따르겠습니다. 고맙습니다. 귀한 말씀입니다.

새해에는 내 뜻이 아닌 주님 뜻만 알고 따르며 인내하며 고난도 잘 견디게 하소서. 우리 가정에도 약속하신 땅으로 가는 길 열어 주시길 바랍니다

군산에 이사 오고 10년이나 새 교회에 적응을 못했지요. 오늘 방송을 통해 오늘에서야 이 모든 것이 나의 교만과 나태함 때문이란 걸 깨달았습니다. 올 8월 유방암으로 판정을 받았지만 지금 이 순간 하나님을 가까이하고자 하는 나의 모습에 주께 더욱 감사드립니다. 2021년 성경 필사로 더욱 하나님께 나아가고, 가정예배로 저희 가정이 자손 만대 믿음의 가정이 되길 기대합니다

더불어 제 청취 소감을 보내면… ㅠㅠ 저 정말 제 얘기 하시는 줄 알았어요ㅎㅎㅎ 감사합니다. 말씀 디톡스 사랑합니다.♡ 말씀 딕톡스 포에버~!

사실 제가 지난번에 말씀드렸던 4가지 중보기도 제목 중에 결국 제 기도제목만 빼고 다른 직원분들 기도는 다 응답을 받았거든요~ 그건 정말 감사하고 기쁘지만… 내 기도만 빼놓으신 건 너무 속상해서 며칠 동안 힘들었어요ㅜㅜ 근데 하나님이 계속 말씀을 보내 주시네요…. 이번 말씀 디톡스를 통해 믿음의 쐐기를 박아 주시는 것 같아서 혼자 웃었습니다. 사라의 웃음은 아니지만ㅎㅎ 그래도 하나님께 감사했어요. 목사님, 올해도 제가 믿음으로 살 수 있게 매주 도움 주셔서 감사합니다. 한 주도 넉넉히 승리하시고 주중에 편하실 때 파일 보내 주셔요 ^^ 예수님 꿈꾸세용~ 감사합니다!!

목사님 작년 한 해도 제가 성령님 안에 디톡스 잘할 수 있게 도와주셔서 감사합니다. 말씀으로 치유하시는 하나님을 경험하는 한 해였습니다. 올해도 주님이 목사님 가정과 사역 위에 기름 부어 주시길 소망합니다. 주님 복 많이 받으셔요^^ 샬롬♥♥

아멘! 선한 목자 되신 하나님께서 구름기둥과 불기둥으로 인도하여 주셔서 푸른 초장 쉴 만한 물가로 인도하여 주소서. 21년 한 해는 꼭! 꼭! 하나님 주신 지팡이로 나를 바르게 다시 세워가는 믿음의 신앙을 갖도록 하여 주세요.

가나안 땅으로 들어가는 것에만 초점을 두며 조급해했던 저에게 오늘 방송 말씀은 인내를 가지고 비전을 바라보게 하시네요. 힘들고 지친 광야길에서 하나님의 인도하심을 믿고 힘내 봅니다.

주님만 의지하며 나아갑니다.

　목사님 귀한 말씀 감사합니다. 자녀를 위해 32년간 기도한 가운데 귀한 자녀를 예비며느리를 우리 가정에 선물로 보내 주신 하나님, 감사합니다.

　말씀 디톡스, 오늘도 맞았습니다. 광야와 같은 이 세상을 살면서 때로는 낙심하고, 내 뜻대로 이루어지지 않으면 하나님을 원망하는 어리석은 나의 모습을 고백합니다. 하나님께서 쓰시려고 이렇게 훈련시키신다는 말씀! 오직 주님만 신뢰하고 주님의 뜻 안에서 살아가기를 결단합니다.

　항상 은혜로운 찬양과 말씀으로 행저즐라 말씀 디톡스 잘 듣고 있습니다. 감사합니다^^
　월요일 말톡 항상 잘 듣고 있습니다. 앞으로도 좋은 방송 부탁 드립니다. 아멘.

　올 한 해도 하나님께 모든 것을 의지하고 그분의 인도하심으로 살아가기를 결단합니다.

　주님 영광을 위해서 인내와 절제를 하는 한 해 되길요! 삼형제 이야기, 말을 절제해야 한다는 귀한 말씀을 가정에도 적용하고 교회에서도 적용해서 선한 영향력 끼치는 삶이 되어야겠습니다.

말씀 디톡스 통해 말의 중요성을 깨닫습니다. 아멘!

퇴근 시간에 맞춰 나오는 찬양에 매일매일 퇴근 시간 집에 가는 길이 행복해집니다. 피로가 다 풀리는 듯합니다. 주님이 주시는 선물 같답니다^^

안녕하세요. 행복한 저녁 즐거운 라디오! 참 좋은 프로그램입니다. 말씀 디톡스, 오늘은 사랑하는 아내와 함께 듣습니다.
말씀 디톡스, 은혜입니다. 이동만 목사님, 박지혜 피디님 수고하셨습니다.

목사님 말씀, 너무 힘이 됩니다~ 극동방송, 정말 사람을 살립니다~.

오랜만에 행저즐라 듣습니다. 평안하고 행복합니다.

우리가 계획할지라도 우리의 걸음을 인도하시는 분은 주님이시죠. 주님께 맡기고 사는 삶, 그것이 제일 큰 행복입니다.

하나님께서 밀도 있게 황도처럼 달콤하고 풍성한 축복의 길로 인도하십니다.

퇴근길에 보냅니다. 제 길도 주님께서 인도해 주시길 기도합니다. 성령님의 인도를 깨닫고 움직이게 해주시길! 오늘 방송 저에게 주시는 것 같아요. 감사합니다.

언제나 저와 동행하여 주시며 제가 가는 길을 늘 인도하여 주심에 감사를 드립니다.

나의 삶을 지금까지 인도하신 주님 감사합니다. 나의 생명이 다하는 그날까지 오직 주님의 인도함 받기를 소망합니다.

우리가 답답한 일을 당해도 낙심치 않게 하고 인도하시는 하나님이십니다.

매일매일 주님의 인도함을 받고 싶어요. 지혜의 영을 더하셔서 분별하고 순종할 수 있기를요.♡

아버지의 마음 있는 곳에 나의 마음이 있기를 갈망합니다. 우리 인생의 영원하고 제일 안전하게 인도하시는 내비게이션은 우리 주님밖에 없습니다. 감사합니다!

인도하시는 이는 여호와시니니라. 아멘!

주님께서 오늘도 간섭하시고 이끌어 주십니다!